Vitus B. Dröscher

# Aus Liebe übers Wasser laufen

IMPRESSUM

HEEL Verlag GmbH
Gut Pottscheidt
53639 Königswinter
Telefon 0 22 23/92 30-0
Telefax 0 22 23/92 30 26

© 2000 HEEL Verlag GmbH, Königswinter

Fotos: Helga Dröscher

Verantwortlich für den Inhalt: Vitus B. Dröscher

Lektorat: Antje Schönhofen
Satz und Gestaltung: Olaf Schumacher, Königswinter
Lithografie: Sabine Köse, ARTCOM Königswinter
Titelbild: Copyright Bildarchiv Okapia, Don Enger
Druck: Milanostampa, Caleppio
Printed and bound in Italy

ISBN: 3-89365-875-0

Vitus B. Dröscher

# Aus Liebe übers Wasser laufen

**HEEL**

## Welche Bedeutung hat es für uns Menschen, wenn ...

**Vögel** im Liebesspiel übers Wasser laufen ...
... dass Tiere viel ekstatischer lieben können als wir;

**Orang-Utans** in Hungersnöten zu Erfindern werden ...
... dass nicht die Satten, sondern die Leidenden zu Genies emporsteigen,

**Eisbären** in der Not zu freundlichen Spielkumpanen werden ...
... dass barbarische Elemente nicht aus dem Elend erwachsen,

**Killerwale** sich als Menschenfreunde entpuppen ...
... dass es auch unerklärliche Nobelfälle in der Natur gibt,

**Buckelwale** in Gemeinschaften zentnerweise Heringe baggern ...
... dass Zusammenarbeit mehr einbringt als Einzelgängertum,

**Adelie-Pinguine** tausend Kilometer reisen, um ihre Familie zu ernähren ...
... dass nur unter schlimmsten Entbehrungen die Antarktis als Lebensraum gewonnen werden kann,

**Leisten-Krokodile**, die gewaltigsten Echsen der Welt, Hochsprung üben ...
... dass auch die größten Räuber nur mit sportlichen Höchstleistungen überleben können,

**Schneeleoparden** in Gipfelregionen des Himalaja den Winter überdauern,
... dass es sehr schwer sein kann, ein Raubtier zu sein,

**Schuhschnäbel** nach unten explodieren ...
... dass seltsame Fangmethoden außergewöhnliche Fangtechniken erfordern,

**Mandrille** ihre Kriegsbemalung als Friedenszeichen tragen ...
... dass wir im animalischen Mienenspiel nicht mit menschlichen Maßstäben messen dürfen,

wie ...

**Bisons** die Prärie wieder belebt haben, ...
... dass sich Naturschutz auch bezahlt machen kann,

**Vari-Halbaffen** auf Madagaskar zu Nachtgespenstern wurden ...
... dass hinter gruseligem Erleben Friedenswillen verborgen liegen kann,

**Geparden** ihre Erfolgsrezepte erfanden ...
    ... dass auch das Räuberleben Regeln unterworfen ist,

**Antilopen** zu einem Kühlschrank im Kopf kamen ...
    ... dass die Natur ihre Schöpfungen vor Hitze schützt,

**See-Elefanten** ihren Harem verteidigen ...
    ... dass nur im Zusammenwirken mehrerer Faktoren
    Außergewöhnliches vollbracht werden kann,

**Kodiak-Bären** Lachse fangen ...
    ... dass besser schmeckende Fische Angriffe auf Menschen
    verhindern,

**Hyazinth-Aras** ihre Weibchen lieben ...
    ... dass die lebenslange Einehe große Vorteile bringt,

**Weißstörche** wintersüber in Afrika leben?
    ... dass interkontinentaler Tourismus das Leben im kalten
    Europa ermöglicht.

Im Verhaltensspektrum jedes dieser Tiere liegen Fragmente menschlichen Wesens verborgen. Für den, der zu sehen und zu erkennen versteht, eröffnen sich in jedem Schöpfungsgebilde Gottes Aspekte menschlichen Verhaltens. Somit sind Tiere Spiegelbilder unserer eigenen Persönlichkeit.

In den Augen älterer Betrachtungsweise mag das wie Häresie erscheinen. Doch die Zeiten haben sich geändert. Während im Glauben der alten Ägypter schon Teile menschlichen Wesens Tiergestalt annahmen, wurden im europäischen Mittelalter Mensch-Tier-Analogien als Teufelswerk verschrien. Erst seit kurzem, nachdem uns die moderne Verhaltensforschung zeigte, dass Tiere gar nicht so primitiv und sündhaft sind, wie früher angenommen und etwa am Beispiel der Figuren an den Fassaden von Notre Dame gespenstisch in Stein gehauen, wandelt sich das Bild vom Verhalten, das auf gefühlsmäßig-instinktiver Basis gesteuert wird, zum Edlen.

Dies beweisen die achtzehn oben genannten sowie weitere 59 Tier-Lebensbilder, insgesamt 77, die in diesem Buch beschrieben sind. Alle diese Tiere habe ich selbst in freier Wildbahn, ihrem natürlichen Lebensraum, beobachtet und ihr Verhalten studiert. Die Farbfotos stammen, das Titelbild ausgenommen, von meiner Frau.

Hamburg, im August 2000
*gez. Vitus B. Dröscher*

# Inhalt

### Der Eisbär

# Die Spiele der Monster in Notzeiten

Alle Tiere, die in Gruppen zusammenleben, praktizieren verschiedene Formen des Sozialismus. Allerdings gleicht keine davon marxistischen Theorien. Während die Gemeinschaftsregeln in der Tierwelt in den Jahrmillionen der Erdgeschichte Gestalt gewonnen und sich am Faktum des Überlebens orientiert haben, funktionieren die theoretisch erdachten Pläne frei nach Bert Brecht leider nicht. Der Zusammenbruch der kommunistischen Systeme in vielen Teilen der Welt hat das zur Genüge offenbart.

So kann es nicht schaden, einmal dort nachzuforschen, wo sich Normen des Miteinanders bereits über die Äonen hinweg bewährt haben, näm-lich im „realen Sozialismus" der Tierwelt. Denn hier ist es eine Frage von Sein oder Nichtsein, von Gedeihen oder Aussterben, ob das Reglement des Miteinander-Auskommens den Erfordernissen der Praxis, die vom Naturell der Individuen bestimmt werden, entspricht oder nicht.

Millionen von Tierarten sind seit Bestehen der Welt bereits von der Bildfläche unseres Planeten wieder verschwunden, weil sie in ihrem Verhalten diesen Bedingungen nicht oder nicht gut genug entsprachen, weil sie entweder zu wenig kooperativ oder gar zu brutal waren. Von den Wanderheuschrecken wissen wir, wie Milliardenschwärme innerhalb weniger Stunden dem totalen Zusammenbruch anheim fallen, wenn sie Fehler bei der Navigation begehen.

Schauen wir uns also einmal ein wenig bei den Patentrezepten um, die in der Tierwelt Anwendung gefunden und über Urzeiten hinweg an diesen „Modellen" erprobt wurden. Ich möchte mit einer Tierart beginnen, die gleichsam eine Anfangsphase im Gemeinschaftsleben verkörpert und in breiten Kreisen sogar noch als einzelgängerischer Totschläger gilt: mit dem Eisbären.

Als der feurige Ball der Sonne aus den Wassern der Hudson-Bay im Norden Kanadas aufgeht, heult ein angeketteter Schlittenhund laut auf und zittert am ganzen Leibe. Ein mächtiger Eisbär walzt direkt auf ihn zu. Will er ihn verschlingen? Der Weißpetz nimmt das Haustier in einen Ringergriff, drückt aber nur ganz zart, ja, fast liebkosend zu, leckt Bello quer übers Gesicht und tätschelt ihn solange, bis dieser, von der Bärenliebe geradezu überwältigt, seine Angst verliert und mit dem Riesen zu spielen beginnt. Von da an empfängt der Hund tagtäglich seinen großen Freund zum Schmusen. „Der Nanuk verspeist doch nicht sein Spielzeug!" lächelt mein Inuit-Eskimo-Guide.

Dieses Spiel ist ein Teil des selbst inszenierten Unterhaltungsprogramms der Eisbären während der fünfmonatigen Wartezeit an Land, zu der die Natur sie zwingt. Die 15.000 Hudson-Bay-Eisbären müssen alljährlich von Juli bis November fünf Fastenmonate lang festes Land aufsuchen, weil das 1.000 mal 1.000 Kilometer messende Nebenmeer des Atlantik, fünfmal so groß wie die Nordsee, dann eisfrei ist und solange keine Robben gejagt und verspeist werden können. Sie halten sich in dem Fall in der Nähe des 8.000-Seelen-Städtchens namens Churchill auf, um die Zeit totzuschlagen - eben mit Spielen und unblutigen Ringkampf-Turnieren untereinander.

Ihr Hunger muss gewaltig sein. Mitunter suchen die Männchen den Strandsaum auf und mampfen Unmengen von schwarzem Tang als Appetitzügler in sich hinein. Oder sie gehen auf die Jagd nach Lemmingen, wobei sie allerdings 2300 dieser Wühlmäuslein fangen müssten, um die Fleischmasse einer einzigen Eismeer-Ringelrobbe zu bekommen. Also ist das Lemmingefangen auch nur ein Spiel ohne Nährwert.

Die Zeit, die alle Eisbären an Land verbringen müssen, ist also voller Hungersnot. Dennoch spielen sie gutmütig miteinander Ringkampf, ohne sich dabei zu verletzen oder gar zu töten. Das steht im krassen Gegensatz zur Meinung, Not fördere die barbarischen Instinkte. Man denke nur an die vielen sogenannten Endzeit-Filme, in denen die Überlebenden einer globalen Katastrophe im Kampf um die letzten Nahrungsmittel zu monströsen Totschlägern werden - ganz im Gegensatz zu der Friedensstrategie der Eisbären.

Gerade in extremer Notsituation gebärden sich die sonst so einzelgängerischen Polarbewohner, die sich auf der Robbenjagd gelegentlich umbringen, spielerisch-kooperativ, so dass Verhaltensforscher geradezu von einer „sozialen Phase" dieser Tiere während ihres Verweilens auf festem Land reden. Nur die Bärenmütter achten mit ihren Kindern auf Abstand zu den Männern und halten sich etwa 60 Kilometer weiter landein auf. Die Väter spielen nicht mit Kindern. Stattdessen aber umso intensiver mit Holzkisten, Brettern und anderen Fundsachen. Einer riss sogar die Zierleiste von unserem Tundra-Buggy und spielte stundenlang damit.

1997 hatte sich ein Bär sogar eine kleine Spießente als Spielzeug auserkoren. Er hielt sie stets zärtlich mit beiden Vorderpratzen fest. Wenn er eingeschlafen war und der Vogel ausreißen wollte, wachte er gleich wieder auf und fing sie ein, noch bevor sie starten konnte, nur um sie weiterhin zu hätscheln. Ein anderer weißer Riese hatte einen Polarfuchs zum Freund. Eines Tages wollte dieser zu einem anderen Bären überwechseln. Doch dieser vollführte nur eine Wischbewegung mit der Vordertatze, und der kleine Wicht war sofort tot. Menschen haben sicherheitshalber noch nicht versucht, mit den gewaltigen Arktisbewohnern zu spielen.

Welche Kraft die Bären haben, zeigt sich bei der Jagd auf dem Packeis der Hudson-Bay.

Sie zertrümmern bis zu 90 Zentimeter dicke Eispanzer mit einem gewaltigen Ansprung, um darunter verborgene Ringelrobben zu erbeuten.

So bietet ihnen auch an Land weder die Tür eines Hauses noch die Wand selber das geringste Hindernis. Ein Puff mit der Pratze, und sie sind im Schlafzimmer. Ich wohnte eine Woche lang am Diamond-River in einer einsamen Lodge bei Naturfreunden. Tag und Nacht hielt ein Familienmitglied Wache mit einem Hund als Alarmgeber und einem Gewehr zum Schutz. Wollten die vier Kinder der Familie tagsüber im Freien spielen, begleitete sie stets ein Erwachsener mit einer Schusswaffe.

In Churchill und am etwas außerhalb gelegenen Flughafen patrouilliert eine spezielle Bärenpolizei rund um die Uhr. Zudringliche Tiere fängt sie in großen Fallen, die nach dem Prinzip der Mausefalle funktionieren. Die Ertappten werden im „Polarbear's-Jail" eingelocht und, sobald die Hudson-Bay zufriert, freigelassen, woraufhin die Ex-Gefangenen wie wild auf das Packeis stürmen. Bis zu 35 Tiere können hier auf Nummer Sicher gehalten werden. Weitere müssen bei Überbelegung der Haftanstalt mit Hubschraubern kostspielig in die Einöde transportiert werden.

Bei einem Kälteeinbruch kann die Bay binnen zweier Tage zufrieren. Bei Churchill ist das zuerst der Fall, weil hier zwei Süßwasserflüsse münden und den Gefrierpunkt des Wassers heraufsetzen. Daher die „Liebe" der Bären zu diesem Ort. Dann beginnt der Petz sogleich seewärts mit der Robbenjagd. Mit 5 km/h trottet er gegen den Wind und kann mit seiner Supernase ein Beutetier unter 90 Zentimeter dickem Eispanzer auf einen Kilometer Ferne orten.

Oft lauert er vor dem Atemloch einer seehundgroßen Ringelrobbe stundenlang. Kommt das 90 Kilogramm schwere und 1,40 Meter lange Opfer endlich hoch, beißt er es in den Kopf und schlägt die Fleischerhaken-Krallen in den Hals. Da das Loch viel zu eng für den Leib der Robbe ist, reißt er sie mit Urgewalt hindurch nach oben, dass alle Schulter-, Rippen-, und Beckenknochen brechen. Alle vier oder fünf Tage frisst er eine Robbe.

Wenn nach langer Polarnacht im April die Robbenbabys in einer Schneehöhle zur Welt kommen, beginnt ein Spiel auf Leben und Tod. Der Polarjäger erschnüffelt das Robbenversteck unter 90 Zentimeter dickem Eis. Doch die Robbenmutter erlauscht das Tapsen des Bären und stupst ihr Kind an den Rand der senkrecht nach unten führenden Fluchtröhre, die sie mit den Zähnen ins Eis genagt hat und die ins Wasser unter dem Eis führt. Bricht der Feind durch den Panzer, rutschen Mutter und Kind blitzschnell in Sicherheit. Ein schlauer Bär wartet nun aber regungslos hinter den zerborstenen Eisschollen, bis beide zurückkommen, und schnappt sie sich dann.

Die Paarung der Giganten sieht zunächst nach Mord und Totschlag aus. Wird ein Weibchen im April oder Mai brünstig, jagen bis zu sechs Männer im Pulk hinter ihm her. Dabei kommt es unter den Freiern, nun gar nicht mehr spielerisch, zu barbarischen Kämpfen. Die 9-Zentner-Brocken richten sich bis zur Höhe von 3,30 Metern auf und fallen ohne Hemmung übereinander her. Bis der Stärkste alle Mitbewerber abgeschlagen hat, kann eine Woche vergehen.

Dann beginnt ein mächtiger Ringkampf Mann gegen Weib. Beide stellen sich in voller Größe voreinander auf, tapsen wie Sumoringer aufeinander zu und drücken, schieben, heben und krümmen sich aus Leibeskräften. Doch allmählich wird aus dem Kraftakt der Catcher ein Tätscheln mit den Tatzen, ein Schmusen und Kosen, bis die Liebe nach einigen Wochen wieder erkaltet.

Ihre zwei oder drei Babys bringt die Mutter sechzig Kilometer südlich von Churchill um die Weihnachtszeit zur Welt, wenn der Winter mit 55 Frostgraden am grausamsten ist. Sie baut sich ihren Iglu in einer viele Meter dicken Schneewehe und schenkt ihren Kindern dort in der vergleichsweise molligen Dauerwärme von plus drei Grad das Leben: jedes winzig wie eine Ratte, 800 Gramm leicht, rosa und fast nackt.

Eine Kamera, die Forscher in die Schneehöhle schmuggelten, zeigte: Die Mutter bettet ihre Kinder auf den Pelz ihrer zottigen Vorderpranken, deckt sie mit dem Kehlbart zu und wärmt sie mit dem warmen Hauch ihres Atems. Während sich der Vater längst über alle Eisberge davongemacht hat, verlässt sie vier Monate lang ihre Kinder nie. Sie säugt sie täglich siebenmal, ohne selber einen Happen zu futtern. Exakt 122 Tage lang hungert sie und magert auf 95 Kilogramm ab. Doch Monate später, wenn sie fleißig Robben gejagt hat, nimmt sie wieder auf 450 Kilogramm zu, bis sie drei Jahre später erneut Kinder bekommt und wieder zum Skelett schrumpft. Sie ist Dickwanst und Schlankheitsideal immerzu abwechselnd in einer Person.

Die Hygiene ist für die Mutter kein Problem. Ihre Kinder müssen oft „aufs Töpfchen". Dazu trägt sie die Kleinen in eine Höhlennische, kratzt hernach Schnee von der Wand und schüttet damit den Unrat zu. Am anderen Ende verlängert sie den Bau, der auf diese Weise langsam unter dem Schnee wandert.

Erst Anfang April, vor Beginn des arktischen Frühlings, verlässt die Eisbärin mit ihren Jungen die Höhle. Eine zweimonatige Wanderung über Pack- und Treibeis mit Robbenfang beginnt. Sie gibt ihren Kindern den ersten Jagdunterricht und zeigt ihnen, wie sie sich verhalten sollen, wenn männliche Eisbären in Sichtweite kommen, denn diese sind notorische Kleinkinderfresser. Die Jungen müssen sich immer dicht hinter der Mutter halten und nur dann zurückbleiben, wenn diese wütende Gegenangriffe auf einen Kannibalen führt. Obgleich sie viel schwächer als der „Herr" ist, stürmt sie so ungestüm vor, dass der Mann

das Risiko einer Verletzung fürchtet und sich meist zurückzieht.

Im Juni beginnt die Eisfläche der Hudson-Bay zu schmelzen. Erwachsenen Eisbären macht das kalte Wasser nichts aus. Das zottige Fell ist elf Zentimeter dick. Die zitronengelben Haare leiten Sonnenlicht und Wärme wie eine Glasfaser-Optik bis auf die schwarze Haut, die diese Wärme aufnimmt.

Links: Eisbärbabys sind stets verspielt oder (rechts) sie nuckeln noch lieber an Mutters Milchbar.

Darunter folgt eine elf Zentimeter dicke Haut und hierunter wieder eine elf Zentimeter dicke Fettschicht. Das Fell ist wasserabstoßend. Nach dem Schwimmen genügt es, sich einmal zu schütteln, und schon ist der Petz wieder trocken. Mit dieser Isolierschicht, der besten in der ganzen Tierwelt, finden es die großen Raubtiere sogar bei 55 Minusgraden und Schneesturm noch recht gemütlich.

Forscher haben verfolgt, wie Bären, ohne auf einer Eisscholle auszuruhen, hundert Kilometer weit geschwommen sind. Normalerweise paddeln sie mit den Vorderbeinen und benutzen die hinteren Gliedmaßen nur zum Steuern. Um ihr Höchsttempo zu erreichen, praktizieren sie den Schmetterlingsstil, wobei sie ihren Körper bis zum unteren Teil des Bauches aus dem Wasser herauswuchten und jeden Schwimm-Olympiasieger um Längen schlagen würden. Auch tauchen sie gut. Oft pirscht der Bär unter Wasser eine Robbe an, die sich am Rand einer Eisscholle sonnt. Dann stößt er urplötzlich unmittelbar vor ihr wie eine Rakete aus dem Wasser und tötet sie.

Die Kinder sind längst nicht so robust. Ende Februar bis Mitte März kommen sie erstmalig aus ihrer Schneehöhle ans Tageslicht. Zwei Wochen bleiben sie in der Nähe ihrer Höhle. Dann treten sie mit ihrer Mutter eine lange Reise zum Treibeis an. Dreimal täglich rasten sie und nuckeln bei der Mutter Milch. Diese gräbt die Kleinen zum Schlafen in den Schnee ein, um sie vor dem eis-

kalten Wind zu schützen. Nach der Mahlzeit dürfen sie bei der Mutter schlafen. Anderthalb Jahre lang bekommen sie Milch, gegen Ende dieser Zeit auch zusätzlich Robbenfleisch.

Im Alter von 2,5 Jahren verlassen die Jungen ihre Mutter auf Nimmerwiedersehen. Weibchen bekommen mit vier bis fünf Jahren erstmals selber Junge. Ihre maximale Größe erreichen sie jedoch erst mit 8 bis 10 Jahren. Im Freileben können Männchen 20 Jahre alt werden, Weibchen übertreffen sie mit 25 Jahren. Im Zoo gilt jedoch ein Höchstalter von 40 Jahren als normal. So aufreibend, nervtötend und stressbeladen ist ihr Dasein in der extrem lebensfeindlichen Umgebung der Arktis.

Alles in allem steht der Eisbär in seinem Verhalten an der Grenze zwischen kannibalischem Einzelgängertum und ersten Ansätzen zu sozialer Wesensart, wobei besonders hervorzuheben ist, dass er, alljährlich sich immer wiederholend, ausgerechnet während der Zeit seiner größten Hungersnot beim Aufenthalt auf festem Land seine soziale Phase durchlebt, wie ein kleines Kind spielt und Freundschaften mit seinesgleichen oder anderen Tieren schließt. Er kehrt also die menschliche These, dass Not asoziale Elemente schafft, geradezu auf den Kopf.

Eine weitere Spielart animalischer Friedensstrategien führt uns die Hirschziegenantilope in Indien vor Augen, von der ich im Folgenden berichten möchte.

## Die Hirschziegen-Antilope

# Friedens-„Ghandis" in Indiens Tierwelt

Auch einigen Tieren ist ihr Schicksal nicht zwingend vorherbestimmt. Es liegt durchaus in ihrem eigenen Ermessen, ob sie ein Leben in Friedfertigkeit oder aber voller Streit und Kampf führen wollen. Das ist besonders krass bei den Hirschziegen-Antilopen Indiens ausgeprägt.

Wenn die halbstarken Jünglinge dieser Hornträger im Alter von zwei Jahren von ihren Vätern als vermeintliche Sexrivalen aus den heimatlichen Herden verjagt werden, schließen sie sich zu Junggesellenvereinen zusammen. Dort haben sie gleich eine Entscheidung zu treffen, die über ihr ganzes weiteres Leben gebietet: „Soll ich gleichsam dem Führernachwuchs beitreten und

später die Chance bekommen, Pascha eines Weibchenrudels zu werden? Oder genügt es mir, die mittlere gehobene Laufbahn kampflos einzuschlagen?"

Im ersten Fall winkt ein Leben voller Chefallüren und bequemer Liebe in Harems-Glückseligkeit, aber auch angefüllt mit stetem Streit und Stress bei der Abwehr von Rivalen. Im zweiten Fall lockt ein gemächliches Dasein mit der Möglichkeit, allenfalls einmal Stellvertreter, also ein so genanntes Beimännchen und ein Ober-Eunuch zu werden, jedoch ohne die geringste Chance, jemals im Leben zu Liebeserlebnissen zu gelangen und in die „oberste Chefetage" aufzusteigen. Wenn der alte Herdenchef stirbt oder vom Tiger getötet wird, kommt sein Nachfolger zwar stets aus den oberen Schichten, doch niemals vom Posten des Stellvertreters, wie so oft in der Tierwelt. Der „Vize" mag ein guter Durchführer sein, zum Anführer aber fehlt ihm der Pep. Eine Naturregel, die von Menschen oft außer Acht gelassen wird - zum Schaden der „Firma".

Dafür sind die auf den Flach- und Hügelländern der Halbwüsten Indiens lebenden männlichen Unter-Hirschziegen-Antilopen trotz ihrer bis zu 73 Zentimeter langen, spitzen und elegant gewendelten Hörner wahre Friedens-"Ghandis". Geraten zwei miteinander in Streit, vollführen sie das so genannte Hornwinken: Sie neigen den Kopf langsam, bis die Hornspitzen zum Gegner zeigen und richten sich gleich wieder auf. Weiter geschieht nichts. Danach äsen sie Seite an Seite friedlich weiter. Der Ausgang des Zwistes und die Ranghöhe bedeuten ihnen so gut wie nichts.

Ganz anders die Chef-Aspiranten und Karriereleiter-Kletterer unter sich. Sie duellieren sich mitunter auf Leben und Tod für nichts und wieder nichts. Erst stoßen sie Stirn gegen Stirn, hebeln Horn gegen Horn und versuchen, die Stirnwaffen des Gegners nach hinten zu pressen. Bringt dieses Kräftemessen keine Entscheidung, versuchen sie sich gegenseitig regelrecht abzustechen. Da kann der Schwächere sein Leben nur retten, indem er sich platt auf den Bauch wirft und alle vier Beine von sich streckt: Das ist das Zeichen zur Kapitulation. Und dann wird er auch vom Sieger verschont.

Die Weibchen denken hingegen nicht einmal daran, eine Rangordnung unter sich auszufechten. Bei ihnen heißt es: „Alter geht vor Schönheit" etwa in dem Sinne „erst die Uroma, dann die Großmutter, gefolgt von der Mutter und den Töchtern. Doch manchmal werden Jungböcke gegen die „Damen" frech. Dann setzen sich die Ricken zur Wehr, indem sie mit ihrer hornlosen Stirn gegen die Schultern oder Flanken der Jungrocker boxen. So bringen sie die Halbstarken mit gemäßigten Mitteln zur Räson.

In der Brunftzeit besetzen die Böcke aus dem Führernachwuchs Paarungsterritorien von je zwei bis neun Hektar Größe. Außer den Weibchen dürfen sich dort nur einige Herren aus der „mittleren gehobenen Laufbahn" als sexuell enthaltsame Balzgehilfen aufhalten. Je mehr dieser Beimännchen ein Pascha besitzt, desto höher steht er im Ansehen der Antilopinnen, etwa so wie bei einer Gang von Motorrad-Rockern.

Kommt eine Ricke in ihre zweitägige Hitzeperiode, parfümiert sie den Bock ihrer Wahl mit schwirrendem Schwanz-Propellern beim Wasserlassen. Dann schreitet sie immerzu in einem Kreis von drei Metern Durchmesser umher. Der Bock folgt ihren Spuren mit hochgerecktem Kopf. Im Gras entstehen so genannte „Hexenringe" wie bei den europäischen Rehen.

Kitze nehmen ihr Schicksal in die eigene Hand und entscheiden, ob sie die bequeme Untergebenen-Laufbahn einschlagen wollen oder die gehobene.

Doch wenn er in diesem Moment einen Rivalen erblickt, vergisst er die Liebe sogleich und eilt zur Prügelei. Die Ricke wartet derweil am Ort auf den Sieger, akzeptiert aber auch jedes andere Männchen, das indessen die Gunst des Augenblicks zu nutzen weiß.

Die Mutter bringt ihr Kitz etwas abseits der Herde zur Welt und führt es gleich nach der ersten Milchmahlzeit zur Gruppe. Das ist jedesmal eine kleine Sensation für alle „Tanten". Voller Neugier kommen die anderen Ricken herbei. Jüngere Weibchen vollführen Freudensprünge. Doch bald darauf verbringt der neue Erdenbürger die ersten Lebenstage in der Einsamkeit. Da er der Mutter noch nicht auf dem Weidegang folgen kann, führt sie ihn zu einem Versteck und fiept. Wie vom Bannstrahl getroffen, sinkt der kleine Kerl daraufhin nieder und rührt sich vier Stunden lang nicht von der Stelle, bis die Mutter wiederkommt. Fünf Meter vor ihrem Kind bleibt sie stehen und pfeift das Erlösungssignal. Dann springt das Kitz freudig erregt hoch, eilt der Mutter entgegen und darf Milch nuckeln.

Feinde wie Schakale, Füchse und Fleisch fressende Wildschweine können nur rein zufällig auf die gut versteckten Kinder stoßen, da diese absolut geruchlos sind. Entdeckt sie doch einmal ein Feind, blökt das Kitz mit lautem „Ööööö!" nach der Mutter. Dann kommt meist nicht nur diese, sondern auch jede andere Hirschziegen-Antilope, die es hört, im Höchsttempo herbei. Alle diese Friedensengel formieren sich zum Pulk und vertreiben den Feind höchst kontra-aggressiv.

Diese indischen Friedens-"Ghandis" besitzen also eine beachtliche Kampfkraft. Aber innerhalb ihrer Gemeinschaft glänzen sie doch mehr durch Friedfertigkeit.

## Der Rote Kardinal

# Dem Feind die rote Karte zeigen

In Amerika lebt ein kleines Vöglein, kaum größer als ein Spatz, das unerschrocken viel größere Nesträuber wie Ratten, Mungos, Grauhörnchen und Blauhäher in die Flucht schlägt. Sein Siegespatent besteht, wie es für kleinere Wesen zweckmäßig ist, nicht etwa in Brachialgewalt, vielmehr zeigt es seinen Feinden gleichsam die rote Karte, nämlich sein feuerrotes Federkleid oder auch nur seinen „zornes"-roten Kopf. Statt stärkeren Feinden zu weichen, behauptet es sich mit einem Bluff.

Weil es dabei seinen Gegner nicht einmal verletzt, trägt das 21 Zentimeter lange und 50 Gramm leichte Vöglein den Namen kirchlicher Würdenträger zu Recht: der Rote Kardinal in den USA, wo er verstädtert und zum Freund vieler Tierliebhaber geworden ist, und der Rotkopf-Kardinal in Südamerika. Beide zusammen sind nur

auf den Hawaii-Inseln zu finden. Ersterer hat sich in jüngster Zeit auch bis in den Süden Kanadas ausgebreitet. Die Ursache sind zahlreiche Futterhäuschen.

Diese Vöglein beobachten ihren Feind aus einem Versteck heraus, warten den geeigneten Moment ab und schießen dann wie der Blitz aus heiterem Himmel frontal auf ihn zu. Dann steht die Verkehrsampel für den Räuber buchstäblich auf Rot. Vor Schreck kann er nicht mehr weiter und flieht.

Im März 1998 habe ich auf der Hawaii-Insel Molokai beobachtet, wie ein einziger Rotkopf eine Schar von zwölf größeren und oft dreist-frechen Maina-Hirtenstaren vom Futterplatz verjagte. Er landete inmitten der Schar seiner Futterkonkurrenten und stand da wie ein brüllender Unteroffizier mit geschwollener Zornesader. Psychologische Kriegsführung mit knalliger Plakatfarbe erübrigt jegliche Keilerei und sichert den kleineren Wesen wirksamen Schutz vor großen Kraftmeiern!

Das ist das Geheimnis ihrer ins Auge springenden Schönheit: Von Tarnung keine Spur, aber die kleinen Kerle bluffen ihre Feinde mit der Alarmfarbe Rot, versetzen sie nach Art der Gespenster in Angst und Schrecken und tricksen sie nach allen Regeln der kalten Kriegskunst aus.

Werden die geflügelten „Kirchenfürsten" ihrem gottverpflichtenden Namen auch in Sachen ehelicher Treue gerecht? Auf überraschende Weise ja! Der Kitt, der Weibchen und Männchen vereint, ist die Schönheit ihres Gesanges. Stümperhafte Chorknaben finden niemals eine Braut. So zwitschern diese Vöglein einen der musikalischsten Melodienreigen im ganzen Vogelreich und bieten damit auch ein echtes Gegenstück zur Schönheit ihres Federkleides. Im Repertoire ihrer Flötenkonzerte kombinieren sie nicht weniger als 28 Melodien zu immer neuen Liedern.

Das Weibchen singt im Gegensatz zu den „Nationalhymnen" feindlicher Nachbarn die gleichen Hits wie sein Männchen, jedoch mit etwas weicherem Schmelz in der Stimme. Es passt seine Arien denen des Männchens so täuschend an, dass sich Eindringlinge umso weniger Chancen ausrechnen, je harmonischer ihr Duett erschallt. Zusammenklang im Lied zeugt von der Kraft und der Harmonie im Zusammenhalt der ehelichen Bindung. Sobald das Weibchen singt, eilt sein Partner zum Nest und füttert es.

So unterstützen sich beide Partner auch bei der musikalischen Verteidigung ihres Reviers. Und die gemeinsame Feindabwehr mit Noten schweißt wiederum die Ehe zusammen. Oft sitzen beide Partner auch eng beisammen und flüstern sich Liebeserklärungen ins Ohr. Sogar in mondhellen Nächten trällern sie zum Firmament, als wären sie Nachtigallen.

Das Eheleben hält, was das Federkleid verspricht: Beim Rotkopfkardinal sehen Männchen und Weibchen gleich aus. Also herrscht auch im Handeln Gleichberechtigung: Beide bauen gemeinsam das Nest, beide brüten abwechselnd und beide sorgen auch entbehrungsreich für den Nachwuchs.

Doch beim Roten Kardinal ist das Weibchen weniger schrill rot kostümiert, sondern mehr braun-rot und weniger auffällig. Es ist besser getarnt, übt dafür aber kaum abschreckende Wirkung auf Feinde aus. Folglich fliegt die Kardinalin im schlichteren Arbeitsgewand nur unter dem Geleitschutz ihres Männchens auf die Suche nach Nistmaterial und verflicht es in drei- bis neuntägiger Arbeit zur Babywiege. Der Herr flattert ständig als Eskorte neben ihr her und hat alle Flügel voll zu tun, mit seiner abschreckenden Kriegsbemalung Feinde aller Art sowie fremde Nebenbuhler von ihr fern zu halten.

Brisanter wird es, wenn Kardinäle untereinander in Streit geraten. Doch gilt hier die Regel: Greift ein Männchen an, ist die Verteidigung nur Sache des Männchens. Haben sie es aber mit einem Weibchen zu tun, so muss die „Hausfrau" die Abwehr übernehmen.

Nur ein Feind lässt sich durch die Farbe Rot nicht abschrecken: der in Nordamerika recht häufige, etwas größere, rabenschwarze Kuhstärling. Ähnlich wie unser Kuckuck legt das Weibchen dieses Brutschmarotzers seine Eier in fremde Nester. Allerdings wirft der Fremdling, sobald er geschlüpft ist, seine Nestgeschwister nicht über Bord. Doch, kaum ausgebrütet, wächst er so schnell, dass seine Leibesfülle die rechtmäßigen Kinder der Wirtin schier erdrückt. Die Kardinalseltern bemerken meist nichts davon, dass ihnen ein Fremdling untergejubelt wurde.

Die zwei bis fünf Eier bebrütet nur Frau Kardinal allein, bis nach zwölf oder dreizehn Tagen die Jungen schlüpfen. Die Futtersuche für die Nestlinge ist problematisch. Denn die Eltern fressen als reine Vegetarier nur Samen und Beeren, den Küken aber bekommt in den ersten Lebenstagen nur ein Brei aus Insektenfleisch. Woher die kleinen Kardinäle mit ihrem Spatzenhirn wissen, dass sie an ihre Kinder etwas anderes verfüttern müssen als sie selbst picken, das gehört noch zu den ungelösten Rätseln der Schöpfung.

Insgesamt führen uns die Kardinäle vor Augen, dass auch Kleine und Schwache sich mit friedlichen Mitteln in einer feindlichen Welt behaupten können.

Rechts: das Grauhörnchen läßt sich vom Rotkopf-Kardinal unten in die Flucht jagen.

## Das Kongoni

# Versteckspiel der Opfer mit den Löwen

Seine Friedensstrategie setzt der Eisbär ein, um in Zeiten des Hungers nicht völlig sinnlos Artgenossen töten zu müssen. Bei den Hirschziegen-Antilopen ist es in das Ermessen jedes einzelnen männlichen Individuums gestellt, ob es ein Leben voller Streit und Kampf oder aber ein friedvolles Dasein führen will. Der Rote Kardinal und der Rotkopf-Kardinal haben eine ganz andere Methode der friedlichen Abschreckung gefährlicher Feinde herausgebildet. Wiederum eine andere Taktik wenden die Kongoni-Antilopen auf afrikanischen Buschsteppen an, um ihr Überleben in unmittelbarer Nähe der Löwen hinreichend zu sichern: das Versteckspiel und das Ausspionieren der Aufenthaltsorte der großen Raubkatzen.

Das Kongoni, eine etwa 200 Kilogramm schwere Kuhantilope, wurde von den Buren Südafrikas „Hartebeest" genannt, weil es auf kurzen und langen Strecken jedem Ross im „Schaukelpferd"-Galopp davonrannte und „unheimlich viel Blei" vertragen konnte. Warum das Schwergewicht zum leichtathletischen Antilopen-Weltrekordler wurde, ist bis heute ein Rätsel, verteidigt es sich doch gegen Löwen energiesparend vorwiegend mit List und Tücke.

Sichtet der gehörnte Langschädel einen Löwen, flieht er höchstens 500 Meter weit im Zickzack. Hat er den Feind „abgehängt", pirscht er wieder zurück, um zu sehen, wo sich die Raubkatze versteckt hat! Dann spielt er im dichten Buschland „Blinde Kuh" mit dem Todfeind. In dieser Kunst hat es die Kongoni-Mutter zu wahrer Meisterschaft gebracht, wenn sie ihr Kind vor den Raubkatzen schützen will. Ist ihr vorjähriges Kind ein Sohn, hilft es ihr in raffinierter Weise dabei.

Erstes Alarmzeichen sich anschleichender Löwen ist deren Körperdunst: „Achtung! Hier irgendwo lauert Gefahr!" Doch wo genau steckt

der Todfeind? Es klingt wie Großwildjäger-Latein, ist aber wissenschaftlich erforschte Tatsache: Während die Mutter bei ihrem Kleinkind bleibt, trabt der ältere Sohn los, um die Löwen zu suchen. Er weiß: Je näher er der unsichtbaren Gefahr kommt, desto „heißer" wird sie, die Stärke des Geruchs. Er versteht es auch, sich gegen den Wind anzupirschen und entdeckt den Feind meist, ohne von diesem wahrgenommen zu werden. Ein richtiges Indianerspiel, bei dem es jedoch um Leben und Tod geht!

Hat der Sohn Löwen entdeckt, kehrt er zur Mutter und dem Geschwisterchen zurück und zeigt ihnen, wie sie den Feind schleichend umgehen und der Gefahr entrinnen können, ohne

Verdacht zu erregen. Der Weltrekordler im Sprint ist zugleich Spitzenkönner im Ausspionieren feindlicher Positionen und Angriffspläne.

Gegen kleinere Kälberfeinde wie einzelne Hyänen, Schakale, Servale, Karakale und Adler, setzt die Kongoni-Mutter ihre Hörner ein. Diese sind ebenso groß wie die der Böcke: 70 Zentimeter lang und dolchspitz. Doch sie sind nach hinten gebogen. Ein Aufspießen des Feindes lässt sich damit im Frontalangriff nicht ausführen. Deshalb geht die Mutter mit tief gesenktem Kopf zur Gegenattacke über und versucht dem Feind den Bauch aufzureißen, indem sie mit den Hörnern unter den Leib des Gegners zielt, ihre Stirnwaffen erst hoch- und dann zurückreißt. Sofern dieser nicht schnell zurückspringt, gelingt der Mutter diese tödliche Verteidigungstechnik.

Im Übrigen verläuft das Leben dieser Tiere folgendermaßen: Die Zeit der Einsamkeit, in der die Mutter mit ihren beiden Kindern allein zurechtkommen muss, dauert nur zwei Wochen, von der Geburt an gerechnet. Dann stößt die Kleinfamilie wieder zu ihrer fünf bis dreißig Tiere starken Weibchenherde.

Später, wenn die Jungen selbstständig geworden sind, verlassen sie ihre Mutterfamilie und stoßen zu einem Junggesellenverein. Dieser ist etwa ebenso groß. Erst besteht hier die wichtigste Freizeitbeschäftigung darin, eine Rangordnung auszufechten, jedoch auf beachtenswert friedliche Weise. Der Herausforderer jagt seinen Rivalen in einer Art Wettrennen. Kann er ihn überholen, wirft er sich herum. So stehen beide Horn gegen Horn, scharren mit den Vorderhufen und wiederholen das mehrmals, bis einer Leine zieht. Sind sie sich jedoch einig, dass sie kämpfen wollen, beknabbern sie sich zunächst, Kopf an Kopf stehend, zärtlich am Hals. Dann verhakeln sie ihre Hörner, gehen vorn auf die Knie und drücken und zerren sich aus Leibeskräften, ohne sich zu verletzen. Und das obwohl sie sich ebenso umbringen könnten, wie sie es mit ihren Feinden tun.

Seltsamerweise verzichtet der Stärkste der Jungmännergruppe aufs Liebesleben. Herdenherrscher zu sein, erscheint ihm wichtiger. Beides lässt sich bei diesen Tieren nicht miteinander verei-

nen, denn das Ausspionieren der Löwenverstecke ist permanent eine so schwierige und riskante Aufgabe, dass amouröse Eskapaden zum Wohle der Gemeinschaft hintanstehen müssen. Die Weibchen sexuell zufrieden zu stellen, gehört zu den Pflichten des Stellvertreters.

Einige dieser etwas kampfschwächeren Mitglieder verlassen gegen Mitte April ihre Herden und zerstreuen sich einzelgängerisch über die Steppe. Jeder besetzt ein Revier bis zu 300 Hektar Größe. Als Grenzsteine werden beachtliche Kothaufen dahingekleckert. Mitunter geht der „Herr" gegen seine Nachbarn auf Kriegspfad. Er versucht die duftenden Markierungen ein paar Meter in Feindesland hinein zu verschieben. Dann thront er meist in der Mitte seines Reiches auf einem zerfallenen Termitenhügel in Denkmalspose: „Bin ich nicht ein herrliches Mannsbild!"

Sein großes Problem: Ein Weibchen ist in der Paarungszeit nur einen Tag lang empfänglich. Hat er seine Schönste erschnüffelt, führt er vor ihr einen steifbeinigen Parademarsch mit weit vorgestrecktem Hals auf und umkreist sie demütig immerzu. Ist sie einverstanden, stellt sie sich vor ihn hin. Tut sie das nicht, bricht er das Zeremoniell ab und wartet auf eine spätere Gelegenheit. Ein Vergewaltigung würde alle anderen Kongoni-Weibchen aus seinem Reich vertreiben.

So haben sich die Kongoni-Antilopen ein Aktionssystem errichtet, in dem sie trotz alltäglicher höchster Lebensgefahr mit Versteckspiel, gelegentlicher Hornattacke und harmloser Rangordnungs-Rangelei ihre Existenz sichern können.

Vor Löwen schützen sich die Kongonis mit List, Tüpfelhyänen (unten) spießen sie mit ihren Hörnern auf.

## Die Thomson-Gazelle

# Wenn Grazien Löwen hypnotisieren

Friedlich weidet eine 25-köpfige Herde von Thomson-Gazellen auf der Kurzgrassteppe der Serengeti. Da entdeckt eine Geiß in 300 Meter Ferne einen hinter Büschen lauernden Löwen. Ein leises „quiff!" entfährt ihrer Nase: das Alarmsignal! Ruckartig schauen alle umstehenden Rudelmitglieder in diese Richtung. Dann geschieht das Unfassbare: Alle „Tommys", wie sie auch genannt werden, trippeln dicht geschart bis auf hundert Meter an den Löwen heran und starren ihn an, als wollten sie ihren Erzfeind hypnotisieren. Diesem wird im Blickpunkt so vieler Augen unbehaglich zumute. Er erhebt sich und will davontrotten. Doch da eskortieren ihn die 22-Kilogramm-Leichtgewichte einige Kilometer weit und starren ihn dabei immer noch von beiden Seiten aus fünfzig großen Augen unverwandt an.

Verhaltensforscher bezeichnen dieses Phänomen als „Faszination". Es ist tatsächlich eine Art Verzauberung, die den Löwen unfähig macht an-

zugreifen, und die es den elegant-grazilen Hornträgern ermöglicht, den Feind aus ihrem bevorzugten Weidegebiet elegant herauszuleiten. Wiederum eine erstaunlich friedvolle Methode schwacher Beutetiere, ihren Todfeind in die Schranken zu weisen...

Doch bald werden einige Tommys zu kess und nähern sich der Raubkatze bis auf siebzig Meter. Das ist der Punkt, an dem der Löwe vor Wut explodieren könnte. Vorsicht ist also geboten. Da richten sich die kleinen Gazellen auf und lassen ihre Körperflanken vibrieren. Der schwarzbraune Seitenstreifen verschwimmt. Das ist das Signal an alle Herdenmitglieder: „Achtung! Gleich geht die Post ab!" Mit Tempo 80 rasen die Huftiere davon. Eine Geschwindigkeit, viel schneller als die des Löwen, die sie über fünf Kilometer durchhalten und dabei noch Haken schlagen können.

Ein Tommy hat den Fluchtalarm jedoch nicht bemerkt und ist weit zurückgeblieben. Sogleich nimmt der Löwe die Verfolgung auf. Doch da greift die Gazelle zu einem weiteren Dreh. Sie flitzt nach links und rechts um dichtes Buschwerk herum. Der Löwe verliert sie schließlich aus den Augen, und im gleichen Augenblick wirft sich die Gazelle im hohen Gras platt zu Boden. Der Jäger rast mit Tempo 60 an ihr vorbei und findet sie hernach nicht mehr wieder. Eine volle Überlebens-Trickkiste der kleinen Flinkfüße!

Seltsam sind auch ihre Hochzeitssitten. Zuerst richten die älteren Böcke ihre Liebesräume ein. Jeder beansprucht ein Grundstück von etwa 200 Metern Durchmesser für sich und setzt die Grenzsteine: etwa zwanzig duftende Kothaufen. Hier steht er zwei Wochen bis fünf Monate lang, je nach Liebeslust und Ausdauer.

Die lange Wartezeit, bis endlich Weibchen zu Besuch kommen, vertreiben sich die „Herren", deren „Schrebergärten" mosaikartig nebeneinander liegen, mit wüsten Raufereien. Einer fordert seinen Nachbarn zum Duell, schießt in maximaler Körperstreckung mit seinen 43 Zentimeter langen, spitzen Hörnern wie beim Florettfechten gegen den Kopf der Gegners vor. Dieser kann sich vor dem Ausfallschritt nur durch einen akrobatischen Rückwärtssprung retten. Dann wenden sich beide den Allerwertesten zu und trennen sich, indem jeder in Richtung des Zentrums seines Hoheitsgebietes äst. Das heißt: „Du kannst mich mal...!"

Die ganze Vorstellung dauert keine Minute. Seltsamerweise gibt es weder Sieger noch Besiegte. Es waltet vielmehr das Prinzip des „lieben Feindes". Die kriegerische Schau kann sich jedoch bis zu dreißigmal pro Tag wiederholen. Auch kommt es oft zu so genannten Luftkissenkämpfen. Dabei stoßen die Nachbarn aufeinander zu, bremsen aber ab, sodass sie sich gerade eben nicht berühren. Alles ist nur Teil einer umfassenden Friedensstrategie: eine kumpelhafte Art Sport zu treiben.

Die Geißen besuchen in geschlossener Herde die Hochzeitsreviere der Böcke und verweilen dort nur für wenige Stunden pro Tag. Knaben, die noch ihre Mütter begleiten, müssen draußen bleiben und an der Grenze warten. Die „Damen" zeigen sich bei ihren Besuchen meist sehr spröde und entziehen sich immer wieder dem Liebeswerben der Männer in typisch weiblicher Scheinflucht. Schließlich wird es dem immer wieder abgeblitzten Bock zu dumm. Er hetzt mit Hornstößen hinter der letzten Braut her und jagt sie dabei unsinnigerweise gerade ins Revier des Nachbarn. Er muss an der Grenze abstoppen und zusehen, wie er dem anderen Bock zu seinem Glück verholfen hat. Bei Gewaltaktionen ist der Initiator auch unter Tieren meist der „Dumme".

Der Anrainer nimmt sofort die Verfolgung des fliehenden Weibchens auf, und so geht das immer weiter, bis der letzte Bock an der äußersten Grenze der Männerversammlung unverdienterweise endlich zum Zuge kommt. Nichts von wegen, dass sich nur „der Stärkste" das „Recht auf Fortpflanzung" erkämpfen würde!

Nach einer Tragzeit von fünf Monaten bringt die Geiß ein Junges zur Welt. Pro Jahr kann sie also zweimal je ein Kind bekommen. Die Mutter versteckt ihr Baby im hohen Gras und verlässt es gleich wieder, um zu äsen. Jedoch läuft sie niemals allzu weit fort. Sie behält den Ort ihres Kindes stets im Auge, jedoch auf eine besondere Art und Weise. Sie schaut nur aus den Augenwinkeln nach ihm. Denn in der Nähe befindliche Schakale und Hyänen können ihre Blickrichtung nachvollziehen und auf diese Weise das Kind aufstöbern. Ist dieses Unheil trotzdem einmal geschehen, rast sie herbei und nimmt den Räuber auf ihre kleinen Hörner.

Ist keine Gefahr im Verzuge, kommt sie alle zwei Stunden zurück, um ihr Kind zu säugen. Nach wenigen Tagen ist es schon so flink zu Fuß, dass es vor den meisten Räubern fliehen kann. Bemerkt die Mutter dann eine Gefahr, sträubt sie an ihrem Hinterteil eine so genannte Haar-Jalousie. Ein auffälliges Feld schneeweißer Haare wird sichtbar. Das ist das Signal an ihr Kind: „Folge mir nach, so schnell du kannst!" So voller Lebensrettungsaktionen ist das ganze Leben der kleinen, friedvollen Gazellen.

**Mit bislang unbekanntem Trick wehren Thomson-Gazellen Löwen ab. In kollektiver Aktion hypnotisieren sie in Massen die Raubkatzen.**

## Der Orang-Utan

# Vom Erfindergeist der Menschenaffen

In der schwindelerregenden Höhe der Krone eines 30 Meter hohen Eisenholzbaumes kam das Orang-Utan-Baby im Regenwald Borneos zur Welt. Menschenkinder bekommen, um die Atmung in Gang zu setzen, in gleicher Situation Popoklatsche, und das Geschrei ist groß. Doch man staune: Keine Orang-Mutter bringt es übers Herz, ihrem 1,1 Kilogramm leichten Kind Schmerzen zuzufügen. Vielmehr beugt sie sich über den kleinen Wicht, führt eine regelrechte Mund-zu-Mund-Beatmung aus und haucht dem neuen Erdenbürger buchstäblich das Leben ein.

Schon einige Tage später geschieht Bemerkenswertes. Die Mutter erwacht nach nebelverhangener Nacht in ihrem aus Zweigen zusammengebogenen Hängematten-Nest neben dem Kind, beugt sich über den struppigen Rothaarflausch und lächelt ihn so breitmundig an, wie nur ein Orang-Utan lächeln kann. Daraufhin quietscht und glukkst das kleine, feuerrote Zottelbündel vor Vergnügen und hüpft immerzu freudig erregt auf und ab. Wer meint, nur Menschen würden die Macht des Lächelns kennen, irrt.

Als ich drei Jahre später wieder ins Semonggoh-Reservat Borneos fahre, um zu sehen, welche Fortschritte der kleine Kerl gemacht hat, stockt mir das Herz: Wie ein Artist in der Zirkuskuppel turnt das Kleinkind in der Nähe seiner Mutter an Zweigen und Lianen umher, nur ohne Netz und Sicherungsleine. Es bringt einen ganzen Baum zum Schwingen, schnappt nach einem Ast des nächsten Baumes und katapultiert sich hinüber. Jede Menschenmutter würde vor Angst aufschreien. Doch die rote Riesin mampft seelenruhig weiter an wildem Ingwer. Wer abstürzt, ist nicht lebenskräftig.

Plötzlich horcht sie auf und gurgelt kurz. Das ist das Alarmsignal an ihr Kind: „Feind in Sicht!" Sie hat einen Nebelparder gewittert, eine gefährliche Raubkatze, in etwa der kleinere Bruder des Leoparden in Borneos Regenwäldern. Gleich zwickt sich das Kind mit Händen und Füßen nicht etwa an Mutters Haaren fest, sondern an den Falten ihrer Rückenhaut, und los geht die Flucht. Orang-Utans springen nicht. Die 1,50 Meter großen Tiere ergreifen mit ihren 2,25 Meter weit spannenden Armen den Zweig eines Nachbarbaumes oder setzen, wenn der Abstand zu groß ist, den Baum mit ihrem Gewicht von vierzig Kilogramm in weite Schwingung, bis sie den nächsten erreichen können.

Doch der Nebelparder klettert noch flinker und nicht weniger geschickt im Regenwald umher. Da hilft im letzten Augenblick vor dem Sprung des Feindes nur ein Trick: Die Orang-Mutter spannt mit Händen und Füßen zugleich die Äste zweier benachbarter Bäume wie Stahlfedern und wartet, bis der Feind auf einem der Äste ganz dicht herangekommen

Die Orang-Utans im Bergdschungel Borneos sind Einzelgänger. Vor Feinden schützen sie sich ohne Hilfe von Artgenossen mit vielen Tricks.

ist. Dann lässt sie plötzlich los. Wie ein Flitzbogen peitscht der Ast mitsamt der Raubkatze zurück. Sie stürzt an die zwanzig Meter tief und fängt sich in einem Blätterbüschel auf. Die beiden Menschenaffen sind gerettet.

Oder die Verfolgte klettert in die Krone eines Tarapbaumes und schüttelt sie so kräftig, dass die kokosnuss-schweren Früchte wie ein Bombenteppich auf den Gegner herabprasseln. Auch versteht sie es, Äste abzubrechen und mit erstaunlicher Treffsicherheit und Gewalt auf den Nebelparder zu schleudern.

Ein weiterer Feind ist die Felsenpython-Riesenschlange. Doch wenn sie auf Bäumen emporkriecht, entdeckt sie der Orang meist rechtzeitig und geht ihr aus dem Wege. Versteckt sie sich auf dem Waldboden unter welkem Laub, erwischt sie meist andere Bodenbewohner. Wahrscheinlich steigt der Menschenaffe, um dieser Gefahr aus dem Wege zu gehen, nur höchst selten auf die Erde hinab.

Vor allem Orang-Kindern droht höchste Gefahr vom rabenschwarzen Malaien-Adler, der im Suchflug dicht über den Baumkronen des Dschungels kreist und im Sturzflug blitzartig zuschlägt. Bei der Abwehr dieses Feindes ist die Fähigkeit der Mutter zu bewundern, an einem Ast hängend genau dorthin zu schwingen, wo der große Greif vorbeifliegen wird und beim Zusammenstoß nach ihm zu schnappen. Zwar erwischt sie ihn

meist doch nicht, aber der Schreck sitzt dem Vogel so sehr in den Knochen, dass er die Attacke nicht wiederholt.

Wenn Gorillas, Schimpansen oder Bonobos von Feinden angegriffen werden, rotten sie sich zur gemeinsamen Verteidigung zusammen. Bei Orang-Utans ist das nicht möglich, da sie ein Eremitendasein führen. Ausgewachsene, bis zu 100 Kilogramm schwere Männer, kenntlich an ihren breiten Bakkenwulsten, also Gesichtsfalten mit eingelagertem festen Bindegewebe, sind stets Einzelgänger. Mütter mit einem älteren und einem jüngeren Kind bilden allenfalls eine Dreiergruppe.

Manchmal kommen auch zwei Weibchen mit ihren Einzelkindern zusammen, um sie miteinander spielen zu lassen. Jungtiere sind Mangel-"Ware". Eine Menschenäffin bekommt im Alter von 10 Jahren ihr erstes Kind, das zweite mit 18, das dritte mit 26 und das vierte mit 34 Jahren. Diesen letzten Spross pflegt und behütet sie noch vier Jahre lang. Dann stirbt sie den Alterstod. Nur im Zoo erreichen Orang-Utans ein Alter von bis zu 55 Jahren.

Die Einsiedelei hat ihren Grund in der Nahrungsknappheit des Regenwaldes. Früchte von vereinzelten Feigenbäumen sind eine Festtagsspeise, Blätter von 114 verschiedenen Pflanzen das übliche. Kurze Zeiten des Überflusses wechseln mit langen Hungerperioden. Dann kauen sie die Innenschicht von Baumrinde oder anderes mieses

Die zu den Nashornvögeln zählenden Doppelhornvögel sind die Feigen-Entdecker im Regenwald Borneos. Die Orang-Utans folgen ihren Rufen.

Zeug, fangen Mäuse und Baumhörnchen, steigen sogar, was sie sonst kaum tun, auf den Waldboden hinab um Ameisen oder Termiten zu fressen.

Wenn irgendwo im nebligen Bergwald Feigen reifen, bemerken dies die Nashornvögel als erste. Dann folgen die Orangs deren laut krächzendem Flug. Der nun dort entstehende Krawall lockt die Horden der Borneo-Gibbons an. In zahlenmäßiger Übermacht attackieren die kleineren Affen die Orangs solange mit Gekreisch und Scheinangriffen, bis diese entnervt den Ort verlassen und wieder mit schäbigem Fraß vorlieb nehmen müssen. Doch haben die rothaarigen „Waldmenschen", so die Übersetzung des malaiischen Wortes „Orang-Utan", ein Gegenmittel gefunden: Sie verspeisen auch unreife Feigen, was Gibbons starke Bauchschmerzen bereitet, ihnen selbst aber nicht.

Da ist es für den großen Mann, der mit 12 bis 15 Jahren die Reife erlangt, wenn er liebesdurstig ist schon leichter, ein Weibchen zu finden als Leckerbissen. Er hangelt in die Krone des höchsten Baumes seiner Region und stößt ein Stakkato lauter Brülltöne aus, die sich zur höchsten Lautstärke steigern, bis zu drei Kilometer durch den Dschungel hallen und nach zwei Minuten im gurgelnden, stöhnenden Krächzen enden. Das heißt so viel wie: „Ich halte hier jetzt Paarungsstunden ab!"

Das Weibchen muss sich mitsamt seinem Kind schon zu ihm her bemühen, was bis zu drei Tagesreisen einschließlich Übernachtungen in selbst gebauten Nestern erfordern kann. Um sich den Rückweg zu erleichtern, bindet es einmal benutzte Lianen an den Landeplatz-Bäumen fest. So schafft es sich regelrechte Verkehrswege im Blätterdach des Dschungels.

Doch mehr noch des menschenäffigen Erfindergeistes: Im Regenwald Borneos schüttet es oft wie aus umgekippten Badewannen. Während die meisten Tiere dem Unwetter schutzlos ausgeliefert sind, haben die Orang-Utans das Regendach erfunden. Sie kriechen unter eines ihrer Schlafnester oder bauen sich bei Gewitter ein Dach aus dicht belaubten Zweigen. Auch sah ich einen Halbstarken, der im Nieselregen mit einem Schirm aus Palmenblättern in der Hand umherhangelte. Will ein Guss gar nicht enden, fangen sie an laut zu brüllen: Ein Protest gegen den Regengott?

Mitunter findet sich aber auch ein fremdes Männchen am Treffpunkt ein. Dann kann es unter den Männern zu schweren Kämpfen um das Weibchen kommen. Die Hauptwaffe, das Gebiss, das dem des Leoparden ähnelt, wird in diesem Fall ohne Hemmungen eingesetzt. Der Verlierer wird zwar nicht getötet, aber doch so übel zugerichtet, dass er bald darauf verblutet.

In den Schutzgebieten Borneos und einem kleinen Reservat im Nordwesten Sumatras leben gegenwärtig schätzungsweise noch 4.000 dieser Menschenaffen. Vor hundert Jahren waren es noch etwa 500.000. Seit 1925 stehen sie unter Schutz. Doch Brandrodungen und die Ausweitung der Gummi- und Ölfrucht-Plantagen vernichten ihren Lebensraum.

Auswilderungsstationen für beschlagnahmte gewilderte Tiere sind problematisch. Ein Orang-Utan, der auf einer Lodge gepflegt worden war, konnte nicht einmal mit Bananen in den Urwald gelockt werden. Er wartete abends lieber neben der Küche, bis der Reis gar war und stahl dann gleich den ganzen Topf.

## Der Orca-Wal

# Meeresmonster als Spielkameraden

Orcas, auch Schwert- oder Killerwale genannt, sind gewaltige Meeresungeheuer. Einem dreißig Meter langen, 130 Tonnen schweren, aber zahnlosen Blauwal schwimmt ein neun Meter großer Sieben-Tonnen-Orca ins Riesenmaul hinein und reißt ihm die Zunge heraus. Dann zerfetzen die übrigen Mitglieder der Orcagruppe den Giganten.

Seltsamerweise haben Menschen von diesem gewaltigen Zahnwal mit dem Gebiss eines Tyrannosaurus rex nicht das Mindeste zu befürchten. Ein Beispiel dafür berichtete der berühmte britische Antarktisforscher Sir Ernest Shackleton. Auf seiner Expedition, die er 1914 in die Weddellsee Antarktikas unternahm, wurde sein Schiff im Packeis eingeschlossen und zerquetscht. Seine Männer quälten sich zu Fuß übers Eis, um festes Land zu erreichen. Als Nahrung führten sie sechzig Schlittenhunde mit.

Als das Packeis zum Treibeis aufbrach, griffen sechzehn Orcas an und zertrümmerten mit Rammstößen von unten die Eisschollen, auf denen die Expeditionsteilnehmer liefen. Alle glaub-ten schon, ihr letztes Stündlein habe geschlagen, weil sie von den gewaltigen Meeresräubern gefressen würden. Doch da trauten sie ihren Augen kaum: Die Orcas schnappten ausschließlich nach den... Hunden. Keinem einzigen Menschen krümmten sie auch nur ein Haar!

Auch in allen anderen Weltmeeren ist noch niemals ein Mensch von diesen Zahnwalen angegriffen und verletzt worden, von einer einzigen Ausnahme abgesehen: Wenn in einem Ozeanarium der Tierlehrer einen „Killer" schikaniert, beißt der Riese zu, jedoch nur so sanft, dass der Mensch nicht schwer verletzt wird, sondern nur seine wohl verdiente Abreibung erhält.

Im Übrigen aber verbindet ihn mit uns eine seltsame Freundschaft. Was die gewaltigen Orcas jedoch zu dieser Nettigkeit mit uns Menschen treibt, bleibt vorerst ebenso rätselhaft wie die Freundschaft, die Delphine mit uns pflegen, obwohl viele von uns, vor allem japanischer Abstammung, diese „Humanisten der Weltmeere" fangen und töten.

Shackletons Erlebnis mit den „humanen" Orcas blieb kein Ausnahmefall. Ein französischer Meteorologe, der mehrere Jahre auf Crozet-Island, 2700 Kilometer südöstlich des Kaps der Guten Hoffnung gelegen, Wetterforschungen betrieb, hat die Geschichte seiner langjährigen Freundschaft mit einem Orca im Film festgehalten: Sie begann damit, dass der Wal im Eifer der Jagd nach auf dem Strand liegenden Seelöwen als unerfahrenes Kind zu weit aufs Trockene hinaufrobbte. Da setzte Ebbe ein, und so gelang es auch den erwachsenen Gruppenmitgliedern nicht, den kleinen Kerl wieder flott zu machen.

Da brachte ihn der Forscher mit drei Mitarbeitern in schwieriger Aktion wieder in sein nasses Element zurück. Zu viert schaufelten sie eine Wasserrinne, holten eine Seilwinde heran und schleppten das Orcakind zurück ins Wasser. Seither robbt dieser Menschenfreund bei jedem Inselbesuch zweimal jährlich, nun vorsichtiger geworden, ein wenig auf den Strand. Der Forscher geht ihm entgegen. Dann stehen sich Meeresmonster und Mensch zwei Stunden lang gegenüber und schauen sich in die Augen. Der kleine Mann streichelt den riesigen Wal. Dieser gibt ihm eine Art Küsschen. Und das nunmehr regelmäßig seit sieben Jahren!

Dabei haben Orcas einen Riesenappetit. Im Magen eines Tieres fanden kanadische Forscher 13 zentnerschwere Schweinswale und 14 Steller'sche Seelöwen. Ein anderer hatte nicht weniger als 600 Dorsche und ein paar Zentner Heringe „geladen", also den Zehntagesbedarf eines Fischladens. Einmal entdeckten Meeresbiologen auch einen großen Zitterrochen im Orcamagen. Nicht einmal Stromstöße von 300 Volt Hochspannung vermochten die Fresslust des Wals zu bremsen.

In antarktischen Gewässern verspeisen sie gern Pinguine, die auf einer kleineren Eisscholle treiben. Drei oder vier Schwertwale heben auf einen Kommandopfiff hin ein Ende der Scholle so hoch an, dass die Pinguine herunterrutschen - geradewegs in das Maul der am unteren Ende wartenden Gruppenkumpane.

Zur Zeit der Lachswanderungen vom Pazifik in die Flüsse Kanadas und Alaskas fangen sie auch diese Leckerbissen. Der Gruppenchef schwimmt mit hohem Tempo durch den Lachsschwarm hindurch und peitscht mit der Schwanzflosse urgewaltig auf ihn ein. Danach treiben zahlreiche Lachse tot oder betäubt im Wasser umher und können einzeln mit dem Riesenmaul aufpinzettiert und verschluckt werden. Am Ende einer Lachs-Fressorgie springen besonders gut gesättigte Tiere mehrmals vor Freude aus dem Wasser heraus.

Stachelrochen können den Orca mit ihrer Giftspritze am Schwanz jedoch erheblich verletzen. Doch dieses Problem lösen die Wale buch-

stäblich im Spiel. Forscher entdeckten im Frühjahr 1998 Folgendes: Ein Orca ergreift einen bis zu zwei Meter durchmessenden Plattfisch mit dem Maul an einem „Flügel" und schleudert ihn mit seitlichem Drall wie eine Frisbee-Scheibe durch die Luft. Ein Kumpan schnappt ihn, wirft den Rochen wieder fort. Ein dritter fängt ihn auf. Und so geht das Spiel weiter, bis Stachelschwanz und Giftdrüse total zerfleddert und unschädlich geworden sind.

Umso mehr erstaunt uns das überaus liebevolle Familienleben der „Bestien". Sie geben sich unter Wasser viele Küsschen und tauschen Zärtlichkeiten aus, wie das Anschmiegen Flanke gegen Flanke. Sie kitzeln sich sogar neckisch mit den Flossen an den Flanken und am Bauch, woraufhin der Gekitzelte am ganzen Körper vibriert, als könne er sich kaum halten vor Lachen. Zudem spielen die Großen lustig mit ihren Kindern und behüten jeden Flossenschlag.

Auf Großwild jagen sie in perfekt organisierten Gemeinschaften von 5 bis 20 Tieren. Ihre soziale Organisationsform ist die Mutterfamilie, eine Gruppe von fünf bis zwanzig Tieren: Oma, Mütter, Tanten, Schwestern und Jungtiere, wobei die Weibchen mit maximal 6,50 Meter Länge und 2,5 Tonnen Gewicht erheblich kleiner als die ausgewachsenen Männchen sind.

Das Kind wird nach einer außerordentlich langen, 16 bis 17 Monate währenden Tragzeit mit einem Gewicht von 160 Kilogramm geboren. Die männlichen Kinder bleiben bis weit über ihre Reifezeit von sieben Jahren hinaus, bis zum Alter von zehn bis fünfzehn Jahren bei der Mutter .

Dem Leitbullen, kenntlich an der 1,80 Meter hohen, steil hervorspringenden Rückenfinne, dem „Schwert", obliegen nur Führungs- und Schutzaufgaben. Sexuell spielt sich in der Gruppe seltsamerweise nie etwas ab. Dafür sorgt ein Inzucht-Tabu. Doch einmal im Jahr treffen sich mehrere Orca-Gruppen in immer anderen, uns unergründlichen Seegebieten zu Gemeinschaften von einigen hundert Tieren. In diesen Versammlungen wechseln die Bullen vorübergehend die Vereinszugehörigkeit, paaren sich mit fremden Weibchen und kehren nach spätestens ein, zwei Tagen wieder zu ihren Schutzbefohlenen zurück.

Nach neuesten Forschungen können weibliche Schwertwale bis zu 80 Jahre alt werden. Die Männchen sterben schon mit 50 Jahren den Alterstod. Ob es die Gigantenkämpfe gegen andere Wale, große Haie und Riesenkraken sind, die sie so früh altern lassen, wissen wir noch nicht.

## Der Antilopen-Ziesel

# Kaktus-Fakir als Herr der Schlangen

Wenn die acht Babys der Antilopen-Ziesel zur Welt kommen, sind sie winzig wie eine Walnuss und wiegen knapp vier Gramm. Doch schon wenige Tage später, wenn sie zum ersten Ausflug ihres Lebens aus ihrem Erdbau in einen extrem stacheligen Cholla-Kaktus klettern, um an dessen jungen Sprossen zu naschen, bewähren sie sich bereits als perfekte Fakire auf dem „Nagelbrett".

Nicht etwa, dass sie es feinfühlig vermieden, auf die extrem spitzen und stahlharten Stacheln zu treten. Vielmehr pratschen sie mitten drauf. Aber ihre Fußsohlen wie auch ihr Bauchfell sind von Geburt an für Dornen undurchdringlich zäh

und fest. Klapperschlangen erdolchen sich in bestimmten Notsituationen am Cholla-Kaktus selbst. Kojoten wagen es nicht einmal, diesen pflanzlichen Stacheldrahtverhau auch nur zart zu berühren, weil dann stets Ableger abbrechen und an ihnen haften bleiben. Rotschwanz-Bussarde, die beim Verfolgen einer Beute hier hineingeraten, sind hoffnungslos verloren.

Aber für die Ziesel, die zu den Erdhörnchen und in die Verwandtschaft der Eichhörnchen gehören, und vor allem für deren Babys ist der Stacheldschungel der schönste Kinderspielplatz. Ein Forscher bezeichnete sie wie auch ihre Eltern als „die fröhlichsten Tiere der kalifornischen Mohave-Wüste, immer spritzig und witzig und die besten Freunde des Menschen, sofern er ihr Vertrauen gewonnen hat".

Ihr Erdbau hat gleich unten am Kaktusstamm, gut getarnt, sein Einschlupfloch. Hüter ihres jungen Ziesellebens sind nicht nur die oberirdischen Stacheln, sondern auch die Wurzeln in der Unter-

**Die Klapperschlange ist der gefährlichste Feind der possierlichen Ziesel. Doch vermag dieser ihn auszutricksen oder gar zu töten.**

welt. Die Eltern haben die Tunnelröhren nämlich so raffiniert angelegt, dass sie durch enge Wurzelschleifen des Cholla führen. Sie selber passen so gerade eben noch hindurch. Doch eine Klapperschlange, die hier zur Babykammer vordringen will, verfängt sich im Wurzelwerk wie in einer Schlinge. Ein Stinktier, das sich zum Nest vorgraben will, stößt ebenfalls an die unüberwindbare Sperre des Wurzelwerks.

So ist der Zieselbau eine relativ sichere Zufluchtsstätte. Im berühmten Cholla-Garden des Joshua-Tree-Nationalparks Südkaliforniens, wo ein mit diesen Kakteen überwuchertes, weites Feld zu bewundern ist, beobachtete ich einmal Folgendes:

Als ein Rotschwanz-Bussard seine Kreise zu ziehen begann, richtete sich Vater Ziesel wie ein Murmeltier zur Männchenhaltung auf und stieß eine Serie scharfer, vogelähnlicher Pfiffe aus, so laut, wie man es dem possierlichen Kerl gar nicht zugetraut hätte. Im offenen Maul vibrierte das Zünglein. Sogar seine schlanken Flanken zitterten vor Erregung.

Dann sah ich nur noch eine linienförmige Staubwolke und, wie vom Erdboden verschluckt, war das 16 Zentimeter lange und 110 Gramm leichte Heinzelmännchen von der Bildfläche verschwunden. Unter dem Stacheldickicht liegt nämlich eine Notrutsche. Sie führt 25 Zentimeter tief senkrecht hinab in die Unterwelt und ist so gut getarnt, dass sie kaum ein Feind findet. Abraumerde, die beim Tunnelgraben anfällt, transportieren die kleinen Mineure in ihren Backentaschen nach

draußen und verstreuen sie so weit, dass sie den Bau nicht verrät.

Die Wurfkammer, die auch als Babyzimmer dient, wird von den Eltern am liebsten mit Tierfellen ausgepolstert. Einmal war in der Nähe ein Wildkaninchen von einer Schlageisenfalle getötet worden. Daraufhin zogen ihm die Antilopen-Ziesel das gesamte Fell streifenweise ab, um Polstermaterial für ihre Erdhöhle zu gewinnen. Ein andermal war einem Touristen der Filzhut am Cholla-Kaktus unablösbar hängengeblieben. Auch er wurde von den kleinen Nagezähnchen zerlegt und ins Luxuszimmerchen als Teppich eingetragen.

Im Alter von drei Wochen verlassen die acht, mitunter sogar zwölf Kinder den Bau zum ersten Ausflug. Wie ihre Eltern, so schwingen sie ihren buschigen, unterseits schneeweißen Schwanz als Sonnenschirm wie ein Fragezeichen über den Rücken und hüpfen immerzu in schnellen Sprüngen von Busch zu Busch. Etwa so wie springende Impala-Antilopen. Daher der Vorname „Antilopen"-Ziesel.

Entsprechend gestalten sie auch ihre übermütigen Spiele. Froschhüpfen um die Wette und Haschen: Wer vom Fänger im wirbelnden Umherspringen mit dem Näschen angestupst wird, muss nun die anderen jagen.

Trotz schlanker Taille sind die kleinen Erdhörnchen nimmersatte Vielfresser. Vor allem der Vater und Familienchef hat seine Backentaschen wie ein Hamster stets voller Samen, Yuccafrüchte und Nüsschen. Gibt es Ehekrach, füttert er sein Weibchen gleich mit einem Leckerbissen und schon ist der Ehefrieden wieder hergestellt. Auch verzehren die possierlichen Tierchen Cholla-Triebe, Käfer, Heuschrecken, Grillen und Aas, das sie auf Autostraßen finden.

Von mir nahmen sie gern Melonenschalen, Weizenkörner, Rosinen und Krümel vom Frühstückstisch. Bald kamen sie auch auf die Veranda meines Bungalows im Wüstendorf „Twentynine Palms". Und von dort huschten sie elegant ins Wohnzimmer und in die Küche und wurden meine besten Freunde.

Im Nachbarhaus lag ein älterer Herr krank im Bett, wo er auch die Mahlzeiten einnahm. Zu ihm krochen die Antilopen-Ziesel furchtlos unter die Decke und verspeisten sämtliche Krümel.

## Der Kodiak-Grizzlybär

# Aug' in Aug' mit Alaskas Schrecken

Über himmelhochragende, gletscherbedeckte Bergketten Alaskas stößt unser viersitziges Wasserflugzeug zur Pazifikküste nieder, zieht Kurven um Kurven auf der Suche nach Kodiak-Grizzly-Bären, den nächst den Eisbären größten Landraubtieren der Welt. Plötzlich ruft der Pilot: „Dort sind welche! Gleich vier Stück und alle dicht beieinander!" Elegant geht die Maschine nieder und landet im seichten Wasser der Küste. Ich streife hüfthohe Wasserstiefel über und wate mit meiner Frau und dem Piloten an Land. In der Ferne auf dem zehn Quadratkilometer großen flachen Schotterbett wirken die Petze winzig und harmlos.

Um näher an sie heranzukommen, waten wir durch zahlreiche seichte Wasserarme des Katmai-Flusses, die wie Priele deltaartig die Landzunge durchziehen. Dabei treten wir fast auf meterlange Lachse, die, einem geheimnisvollen Drang folgend, aus den Weiten des pazifischen Ozeans kommend, in unendlicher Kolonne aus dem Meer flussaufwärts stürmen, um ihre Laichplätze in kleinen Rinnsalen auf eisigen Gipfelhöhen zu erreichen. Kaum sehen sie uns, peitschen sie sich mit gewaltigen Schlägen der muskulösen Schwanzflosse in Riesensprüngen davon. Sie halten uns für lachsfangende Bären.

Spaßeshalber versuche ich, einen der meterlangen und dreißig Kilogramm schweren Quinnatlachse mit Händen zu greifen. Doch jeder Versuch geht meterweit daneben. Die schmackhaften Fische schnellen sich pfeilflink davon. Müsste ich mich wie ein Bär ernähren, würde ich jämmerlich verhungern.

Plötzlich schaue ich auf und sehe zwei Bären keine hundert Meter vor mir. Das ist genau der

**Zur Zeit der Lachswanderung lässt der Grizzly Menschen in Frieden, weil diese nicht so gut wie Lachse schmecken.**

Abstand, der laut Naturschutz-Vorschrift zu den Tieren eingehalten werden muss. Doch die Bären können die Schilder nicht lesen. Sie setzen sich in leichten Trab, kommen direkt auf uns zu und durchqueren noch zwei Bachläufe. Da erhebt sich einer der 780-Kilo-Brocken dreißig Meter vor mir auf die Hinterbeine zur Größe von drei Metern hoch auf, reißt das Maul auf und fuchtelt mit den Vordertatzen, die mit zehn Zentimeter langen gewaltigen Krallen bewaffnet sind. Mir wird leicht blümerant zumute.

Da zischt mein Pilot durch die Zähne: „Nicht weglaufen! Nicht anstarren! Nicht fotografieren! Nur langsam zur Seite gehen!" Später erläutert er mir: „Eine Flucht würde die Brummis zur Verfolgung reizen. Anstarren mit Auge oder Kamera würden sie als Angriff auffassen. Ohne solch falsches Verhalten krümmen sie dem Menschen jedoch kein Haar. Denn die Kodiak-Grizzly-Bären fressen hier zu dieser Jahreszeit keine Menschen. Lachse schmecken ihnen viel besser! Wir standen ihnen nur zufällig im Wege zu einer neuen Lachsfangstelle."

Die Naturschutzbehörden Alaskas haben auf Wanderwegen durch den Bergwald Kiesdecken streuen lassen. Dann hören die Bären jeden Menschen schon von weitem dahertrappsen und verdrücken sich beizeiten. Würden sie überraschend und auf kurze Distanz mit einem Touristen konfrontiert, können sie sich angegriffen fühlen und gleich zur Gegenattacke übergehen.

Kurz nach diesem Zwischenfall können wir die Bären beim tödlichen Geschicklichkeitsspiel beobachten. Meister Petz watet im reißenden Bach umher, schaut sich nach allen Seiten um, wartet auf einen günstigen Augenblick, vollführt urplötzlich einen gewaltigen Sprung, platscht mit spritzigem Schwall, die Pratzen voraus, ins Wasser und hat meist... nichts in den Fängen. Die Lachse stieben in solchen Massen davon, dass das Wasser zu kochen scheint.

Nach etwa zehn Minuten und zwanzig Fehlversuchen hat er schließlich Glück: Mit beiden Vorderpratzen presst er einen Königslachs auf den Bachgrund, beißt gleich herzhaft hinein und zieht die etwa einen Meter lange und 30 Kilogramm schwere Prachtbeute heraus. Jeder Angler könnte vor Neid erblassen. Dann verspeist der Petz den Fisch mit wenigen Happen total.

Zehn Minuten später zappelt das nächste Opfer in seinem Maul. Doch allmählich wird er wählerischer. Erst filetiert er den Leckerbissen, um weder Schuppen noch Gräten schlucken zu müssen, schließlich verspeist er nur noch den „Kaviar" oder die „Milch". Der Rest ist für die Möwen, Reiher und Weißkopf-Seeadler. An die dreißig Delikatess-Lachse im Gesamtgewicht von etwa 400 Kilogramm verschmatzt er pro Tag beim „großen Fressen". Eine für uns unvorstellbare Masse. Das also hat man unter dem sprichwörtlichen Bärenhunger zu verstehen!

Allmählich schwillt ihm der Bauch zur Tonne. Der braune Riese beginnt zu keuchen und legt sich zu einem Verdauungsschläfchen nieder. Doch nach einer Viertelstunde überwältigt ihn schon wieder die Fresslust und der Plantsch-Fischfang geht von neuem los.

Der Schwerathlet unter den Raubtieren muss sich ja für den nahenden harten Winter im präarktischen Alaska eine dicke Speckschicht anmästen, um die eisige Jahreszeit in einer Felsenhöhle zu überleben, ohne dann noch viel fressen zu können. Würde er im Herbst auf eine schlanke Linie achten, wäre er im Winter des Todes. Doch wohl gemästet erwacht der Brummi nach einer Mischung aus Winterschlaf und Winterruhe im kommenden Frühjahr wieder fit und fröhlich mit schlanker Taille.

## Die Weißnasen-Meerkatze

# Menschen und Affen in Harmonie

Sie stammen von den Göttern ab, sind den Einheimischen an der Atlantikküste Westafrikas von Nigeria bis Ghana heilig und tabu. Moderne Schutzbestimmungen und naturreligiöser Mythos vereinigen sich zu ihrem Heil in idealer Weise und schufen ein Eden auf Erden - wenigstens für die Weißnasen-Meerkatzen, die 55 Zentimeter kleinen und sechs Kilogramm wiegenden Affen, bei denen die Weibchen noch einmal um die Hälfte leichter sind.

Sie stibitzen Stoffetzen von den Mülldeponien der Dörfer, binden sich die Lappen vor die Augen, balancieren als „Blinde Kuh" auf schmalen Zweigen oder lausen dieses Spielzeug wie ein geliebtes Hordenmitglied. Als Abkömmlinge der Göttin Daworoh und des Gottes Abodwo dürfen sie ungestraft Kochtöpfe aus den Hütten stehlen. Natürlich tun sie das nur dann, wenn das Essen schön gar gekocht ist. Zudem klauen sie alles, was nicht niet- und nagelfest ist, wenn die Einheimischen bei der Feldarbeit sind. Zur Erntezeit müssen Mais- und Erdnussfelder sowie die Früchte in den Gärten von morgens früh bis abends spät bewacht werden. Die Leute füttern aber auch ihre „Heiligen" und helfen ihnen, die Trockenzeit zu überleben.

Im bis zu vierzig Meter hohen Kronendach der Mahagoniwälder wie auch in den Kakaoplantagen „jumpen" die Affenzwerge in gewaltigen Sprüngen von Baum zu Baum. Bei der Landung greifen sie mit allen vieren gleichzeitig zu. Ein Zufallsgriff wird schon halten. Wenn nicht, so dienen tiefer liegende Zweige als Auffangnetz für diese animalischen Trapezartisten.

Dennoch sind Abstürze keine Seltenheit. Der kleine Körper plumpst dumpf auf den Boden und schreit wie am Spieß. Daraufhin fällt die ganze, bis 50 Mitglieder zählende Horde in das Gekreisch mit ein. Mit einem Krankenwagen rast der Fetisch-Medizinmann des nächsten Dorfes zum Unfallort, nimmt den Patienten in seine Hütte und pflegt ihn gesund. Ist das Äffchen tot, beerdigt er es unter der Anteilnahme des ganzen Dorfes in feier-

Ein junger Leopard beobachtet aus der Krone eines Baumes die Fluchtbewegungen einer Affenhorde, um nachts darauf gezielt anzugreifen.

licher Zeremonie. Unterschiede zwischen Mensch und Tier scheint es hier kaum noch zu geben!

Nicht die Menschen sind hier die großen Feinde. Dafür ist der mächtige Kronenadler umso mehr gefürchtet. Männchen und Weibchen greifen mit Hinterlist zu zweit an. Einer lenkt die Wachsamkeit der Horde auf sich und tut so, als hätte er andernorts Beute gefunden. Der andere verharrt indessen einige Zeit im Hinterhalt, stößt plötzlich wie der Blitz aus heiterem Himmel zu - wie der Schrecken verbreitende Vogel Rock, der in unseren Sagen und Mythen sogar Menschen packen und durch die Luft entführen konnte.

Bei kopfloser Flucht aus dem Kronendach des Waldes stammabwärts geschieht es auch des öfteren, dass eine Python-Riesenschlange, die sich unter welkem Laub versteckt hat, zuschnappt, das Äffchen erwürgt und verschlingt. Auch Giftschlangen schlagen mitunter zu, wenn die Affenhorde über den Urwaldboden rast, und töten das eine oder andere Tier, obgleich die Weißnasen-Meerkatzen gar nicht zu ihren Beutetieren gehören. Auch Leoparden und Goldkatzen schnappen sich gern einen Affenbraten.

Eine Horde umfasst bis zu fünfzig Tiere. Kleinere Gruppen von Weibchen und Kindern beherrscht ein Männchen allein. Eine größere Schar von Äffinnen, bei denen Kinderreichtum groß geschrie-

ben ist, wird jedoch von einem männlichen Triumvirat regiert. Ein Drittel aller Gruppenmitglieder sind Junge. Zudem waltet hier die sprichwörtliche Affenliebe. Die Erwachsenen spielen in jeder Pause mit den Kleinen, lausen sie von oben bis unten und geben ihnen Milch zu nuckeln. Haben sich alle ausgetobt, ist müßiges Herumlungern angesagt.

Als Lieblingsspeise betrachten die Meerkatzen - so genannt, weil sie in früheren Jahrhunderten mit Schiffen übers Meer nach Europa gebracht wurden und katzenartig klettern können - in erster Linie Insekten und Früchte. Zum Beispiel puseln sie eingerollte Blätter auf und verschnabulieren die darin versteckten Insektenlarven.

Doch auch beim Fleischlichen sind sie keine Kostverächter. Im Hordenverband pirschen sie sich von allen Seiten etwa an eine tagschlafende Waldohreule an und verspeisen sie. Ebenso dringen sie in Hühnerställe ein und drehen den Küken die Hälse um. Nicht zuletzt jagen diese Affen auch Halbaffen, zum Beispiel die Buschbabys, wenn sie bei Tage ein Nickerchen machen.

Ihr Überlebensrezept heißt: Findigkeit, schnelles Ausnutzen sich bietender Gelegenheiten und treues Zusammenhalten in der Gemeinschaft. Wer all dies am besten beherzigt, kann bis zu dreißig Jahre alt werden - für so kleine Äffchen ein geradezu biblisches Alter.

## A. Die Vorteile der Einehe

### Der Schabracken-Schakal

# Die Friedensunion der kleinen Räuber

So verschieden jagen Raubtiere gleiches Wild in Afrika: Am Ufer des Großen Salzsees im Ngorongoro-Krater beobachte ich eine Tüpfelhyäne, wie sie in scharfem Galopp durch die ätzende Salzlauge prescht. Sie scheucht an die 100.000 Zwergflamingos hoch, bis sie zufällig zu einem kranken, flügellahmen Vogel kommt, der nicht so schnell starten kann. Er fällt ihr zum Opfer.

Doch diesen „Braten" muss die Hyäne teuer bezahlen. Nach mehreren Wiederholungen dieser Jagdtaktik frisst das Salzkonzentrat in ihren Beinen offene Wunden. Sie beginnt zu humpeln und stirbt bald darauf völlig ausgehungert.

Der Schabracken-Schakal geht hingegen mit füchsischer Schlauheit vor. Er trabt am Ufer des Salzsees entlang, bis er an die Einmündung eines Baches kommt. Hier verdrängt das Süßwasser die ätzende Lauge des Sees. Unbeschadet watet er hinein. Die Flamingoscharen weichen zurück. Da legt sich der Schakal ins Flachwasser und tut so, als schliefe er im Bade. Langsam staksen die „Flammenvögel" wieder näher. Schließlich sind sie darauf angewiesen, von Zeit zu Zeit im Süßwasser ihren Durst zu löschen. Zudem lassen sie sich vom „friedlich schlafenden" Schakal täuschen, bis dieser urplötzlich zuschnappt.

Noch abenteuerlicher ist die Geschichte eines Goldschakals, den ich nachts im Masai-Mara-Schutzgebiet Kenias vom Geländewagen aus beobachtete. Er fiel mir zuerst auf, als er im Scheinwerferlicht unseres Geländewagens an der Seite einer gewaltigen Tüpfelhyäne auf der Piste vor uns her lief. Keine Spur der sonst üblichen Todfeindschaft zwischen den Angehörigen beider Arten.

Schabracken-Schakale können Springböcke nicht töten. Doch hier haben sie ein an Milzbrand verendetes Tier gefunden.

Im Gegenteil: „Wie Plüsch und Plumm!" entfuhr es meiner Frau.

Nach einer halben Stunde verhofft der Schakal und richtet seine Nase steil in die Luft. Die Hyäne macht es ihm nach. Dann trabt der Kleine flott nach Nordwest in die Dunkelheit, während der Große betont langsam folgt. Bald wird im fahlen Licht der Mondsichel eine Kleinherde von fünf Kongoni-Antilopen sichtbar.

Eine hält im Stehen Wache, die anderen liegen im Schlaf. Plötzlich springen sie alle hoch, sichern, entdecken nur den kleinen Schakal und legen sich wieder zur Ruhe. Der Goldschakal, wegen seiner fuchsähnlichen Kleinheit unfähig, eine größere Antilope zu töten, lässt aber nicht locker. Er belästigt den Wachtposten, springt an ihm hoch, schnappt nach seinen Ohren und dem Schwanz und weicht blitzflink jedem Hornstoß aus, bis plötzlich die Hyäne zuspringt und einem Schläfer den Hals durchbeißt. Anschließend teilen sich Hyäne und Schakal brüderlich die Beute.

Dies ist einer der sehr seltenen Fälle von Gemeinschaftsjagd artverschiedener Tiere. Der kleine Schakal bietet seine Klugheit zum Aushecke des Angriffsplanes, die große Hyäne die Kraft zum Töten der Beute.

In ähnlicher Weise arbeiten auch Eisbären mit Polarfüchsen zusammen, um Robben zu jagen. Spitzenleistungen schakalischer Intelligenz müssen auf freier Wildbahn Afrikas alltäglich vollbracht werden, wenn die Tiere überleben wollen. Sie dürfen sich von Löwen, Leoparden, Geparden und Wildhunden nicht fressen lassen, müssen sich vor den Zähnen der Hyänen, Servale, Karakale, Gift- und Riesenschlangen in Acht nehmen, dürfen sich nicht von einem der zahlreichen Ad-ler greifen lassen und müssen sich an der Beute gegen Geier und Marabus behaupten.

Ferner ist der Wissenschaft Folgendes noch ein Rätsel: In den Steppen Ostafrikas haben die Schakale nicht nur das Problem des Überlebens gelöst. Außerdem existieren gleich drei Arten ziemlich friedlich nebeneinander: Gold-, Schabracken-und Streifen-Schakal. Sie sind alle drei etwa gleich groß, haben das gleiche Gebiss zum Verzehr gleicher Beutetiere und leben in übereinstimmender Sozialordnung: Männchen und Weibchen in lebenslanger Einehe zusammen mit ein- bis zweijährigen Jungen als Jagdhelfern.

Sie jagen einzeln, im Paar, in Familiengruppen oder mit Nachbarn in größerer Meute. Hierbei können sich sogar Gold- und Schabrackenschakale verbünden. Mit wieviel „Mann" sie auftreten, entscheiden sie je nach der Beutesituation. Eine Jagdgesellschaft kann zum Beispiel durch das sogenannte Chorheulen zusammengerufen werden. Ein junges Warzenschwein umzingeln sie und erlegen es gemeinsam. Oder sie gehen am Löwenriss in größerer Zahl in Wartestellung und vertreiben Geier, Hyänen sowie Leoparden als Mitwartende. Und sie können in der Gruppe Python-Riesenschlangen töten und gemeinsam verzehren.

Das Rätsel ist hierbei nur, weshalb es drei fast gleiche Arten unmittelbar nebeneinander gibt. Erster Verdacht: Wir erleben hier gerade eine Aufsplitterung vom Ur-Schakal in drei verschiedenartige Nachfahren-Gruppen. Der Verdacht ist jedoch falsch, denn Forscher haben jetzt nachgewiesen: Diese drei Schakalarten leben in Ostafrika schon seit zwei Millionen Jahren in friedlicher Koexistenz.

Eine Verschmelzung fand auch nicht statt. Im Zusammenleben anderer Tierarten, die eng miteinander verwandt sind, sich aber doch deutlich in Körperbau und Verhalten unterscheiden, entdecken wir sonst stets auch eine „Charakter-Verschiebung", die zur unterschiedlichen Lebensweise führt und gegenseitige Konkurrenz vermeiden hilft.

Aber wie steht dies bei den Schakalen? Hier liegt offenbar ein so winziger Unterschied in der Intelligenz vor, dass wir Menschen ihn bislang mit unserer Intelligenz noch nicht entdeckt haben. Aber den Tieren verhilft er zu speziellen Vorteilen. Sie liegen zwar nicht so klar zu Tage wie im Falle der Jagdgemeinschaft zwischen Hyäne und Schakal, aber innerhalb der großen „Steppen-Union" bieten sie offenkundig allen gegenseitige Vorteile.

## Die Kittiwake-Möwe

# Treue in der Ehe zahlt sich aus

Wie ein Schneegestöber umflattern Tausende von Kittiwake-Möwen die 2000 Meter hohen, senkrechten Steilwände des Mount Barnara an der Glacier-Bay-Küste Alaskas. Während andere Möwen bequem auf Sanddünen brüten, kleben die Kittis ihr Nest in schwindelerregender Höhe an winzigste Felsvorsprünge. Vorsicht Absturzgefahr! Zwar besteht diese nicht für die erwachsenen Vögel - diese können ja fliegen - wohl aber in sehr starkem Maße für die ganz jungen Küken auf den schmalen Simsen.

Um die Todesgefahr des für Seevögel höchst ungewöhnlichen Brutortes so gering wie möglich zu halten, haben die Weißflause eine Reihe spezieller Anpassungen entwickelt, die sie von den Verhaltensweisen der Mitglieder anderer Möwenarten krass unterscheiden:

Vor allem zähmen die Kliffhänger ihre Streitlust sowohl in der Ehe als auch gegenüber ihren Nestnachbarn. Falls es doch einmal Ehekrach gibt, schnäbeln beide Partner, die einander in lebenslanger Einehe verbunden sind, erst wie mit Theatersäbeln, ohne sich gegenseitig zu verletzen. Doch bald darauf geben sie sich Küsschen wie Verliebte.

Auch mit Nachbarn geraten sie gelegentlich in Streit. Da hierbei für den Unterlegenen eine Flucht aus Raumgründen unmöglich ist, gilt schon das Wegstecken des Schnabels ins Gefieder als Rückzugs- und Demutsgebärde. Ständige Gefahr macht sie also zu Friedensengeln.

An 300 Tagen im Jahr herrschen hier Nebel, Sturm und Regen. Jeder Flughafen wäre dann geschlossen. Doch die Kittiwakes, auch Dreizehenmöwen genannt, müssen trotzdem zum Fischfang ausfliegen, wenn sie und ihre Küken nicht verhungern wollen.

Es ist höchst erstaunlich, wie sie im dicken Nebel ihr Nest in der Steilwand finden, und wie sie mitunter, von Orkanböen umhergepeitscht, mit akrobatischem Geschick auf ihrem Nest landen. Kadaver am Fuß der Felsen künden, dass die lebensgefährliche Heimkehr mitunter doch vereinzelt mit dem Leben bezahlt werden muss.

Diese „Hochseilartisten" bevorzugen die lebenslange Einehe - ein Ideal, das sie jedoch nicht

Kittiwake-Möwenpärchen sind zumeist lebenslang einander treu verbunden. Forscher bemerkten jedoch auch Scheidungsgründe.

immer erreichen. Zwei Drittel aller verpaarten Weißkittel halten trotz vieler Verlockungen zum Ehebruch in der volkreichen Kolonie ihrem vorjährigen Partner die Treue. Zwölf von Hundert müssen sich im Frühling nach einem neuen Ehegefährten umsehen, weil der alte im Sturm an den Klippen zerschellte, beim Fischfang umkam oder an einer Krankheit starb.

Doch ein Viertel aller Pärchen trennen sich, um ihr Glück in einer neuen Ehe zu suchen. John Coulson, Zoologe an der Universität Edinburgh, fand heraus, dass Kinderlosigkeit im Vorjahr ein Scheidungsgrund ist. Es kann aber auch die Ursache der Kinderlosigkeit schuld daran sein: häufiger Ehekrach, der zum Tod der Küken führte!

Gut miteinander harmonierende Pärchen erzielen hingegen stets gute Bruterfolge. Je länger das Paar in Einehe zusammenlebt, desto eher beginnt es im Frühjahr mit dem Brüten, desto mehr Eier legt es, desto mehr Ei-Insassen entwickeln sich zu lebensfähigen Jungen und desto mehr Kinder wachsen im Nest zu vollwertigen Geschöpfen heran.

Die Möwenkinder aus einer harmonischen, schon mehrere Jahre bestehenden Ehe sind körperlich und im Verhalten denjenigen im Lebenskampf weit überlegen, deren Eltern sich ein- oder mehrmal geschieden haben. Ein Kittiwake-Pär-

chen, das treu beieinander bleibt, verbessert von Jahr zu Jahr seine Fähigkeiten, in gemeinsamer Arbeit Kinder aufzuziehen.

Umgekehrt werden Möweneltern zur Kinderpflege umso unfähiger, je öfter sie ihren Partner gewechselt haben. Wenn etwa ein Muttervogel nicht nur im vorigen, sondern auch schon im vorvorigen Jahr einen neuen Ehemann hatte, ist das Ergebnis ihrer mangelhaften Kinderfürsorge noch miserabler als das von jungen Brutanfängern oder von solchen Eltern, die erst einmal geschieden sind.

Das Leben der Küken, die nach 25 bis 32 Tagen Brutzeit aus den Eiern schlüpfen, ist schwierig. Um nicht in den Abgrund zu stürzen, dürfen sie sich nicht von der Stelle bewegen. Auch schauen sie meist nicht in den Abgrund hinab, sondern drehen sich um und blicken zur Felswand.

Die ersten dreißig Tage lang hockt immer ein Elternvogel bei den Zwillingen und gibt Acht, dass keines aus dem Nest krabbelt. Das ist besonders schwierig, wenn Feinde angreifen: Raubmöwen, Seeadler, Kolkraben oder Krähen. Dann versteckt der Elternvogel seine Kinder unter den Fittichen. Der andere, falls er gerade in der Nähe ist, bildet mit vielen anderen Brutkolonie-Mitgliedern ein regelrechtes Jagdgeschwader, um die Kidnapper mit Rammangriffen in die Flucht zu schlagen.

Säugetiere wie Füchse, Marder, Waschbären haben die Kittis jedoch nicht zu fürchten. Denn denen ist die Felswand zu steil. Somit lohnt es sich also doch, die Kinderstube in so schwindelerregender Höhe einzurichten.

Einige Dreizehenmöwen brüten übrigens auch an den Felswänden von Helgoland. In englischen und norwegischen Küstenstädten wie Bergen und Trontheim sind sie sogar zu Stadtbewohnern geworden. Dort nisten sie nicht etwa wie die Silbermöwen auf bequemen Flachdächern, sondern ganz artgerecht, auf Fenstersimsen und schmalsten Vorsprüngen von modernen Hochhäusern, am liebsten vom 20. Stock an aufwärts.

## Der Rotschenkel

# Eheharmonie tut Kindern gut

Zwei Dinge entscheiden darüber, ob Rotschenkel-Küken, die an der Nord- und Ostseeküste zur Welt kommen, zu gesunden Wesen heranwachsen und die weite Winterreise nach Afrika überleben oder nicht: Ihre Eltern müssen
1. eine harmonische Ehe führen und
2. im Frühjahr rechtzeitig mit der Brut beginnen.

Doch geraten sie durch beide Bedingungen in eine Zwickmühle: Die Ehe der Eltern kann nämlich nur dann gut verlaufen, wenn diese hochsensiblen Schönheiten mit den feuerroten Stelzen auf der Brautschau in langwierigen Prozeduren getestet haben, dass sie gut zueinander passen oder ob sich nicht noch etwas Besseres findet. Dieses Techtelmechtel kostet viel Zeit und bringt Verspätung beim Brutgeschäft.

Schon Ende März, Anfang April treffen die Altvögel, aus Westafrika, Marokko oder dem Mittelmeerraum kommend, im Brutgebiet auf feuchten Wiesen ein. Doch dann verplempern sie auf der Brautschau fast zwei Monate Zeit. Herr Rotschenkel steigt mit schrillem „Tü - tü - tü - tü" himmelwärts, schwirrt mit jubelndem Gesang im Kreise umher und geht mit Trillern und Jodeln wieder nieder. Wochenlang veranstaltet er obendrein artistische Schauflüge, bis sich endlich ein Weibchen lautstark an seiner Flugakrobatik beteiligt.

Doch dann geht der Tanz erst richtig los und zwar auf dem „Parkett" der Wiese. Zunächst jagt er wie ein Rocker hinter der übernervös flatternd fliehenden Braut her. Sobald sie verschnauft, umschreitet er sie, mit seinen stelzigen, knallroten Beinen Tango tanzend. Dabei nickt er fortwährend Zustimmung heischend mit dem Kopf, lässt die 50 Zentimeter spannenden Flügel zunächst hängen und stellt sie dann in höchster Ekstase laut trillernd wie Segel auf.

Ob die Liebste dabei auch in Verzückung gerät, ist mehr als fraglich. An die hundert Male lässt sie den Tänzer im Regen stehen und sucht sich einen anderen Bräutigam. Und auch er kann nach der

Rotschenkel führen vor der Paarbindung einen Ehe-Sympathie-Test durch.

Wenn etwa Frau Rotschenkel stirbt, nimmt sich der Mann ein neues Weib, meist ein junges Ding. Doch das tut der Kinderpflege keinen Abbruch. Der Vater hat ja die nötige Erfahrung und drängt auch auf baldmöglichen Brutbeginn. Ist „sie" der ältere Partner, bestimmt sie den Zeitplan und führt „ihn" fachgerecht in die Kunst der häuslichen Arbeiten ein. Der Grund: Die mit dem Alter zunehmende Erfahrung, vor allem die Kenntnis des Brutgeländes und der Gefahrenquellen sowie das persönliche Wiedererkennen der vorjährigen Partner und Nachbarn. Hier herrscht Sachlichkeit statt Bevormundung!

Frühstücks-, Mittags- oder Vesperpause, bei der er Insekten, Schnecken und Würmer aus dem Seichtwasser-Schlamm pinzettiert, durchaus eine andere Schönheit umgaukeln.

Zwischendurch müssen auch Rivalen bekämpft werden. Erst umkreist das 28 Zentimeter lange 120-Gramm-Leichtgewicht den Gegner eifersüchtig im Imponierflug. Dann laufen beide mit nähmaschinenschnellen Schritten der 16 Zentimeter hohen Stelzen wie Platzhirsche nebeneinander her. Schließlich steigert sich der Parademarsch zum Drohlaufen, bis der sich unterlegen Fühlende nicht etwa banal ausreißt, sondern sich mit dem so genannten Fluchttanz unter Wahrung seines Gesichts allmählich elegant entfernt. Diese Vogelgrazien erledigen alles im Leben auf tanzende Weise. Kämpfe sind deshalb äußerst selten.

Treffen letztjährige Ehepartner nach sechsmonatiger Trennung auf dem Tanzplatz wieder zusammen, werden sie sich meist schneller einig als Eheanfänger. Nach der Paarung verbeugt sich der Herr tief vor seinem Weib. Dann schreiten sie stracks zur Brut. Somit reifen die Küken langjährig vermählter Rotschenkel früher heran als die der Spätlinge. Zudem besitzen sie eine bessere körperliche Verfassung, wenn es bereits im August schon wieder auf die weite Winterreise geht.

Je älter die Eltern und je länger sie verheiratet sind, desto früher schreiten sie zur Brut und desto günstiger gestaltet sich das Schicksal der Kinder! An beringten Jungtieren wurde das wissenschaftlich nachgewiesen.

Nestbaumeister ist in jedem Fall das Männchen. Es dreht liegend mit der Brust kreisend tiefe Mulden ins hohe Gras. Dabei zieht es ringsum hohe Halme zu einer Kuppel zusammen, als Regendach und um Feinden wie der Wiesenweihe die Sicht zu verbauen. Ein Eingang wird an der Seite offen gelassen. Da der Bau dem inspizierenden Weibchen vielleicht nicht gefallen könnte, baut er galant und in weiser Voraussicht gleich drei, vier oder fünf solcher Nester zur freien Auswahl durch die Dame.

Während bei vielen andersartigen Vögeln die Zahl der Eier im Nest stark schwankt und den Ernährungsbedingungen der betreffenden Saison angepasst ist, liegen bei den Rotschenkeln stets gleichbleibend vier 22-Gramm-Eier im Nest. Beide Eltern bebrüten sie 23 bis 25 Tage lang. Auch führen sie die Küken gemeinsam. Doch im Verlauf der Brutzeit wird die Mutter allmählich als Kinderpflegerin immer fauler und lässt schließlich den Vater mit seiner Kinderschar allein.

Während sie schon einmal in den warmen Süden vorausfliegt, hat er seine ganze Kinderschar allein auf dem Hals. Doch können sich die Weibchen diesen Luxus leisten, weil die Kinder bis zu diesem Zeitpunkt mit beiden Eltern harmonisch aufgewachsen sind und sich körperlich prächtig entwickelt haben.

# Die Nilgans

# Der Göttervogel der Pharaonen

Die alten Ägypter waren zur Zeit der Pharaonen vor 5.000 Jahren viel bessere Tierbeobachter als viele „moderne"Menschen. Ihre Verehrung ging so weit, dass sie Tieren sogar den Rang von Göttern verliehen. Die Nilgans zum Beispiel war ihnen als Gott Seb heilig, als Patron der Heimaterde und Beschützer von Haus und Habe sowie als Schutzengel der Reisenden.

Dazu gehört die Eigenschaft der Wachsamkeit und die Kunst, mit überlegenen Feinden trickreich fertig zu werden. Ich beobachtete sie in der Morast- und Seenlandschaft zu Füßen des schneebedeckte Kilimandscharo.

An die hundert Nilgänse plantschten zwischen Elefanten und Flusspferden umher, als sich eine Rohrweihe gaukelnden Fluges näherte. Der Greif setzte zum Sturz an. Da schrillte ein Pfiff und im gleichen Augenblick waren alle braunen Federkissen wie weggezaubert und untergetaucht.

Bis zu vier Minuten können sie die Luft anhalten. Als der Feind dann immer noch über dem Wasser kreiste, gab es einen riesigen Wasserschwall. An die 30 Gänse wuchteten sich im dichten Pulk aus dem See, warfen sich über den Feind und ersäuften ihn.

Auch mit Einzelvögeln ist nicht zu spaßen, wenn man sich dem Brutnest nähert, obwohl sie viel kleiner als Hausgänse und nur wenig größer als Stockenten sind. Spornstreichs gehen sie zum Gegenangriff vor und schlagen dem Menschen die Schienbeine grün und blau.

Zudem wissen die in ganz Afrika (Wüsten, Regenwälder und Meeresküsten ausgenommen) lebenden Vögel, gefährlich weite Reisen zu überleben. Die auf dem Tschadsee heimischen Nilgänse starten im Herbst in riesigen Geschwadern, formieren sich zu Keilformationen und überfliegen mit Tempo 60 die Sahara auf einer Strecke von 2.600 Kilometern.

Ihre Reiseroute wählen sie exakt entlang den alten Karawanenstraßen. Dabei stoßen sie etwa alle 100 Kilometer auf eine Oase und rasten in deren

Palmenhainen. Verirrte Beduinen folgen ihrem Fluge und gelangen so sicher zur nächsten Oase.

Tags, wenn die Sonne erbarmungslos herniederbrennt, suchen die Gänse Kühlung, indem sie in Höhen um 2.000 Meter fliegen. Einen Sandsturm entdecken die „Himmlischen" rechtzeitig und umfliegen ihn weiträumig. Gibt es einen idealeren Schutzpatron für reisende Menschen?

Daheim im Brutgebiet legt die Mutter jeden Tag ein Ei ins Nest, bis sie sich elf Stück abgequetscht hat und die Nestmulde fast überquillt. Bei einer Brutdauer von 28 bis 30 Tagen ist das letzte Ei also elf Tage jünger als das erste. Trotzdem schlüpfen die Küken alle nahezu gleichzeitig.

Das kommt daher, dass die kleinen Ei-Insassen mit Knack-Signalen gleichsam eine Absprache über den Schlüpftermin treffen. Die Älteren knacken schneller und regen damit die körperliche Entwicklung ihrer jüngeren Geschwister zu höherem Tempo an. Die Jüngeren bremsen mit langsamem Knack-Takt das Wachstum der Älteren: Wartet noch ein bisschen, bis wir auch so weit sind!"

Der Grund: Die Küken sind Nestflüchter und verlassen schon zwei Stunden nach dem Schlüpfen ihre Babywiege. Meist liegt das Nest auf einem Baum oder hohen Felsen. Die Mutter flattert dann gleich auf den Erdboden und lockt ihre Kinder mit zärtlichen Lauten abzuspringen und zu ihr zu kommen. Eine enorme Mutprobe für die jungen Erdenbürger!

Ob die Kleinen dabei nicht in den Tod stürzen? Keineswegs. Die Wonneproppen sind federleicht und besitzen statt der Knochen noch hoch elastische Knorpel. Der Sprung vom „10-Meter-Brett" geht für alle ohne Blessuren gut vonstatten.

Die Gefahren beginnen erst nach der Landung. Afrika ist voller Feinde: Kükenfresser Nummer 1 ist der Gelbschnabel-Milan. Gewaltige Nesträuber sind Nilwarane, jüngere Krokodile, Raubfische, Schlangen, Mungos, Ginsterkatzen und Singhabichte.

Dass Vater und Mutter Nilgans überhaupt ein paar ihrer Kinder am Leben erhalten können, ist auch ein großes Wunder im Leben dieser Vögel. Pausenlos sind sie wachsam und aktiv, um Leben auf Leben zu retten. Furios schrecken sie nicht davor zurück, sogar Schakale oder Menschen zu attackieren, die ihnen zu nahe kommen.

Das brachte ihnen den Ruf ein, zänkische Raufbolde zu sein. Doch nur so können sie ihre Kinder schützen und zu Göttern Ägyptens werden.

## Der Hyazinth-Ara

# Leben in vorbildlicher Einehe

Wir befinden uns am Rio Aragulaia im Süden Amazoniens. In der dreißig Meter hoch gelegenen Höhle einer Buriti-Palme am Rand des Regenwaldes lie-

gen zwei Eier, von Mutter Hyazinth-Ara geduldig bebrütet. Unermüdlich ist der Vater, ebenfalls eine prachtvolle „Rhapsody in Blue", um ihr Wohl bemüht. Er sammelt Beeren und Früchte, knackt mit seinem Riesenschnabel Nüsse, pflückt Knospen und ernährt seine lebenslänglich Angetraute im Nest mit Leckerbissen in pausenloser Fütterorgie, damit sie auf dem Gelege sitzen bleiben kann.

Zwischen den Mahlzeiten krault er sie stundenlang zärtlich im Gefieder. Setzt ein Regenguss ein, umarmt er sie mit beiden Flügeln wie mit einem Mantel und zelebriert das Ritual des Schnäbelns. Es gibt im Tierreich kaum liebevollere Ehepartner als diese einen Meter großen und zwei Kilogramm schweren Papageien. Es sind die größten der Welt.

Wenn die Küken geschlüpft sind, ernährt der Vater die ganze Familie allein. Er bringt der Mutter die Speisen schön zerkleinert und zubereitet ans Nest, damit sie diese unverzüglich an die Kleinen weiterreichen kann. In perfekter Mund-zu-Mund-Fütterung verschwindet der Kopf des Babys im Mutterschnabel. Es sieht fast so aus, als wolle die Alte ihre Kinder fressen. Doch dann pumpt sie mit dem Kopf auf und ab und reißt das Kind dabei immer hoch und runter. So wechselt die Kost den Besitzer und wird gleich in den Magen gestampft.

Seltsames geschah mit einem ledigen Hyazinth-Ara in Fulda. Er hatte Freundschaft mit seinem Herrchen geschlossen und durfte im großen Garten frei umherstromern. An einem Frühlingsmorgen entdeckte er in der Hecke ein Amselnest. Die Elternvögel flohen vor Schreck und ließen ihre Küken im Stich. Waren die Kleinen nun verloren? Da sammelte der exotische Riesenvogel Raupen, Regenwürmer und Insekten und fütterte die jungen Amseln damit. Als reiner Vegetarier zog er die artfremden Bälger mit fleischlicher Nahrung auf! Eine staunenswerte Intelligenzleistung!

Zum einen kann der Riesenschnabel ebenso zart wie präzise arbeiten, zum anderen kann er aber auch zur gefürchteten Waffe und zum Zerstörungswerkzeug werden. In Brasilien zerbiss einmal ein frei lebender Hyazinth-Ara alle Telefonleitungen an einem Mast sowie die Sprossen einer Leiter, die zur Beobachtungskanzel eines Vogelforschers führten.

Ein gefangenes Tier zerlegte jeden Holzkäfig, in den man es einsperrte. Als man es hinter Eisengitter brachte, verbog der Vogel-Tarzan sogar das Metall und entfloh in Richtung Freiheit.

Die Ehrfurcht gebietende Schönheit wird in Menschenobhut bis zu 70 Jahre alt, im aufreibenden Freileben nur höchstens 45 Jahre. Im Regenwald Brasiliens hat sie außer dem Harpyen-Adler kaum Feinde zu fürchten. Greift dieser an, nehmen ihn Mann und Weib fliegend in die Mitte und schreien ihn solange von beiden Seiten an, bis er entnervt das Weite sucht.

Nur wenn die Kinder im Nest in Gefahr schweben, werden aus den friedliebenden Eltern wütende Furien. Einmal betrat im Zoo von Bratislava ein Tierpfleger die Freiflugvoliere dieser Vogelhünen, bei denen gerade Junge aus den

Der schlimmste Feind der Aras ist der Harpyen-Adler. Doch Ara-Pärchen nehmen ihn fliegend in die Zange schreien ihn so lange an, bis er flieht.

Eiern geschlüpft waren. Der Mann konnte, zerkratzt, vielfach gezwickt und gebissen und mit zerfetzter Kleidung dem Käfig nur mit Mühe und Not entfliehen.

Der schlimmste Feind der Riesenaras ist der Mensch. Die einheimischen Indios jagen sie. Sie stecken einen Lockvogel in den Sack und schlagen ihn mit dem Stock, bis er laut kreischt. Dann kommen die anderen Aras herbei und wollen ihrem Kumpanen helfen. Doch sobald sie gelandet sind, schnappt ein großes Fangnetz zu, und sie sitzen in der Falle. Die einen werden verspeist, die anderen verkauft. Im illegalen Handel kostet ein einziger Hyazinth-Ara derzeit 80.000 Mark.

Auch die Rodung der Regenwälder vernichtet den Lebensraum dieser Vögel. Die Zahl der gegenwärtig noch in Freiheit lebenden Tiere wird auf nur noch 2.000 bis 3.000 geschätzt. Viele zoologische Gärten und private Liebhaber beteiligen sich gegenwärtig an einem Zuchtprogramm. Doch die Schwierigkeiten sind groß. Ein Ara-Männchen paart sich nicht so ohne weiteres mit einem von Menschen ausgesuchten Weibchen. Es muss echte Liebe mit im Spiel sein. Und die ist im Käfig nur ein reiner Glücksfall.

## B. Im Zeichen der Gleichberechtigung

### Der Renntaucher

# Aus Liebe übers Wasser laufen

Wenn sie im Mai aus dem mexikanischen Winterquartier in ihren Brutgebieten auf den Seen im Westen Nordamerikas und Kanadas eingetroffen sind, schrumpfen ihre Flugmuskeln ein. Sie können dann einen ganzen Sommer lang nicht fliegen. Auf festem Boden zu watscheln fällt ihnen mit ihren schwimmhäutigen „Plattfüßen" auch recht schwer. Aber auf der Wasseroberfläche laufen, ja flitzen sie sogar im Höllentempo und aufrecht stehend dahin.

Das ist einzigartig in der gesamten Vogelwelt! „Jesus-Christ-Birds" nennen sie die Einheimischen, „Renntaucher" heißen sie bei uns. Natürlich dient das Überwasser-Defilee dem Entflammen der Liebeslust. Erst schwimmen zwei oder mehr Paa-

rungslustige mit ihren dolchartigen, nach vorn gestreckten Schnäbeln und feurig roten Augen aufeinander zu, als wollten sie sich aufspießen.

Plötzlich aber tauchen sie weg und schießen gleich darauf in aufrechter „Pinguinhaltung" zum Stand hoch. Dann „propellern" sie mit schwirrenden Füßen laut platschend wie Hundert-Meter-Sprinter Seite an Seite in schäumender Schussfahrt übers Wasser und kreischen dabei lauthals ein drei- oder vierfaches: „kriiie-kriiiiiet-kriiiiiet", falls sie noch ledig sind. Altverheiratete Pärchen zeigen ihren Ehestand durch nur ein oder zwei Quietscher an.

Es gehört schon ein nähmaschinenartiges Trippeltempo dazu, die bis zu 1.800 Gramm schwere Masse des entengroßen Verwandten des europäischen Haubentauchers im Paarlauf an der Wasseroberfläche zu halten. Nach etwa dreißig Metern Rennstrecke - blup! - tauchen beide wieder ab. Nichts ist mehr von ihnen zu sehen.

Wenn Taucher und Taucherin nach halbminütigem und maximal sieben Meter tiefem, unterseeischem Abstieg wieder hochkommen, trägt jeder einen „Blumenstrauß" aus Wasserpflanzen im Schnabel: ein Präsent aus Nistmaterial. Bei vielen anderen Vogelarten ist es nur das Männchen, das seine Umworbene mit Geschenken bestechen will. Renntaucher praktizieren hingegen die Gleichberechtigung von Mann und Frau: Jeder beglückt den anderen Partner mit der gleichen „Überraschung".

Der sogenannte „Krauttanz" kann beginnen: Beide strampeln sich langsam hoch, berühren sich Brust an Brust, recken die Schnäbel himmelwärts, vereinigen ihre Geschenke und kreischen emphatisch, als wollten sie einem Gott Opfer darbringen. Dann beginnt die Wasserballett-Zeremonie von neuem.

Teilnehmer können Männchen und Weibchen sein, oder auch zwei Freier, die einander ausstechen wollen: durch Übers-Wasser-Lauf-Artistik und nicht etwa mit Brachialgewalt. In einer Brutkolonie, die im Schilf eines Sees bis zu 500 Pärchen umfassen kann, wurden über Jahre hinweg so gut wie keine körperlichen Auseinandersetzungen beobachtet.

Beide Eltern flechten das Nest auf dem Wasser schwimmend als „Moseskörbchen" und verankern es an Schilf- oder Binsenstengeln in der Nähe des offenen Wassers. Auch bebrüten sie die drei oder vier Eier 24 Tage lang.

Gleich nach dem Schlüpfen wird den Küken eine bergsteigerische Höchstleistung abverlangt. Das Schilfnest benutzen diese Vögel nur zum Brüten, nicht als Kinderwiege. Wie Känguru-Babys müssen die Winzlinge, noch feucht hinter den Ohren, auf den Rücken ihrer Mutter klettern. Doch wenn sie es geschafft haben, wird ihr Dasein umso gemütlicher. Die Taucherin faltet ihre Flügelfedern adrett zu einem molligen Muff, in den sich die Kleinen hineinkuscheln. Die Mutter selbst ist jetzt das Nest!

Wenn sich auf offenem See ein Greifvogel auf die beiden stürzt, fiept die Mama Alarm. Die Küken kuscheln sich so tief wie möglich ins Gefieder hinein und krallen sich fest. Dann taucht die Mutter mitsamt ihren kleinen Passagieren weg, schießt unter Wasser schnell davon und versucht, ein Schilfdickicht zu erreichen.

Der Vater, der dies alles mit angesehen hat, ohne helfen zu können, beeilt sich gleich danach für das leibliche Wohl von Mutter und Kindern zu sorgen. Er speert im Tauchgang mit dem spitzen Schnabel Fische, wobei er die Beute glatt durchbohrt und den Seinen dann wie ein Schaschlik serviert.

Küstenseeschwalben wirken für die Renntaucher bei Feindgefahr als Alarmsirenen, und die Taucher verstehen auch deren „Fremdsprache" gut.

Wegen ständiger Feindgefahr von Greifvögeln dürfen die Küken im Schilf auch nicht mit Pieplauten um Futter betteln. So benutzen sie zum Nahrung-Erheischen ein lautloses optisches Signal: Auf ihrem Köpfchen sitzt ein dreieckiger Hautfleck. Geht es dem Kleinen gut, leuchtet er in blassem Gelb. Mit zunehmendem Hunger wandelt sich die Farbe von Zitronengelb über Orange bis zu knalligem Kirschrot.

Da die Mutter alle paar Minuten ihren Kopf wendet, weiß sie stets genau über den Gemütszustand ihrer Kinder Bescheid und kann genau ablesen, welches Junge das Hungrigste ist und füttert es. So waltet hier im Gegensatz zur Kinderstube der meisten anderen Vögel exakte Futterverteilungs-Gerechtigkeit.

Viele Feinde bedrohen die Wasser-Balletteusen ständig: Seeadler, Rohrweihen aus der Luft und große Hechte aus der Tiefe. Doch besitzen die Renntaucher fliegende Warnsirenen: Küstenseeschwalben, die zu Hunderten in unmittelbarer Nähe nisten. Krächzen diese Alarm, verstehen die Taucher diese „Fremdsprache" und verstecken sich unter dem Schilf. Oder sie schwimmen aufs offene Wasser hinaus, wo sie sich durch blitzschnelles Wegtauchen in Sicherheit bringen. Dabei umhüllt die Mutter ihre Küken mit den Flügeln, schließt auch noch Luftblasen zum Atmen ein und nimmt die Kinder mit auf Tauchstation.

Dem aufmerksamen Leser wird aufgefallen sein, dass in den Kapiteln über die Vorteile der Einehe und der Gleichberechtigung ausschließlich von Vögeln die Rede ist. Deshalb sollen nun auch die Väter einmal zu ihrem Recht kommen:

## Das Alpen-Steinhuhn

# Getrennter Haushalt für Mann und Weib

Die Gleichberechtigung von Mann und Frau ist bei Tieren ebenso selten verwirklicht wie beim Menschen. Entweder spielt der Mann den starken Maxen oder die Frau hat „die Hosen an". Eine der wenigen erfreulichen Ausnahmen praktiziert ein gar nicht so „dummes" Huhn: das Alpen-Steinhuhn.

Es lebt auf den sonnenbeschienenen Südhängen der Hochalpen in riesigen Alpenrosenfeldern oder in den kahlen Regionen oberhalb davon zwischen Steinen, kaum von diesen zu unterscheiden, bis hinauf zur Schneegrenze. Und zwar nicht wie das Haushuhn im Harem, sondern ganz treu in Einehe. Die große Unbekannte in der Tierwelt unserer Heimat. Als naher Verwandter des Rebhuhns hat sich das Alpen-Steinhuhn auf die

extrem kargen Verhältnisse der Hochalpen spezialisiert. Nicht einmal im Winter zieht es in den warmen Süden. Es bleibt seiner Heimat treu, wandert lediglich zu Fuß in etwas tiefer gelegene Talregionen. Nach Nahrung gräbt es wintersüber im tiefen Schnee oder flattert auf Bäume, um dort Knospen zu picken.

Ende Mai beginnt die Brutzeit. Dann singt der Hahn sein Liebeslied als Ouvertüre zur perfekten Eheharmonie. Für Menschenohren klingt es allerdings total disharmonisch, so als würde der Steingockel ein langes Messer wetzen. Die Braut entzückt es jedoch in höchstem Maße. Dem Rivalen ist es allerdings eine Todesdrohung. Will er nicht weichen, kommt es mit spitzen Sporen zu Hahnenkämpfen auf Leben und Tod. Der sonst so extrem friedliche Ehemann sieht, wenn es um seine Frau geht, rot.

Gleich nach der Hochzeit scharrt die Henne nicht, wie sonst bei Vögeln üblich, eine, sondern gleich zwei Nestmulden in den felsigen Boden. Und dies aus abgefeimtem Grund. Der Abstand beträgt hundert Meter, damit Feinde, die trotz bester Tarnung ein Nest entdecken, nicht beide ausräumen. In jedes legt sie neun bis fünfzehn Eier. Eine gewaltige Leistung. Sobald das erste Nest gefüllt ist, kommt ihr wachhabendes Männchen herbei und übernimmt dort ganz allein das Brutgeschäft. Um das zweite Gelege kümmert sich bald darauf die Mutter voll und ganz. Alles ist gerecht aufgeteilt: Er betreut die eine Hälfte des Eiersegens und sie die andere.

Abgesehen davon, dass der Hahn der Henne die Arbeit des Eierlegens nicht abnehmen kann, läuft es darauf hinaus, als würden beide Eltern Kinder kriegen. Sie führen zwei getrennte Brut-Haushalte. Beide erfüllen die gleichen elterlichen Aufgaben und das gleiche Pensum bei der Sorge für die Nachkommen.

Wenn jedoch nach einer Brutzeit von 24 Tagen die jungen Nestflüchter bei beiden Eltern geschlüpft sind, vereinigen Mutter und Vater ihre beiden Kindergärten und sorgen von nun an gleichberechtigt elf Monate lang für alle Küken zusammen.

Die gemeinsame Futtersuche in so kopfstarker Kinderschar ist von hundert Gefahren bedroht. Die kleinen Vegetarier speisen nach dem Vorbild ihrer Eltern nur vom Feinsten: Höchst wählerisch zupfen sie nur an den äußersten Spitzen von Grashalmen und Kräutern, picken delikate Alpenrosen-Knospen und Samen.

Plötzlich, mitten im eifrigen Schmausen, kreischen die Eltern Alarm. Ein Schwarm von Alpendohlen kreist über dem Gipfel. Doch wohin fliehen? Für dreißig Küken ist kein Platz unter den schützenden Fittichen der Eltern. Deshalb flitzen sie im gleichen Moment blitzartig, nicht etwa wie andere Tierkinder, zu Mutter und Vater hin, sondern stieben nach allen Seiten auseinander und verschwinden wie Spukgestalten in Erdlöchern und Felsritzen. Nirgends ist eine Kinderseele mehr zu entdecken.

Bei der Abwehr von Feinden benehmen sich beide Eltern eigenartig: einmal als jämmerliche Feiglinge, ein andermal als verwegene Haudegen. Sobald eine Gefahr von fern naht, drücken sie sich klammheimlich, unter dichtem Gesträuch dahinhuschend, ohne die Zweige rascheln zu lassen, in den „Luftschutzkeller" des rauhen Gesteins. Ist der „Bunker" aber nicht mehr zu erreichen, geht der Hahn ran wie Blücher und prescht wie eine wild gewordene Furie zum selbstmörderischen Gegenangriff sogar auf Menschen oder Hunde vor.

Ist das „dumme" Huhn also gar nicht dumm, sondern schlau wie ein Fuchs? Forscher haben beobachtet, dass die Hochgebirgsvögel die Feindlage genau einschätzen und sogar zwischen Jägern und harmlosen Bergsteigern unterscheiden können. Vor Spürhunden drücken sie sich in Spalten, die so eng sind, dass ihnen kein Schnüffler folgen kann. Gegen neugierige Menschenkinder, die den Küken zu nahe kommen, gebärden sie sich aber mit Kreischen, Flattern, Schnabelhacken und Sporenkratzen wie rasende Berserker.

In der Einehe herrscht jedoch Frieden. Keiner versucht, den Partner unterzubuttern und zu dominieren, was ja auch beim Menschen die Grundvoraussetzung für eine fest gefügte Ehe ist. Beide Steinhühner tragen den gleichen Federputz, beide messen vom Kopf bis zum Schwanz 33 Zentimeter und beide wiegen an die 400 Gramm. Keiner hat dem anderen etwas voraus.

Also eine in jeder Beziehung ideale Tierehe. So kann ich beim besten Willen keine Erklärung dafür finden, weshalb die Gleichberechtigung von Mann und Frau in der Tierwelt so außerordentlich selten ist. Aber in der Ehe des Menschen ist die Gleichberechtigung ja auch ideal, und doch auch so selten. Warum eigentlich?

**Der Steinadler ist der gefährlichste Feind der Alpenhühner. Hat er sie entdeckt, versteckt er sich eine Zeitlang und schlägt dann überfallartig zu.**

## Die Lachmöwe

# Schau' mir nicht in die Augen, Kleines!

Können Sie sich, liebe Leserin und lieber Leser, vorstellen, dass es Ehepartner gibt, die einander viele Jahre ihres Lebens treu verbunden sind, sich aber dennoch nicht in Augen sehen dürfen? Tun sie es trotzdem, gibt es ohne den nichtigsten Anlass Ehekrach oder gar Scheidung. Diese seltsamen Bräuche sind bei den Lachmöwen üblich.

Die Ursache dafür ist eine Art Kriegsbemalung im Gesicht. Während diese Vögel im Herbst und Winter ein weißgraues Federkleid tragen, setzen sie zur Brutzeit eine fast schwarze, tief schokoladenbraune Maske auf. Diese übt auf Artgenossen eine ebenso abschreckende Wirkung aus wie eine Dämonenmaske bei den Naturvölkern - und zwar auf Männchen genauso wie auf Weibchen.

In der Brutkolonie, in der mehrere tausend Lachmöwen leben, halten die Vögel sich damit auf Abstand von Nest zu Nest, ohne gleich kämpfen zu müssen. Den Nachbarn einmal voll anschauen, gleichsam mit dem »bösen Blick«, und schon dreht der Eindringling ab: Wenn Blicke töten könnten! Einander liebevoll in die Augen sehen können Lachmöwen-Pärchen nicht.

So ist es geradezu ein Wunder, dass hier Männchen und Weibchen während der Balz überhaupt zu einem Paar zusammenkommen und danach für lange Zeit beieinander bleiben können. Dieses wird durch eine besondere Form des Brautwerbezeremoniells ermöglicht. Die Vögel zelebrieren es so, dass beide ihre anfängliche Angst gegenseitig allmählich beschwichtigen und daraus eine dauerhafte Saison-Einehe erwächst.

Im Detail geht dies so vor sich: Zunächst sucht sich ein Männchen im Dünensand oder im Gras einer Binnensee-Insel einen Nistplatz. Eine kleine Mulde genügt. Sobald eine andere Lachmöwe geflogen kommt, stellt sich das Männchen steif in Schräglage mit dem Kopf nach oben und lässt einen langen Schrei, den so genannten „long call", ertönen. Für gewöhnlich ist dies unter Lachmöwen der Drohruf: Landeverbot für ungebetene Gäste.

Unverpaarte Weibchen empfinden diesen Schrei jedoch als Einladung und lassen sich in respektvoller Entfernung nieder. Im gleichen Augenblick kippen beide wie eine Wippschaukel nach vorn und zielen mit den Schnabelspitzen aufeinander. Dies ist meist die Ausgangsstellung »klar zum Gefecht«. Jetzt aber stellen sich Männchen und Weibchen nicht wie bei der Kampfeinleitung frontal gegenüber auf, sondern rangieren sich nebeneinander und schauen mit den Köpfen in die gleiche Richtung. So blickt jeder einen unschuldigen Nachbarn böse an: Gemeinsamkeit gegen „böse" Dritte verbindet das Pärchen!

Sekunden später richten sie sich mit einem Ruck in stolze Imponierhaltung auf. Diese dient ebenfalls zur Einleitung eines Kampfes oder zum Abschrecken eines Gegners. Um dieser Stellung aber den kriegerischen Charakter zu nehmen, wenden beide Vögel die Köpfe gleichzeitig voneinander ab und starren in die entgegengesetzte Richtung. Dann wirft das Männchen den Kopf herum und schaut den Hinterkopf des Weibchens an. Zwei Sekunden später will die Braut sehen, was sie sich eingehandelt hat und wendet den Kopf dem Bräutigam zu, der sein Gesicht nun genau synchron von ihr abwendet. So geht das zwei, drei Dutzend Male hin und her.

Nobelpreisträger Niko Tinbergen nannte dies Verhalten »head-flagging«, also Fahnenflattern der Köpfe. Es ist eine Art Flucht voreinander, nur dass beide am Ort bleiben und ein vages Zusammengehörigkeitsgefühl dokumentieren. Durch das zu einer einzigen Geste verschmolzene Fliehen- und doch Beisammenbleiben-Wollen verwandeln sie die Drohung in Versöhnlichkeit.

Zu Anfang bleibt das Weibchen nur kurze Zeit zu Gast, weil ihm schnell unbehaglich zumute wird. Dann ruft das Männchen zum Steinerweichen hinter ihm her. Meist besucht das fliehende Weibchen nun aber ein anderes rufendes Männchen zur Sympathieprobe. Doch wenn der Braut der Schock nicht allzu tief in die Knochen gefahren ist, erscheint es bei diesem Männchen zu wiederholten Malen, falls es ihr gefällt.

Das Sich-aneinander-Gewöhnen kann bei dem einen Paar schnell vonstatten gehen, bei einen anderen kann es mehrere Tage dauern und zwanzig oder vierzig »Anstandsbesuche« erfordern. Am Ende erbringt das Männchen sogar den Beweis, dass es gar nicht so böse ist, wie es aussieht: Unter zahlreichen Liebkosungen füttert es das Weibchen und überbrückt damit den Schrecken seines Angesichts. Kurze Zeit später kann die Hochzeit stattfinden.

Zum Schluss muss noch ein weit verbreiteter Irrtum richtig gestellt werden. Die Lachmöwe »lacht« bekanntlich gar nicht. Ihr Name stammt aber auch nicht von dem Wort »Lache« gleich Binnensee, wie vielfach behauptet wird. Die Verwirrung stammt aus dem 18. Jahrhundert, als Systematikern in zoologischen Museen ein Lapsus unterlief. Den Museen allein und nicht den Feldforschern oblag es, Tiere in die Systematik einzuordnen und sie im Lateinischen wie im Deutschen mit Namen zu versehen. Sie verwechselten die mittelamerikanische Aztekenmöwe, die im Englischen »Laughing Gull« genannt wird und die auch tatsächlich im Flug »ha-ha-ha« ruft, mit unserer Lachmöwe und gaben ihr den Namen Larus ridibundus, also Lachende Möwe. Ein Schnitzer, der nur Leuten unterlaufen konnte, die sich an ausgestopften Vögeln orientierten.

Außerhalb der Brutzeit tragen Lachmöwen keine schwarz-braune Kopfmaske (Seite 44), wohl aber während der Brut (unten). Dann vermeiden es Paarpartner sich anzuschauen, um sich nicht abzuschrecken.

## C. Der Vater als Mutter

### Der Emu

# Hilfe für Frauen-rechtlerinnen

„Das Kinderkriegen ist für die Frau ein so zehrender und Kräfte raubender Akt, dass man die Sorge für den Nachwuchs lieber den Vätern anlasten sollte." Nach dieser Frauenrechtlerinnen-Devise handeln die Emus, die australischen Verwandten des Vogel Strauß.

Schon der Bau des einen Meter durchmessenden flachen Bodennestes ist allein Sache des werdenden Vaters. Wenn es der 1,80 Meter große und 55 Kilogramm schwere bernsteinäugige Riesenvogel mit dem im schwarzen Seidenglanz schillernden, auf dem Rücken gescheitelten Federkleid im Dezember schön mit Eukalyptus-Rinde, Heu und Laub gepolstert hat, kommen zwei bis fünf der etwas größeren Weibchen herbei und legen ihm 15 bis 25 dunkelgrüne Eier von je 700 bis 900 Gramm Gewicht ins Nest.

Auch verteidigen die Väter Brut und Küken unter Aufopferung ihres Lebens gegen Feinde. Zwar können sie schwimmend Flüsse und Seen durchqueren und mit einem Tempo von 50 km/h fliehen, wobei sie pro Schritt drei Meter weit ausgreifen. Doch weil einmal verpaarte Hähne ihre Hennen nie im Stich lassen und folglich in größerer Zahl Feinden zum Opfer fallen, herrscht bei diesen Vögeln akuter Männermangel. Folglich ist der „Herr" bei den „Damen" sehr gefragt.

Während Herr Vogel Strauß nach der Eiablage alle ungeliebten „Mütter" davonjagt, um die Küken allein zu versorgen, geht es bei den Emus weniger dramatisch zu. Die „Damen" lassen ihren Haremspascha samt Nest und Eiern stillschweigend im Stich: „Soll er doch zusehen, wie er mit dem, was er gezeugt hat, zurechtkommt!"

Volle zwei Monate hockt er nun auf dem überreichen Eiersegen. Nur kurzzeitig wagt er es, das Nest zu verlassen, um zum Fressen und Trinken fortzugehen. So verliert der Vater in Ausübung seiner Mutterpflichten sieben bis acht Kilogramm an Gewicht. Die Brut als Abmagerungskur!

Denn der Feinde gibt es viele: Der Schwarzbrust-Bussard greift den Brütenden im Tiefflug an, rupft ihm Federn aus, hackt ihm auf den Kopf und schafft es mitunter, ihn vom Nest zu vertreiben. Dann ergreift er einen Stein als Werkzeug und bombardiert damit die Eier, um sie als Omelett zu verspeisen.

Der Buntwaran pratscht brutal heran, schnappt nach Emu-Vaters Bein, schleudert ihn links und rechts so lange zu Boden, bis er tot ist. Die hartschaligen Eier knallt er mit seinem Drachenmaul gegen Steine, bis sie zerknacken.

Ein einzelner Dingo wagt sich nicht heran, denn der Emu kann ihm mit einem Tritt seiner muskulösen Beine und der messerscharfen Mittelkralle das Bauchfell aufreißen. Greifen diese Wildhunde jedoch im Rudel an, ist es um die ganze Vaterfamilie geschehen.

Sofern das Geschick gnädig ist, schlüpfen alle Küken im Mai nahezu gleichzeitig und tragen ein gold-schwarz gestreiftes Jugendkleid wie Wildschwein-Frischlinge. Und wie bei diesen ist der Vater hin und her gerissen: Soll er zu seiner Lieblingsspeise laufen, also zu vielen Kletten, Gräsern, Kräutern, Früchten und vollreifen Weizenfeldern? Pfundweise vertilgt der Emu die stacheligen Kletten. Oder soll er die Babynahrung aufsuchen, die meist ganz woanders zu finden ist und aus Raupen und Heuschrecken besteht? Im Magen eines toten Kükens fanden Forscher nicht weniger als 3.000 Raupen. Wo australische Landwirte die Emus als „Schädlinge" ausrotten, wird die Plage nur noch schlimmer. Heuschrecken und Raupen fressen ihnen künftig alles Grün auf!

Vater Emu führt seine Küken, zeigt ihnen ihre Nahrung, beschützt sie vor Feinden und nimmt sie in kühler Nacht wie eine Glucke unter seine Fittiche. Und das 18 Monate lang, bis seine Kinder fast erwachsen sind.

Man erzählt sich auch, der Vater würde alle unfruchtbaren Eier, die im Nest zurückkbleiben, aufbrechen. Dann wimmelt es dort einige Tage später von Millionen Fliegenmaden. Wenn die Kükenschar bald darauf zurückkommt, hat sie saftiges Madenfleisch zu fressen.

Überdies sind junge wie alte Emus überaus neugierig. Sie inspizieren alles Ungewohnte. Im Zoo verschlucken sie Münzen, Nägel, Schlüssel, Kronenkorken und sterben daran. In freier Buschsteppe lief ein Emu einmal einem in der Sonne silbern glitzernden Fahrrad zwanzig Minuten lang hinterher. Ein anderer langte im Tarango-Zoo von Sydney mit seinem langen Hals über den Zaun, „pflückte" Besuchern die Hüte von den Köpfen und verzierte damit sein Nest.

Im Freileben vagabundieren die großen Laufvögel in kleinen Gruppen umher. Im Sommer, also im Dezember oder Januar, bilden sich die Pärchen und sondern sich von der Gruppe ab. Mann und Weib stehen bei der Brautschau Kopf an Kopf. Die Dame trommelt und knattert aus tiefstem Magengrunde. Der Herr maunzt „i-mjuuh", wonach die Art ihren Namen erhielt. Dann senken beide ihre Häupter und schwenken sie wie Sensen über dem Erdboden hin und her. Sobald beide im Gleichtakt harmonieren, ist damit das Jawort gegeben. Sind dann genug Emuinnen beisammen, marschieren sie zum Nistplatz. Die Brut beginnt.

Am 2. November 1932 hatte ein ganzes Bataillon der australischen Armee von 680 Mann mit Artillerie und Maschinengewehren einen regulären Krieg gegen diese Vögel geführt. Doch die Emus wendeten taktisch klug die Guerilla-Taktik an. Als die Soldaten aufmarschierten, zerstreuten und versteckten sie sich. Die Schützen erlegten nur zwölf Vögel. Alle anderen entkamen dem geplanten Massaker.

**Bei den Emus ist es allein Sache des Vaters, die Küken vor Feinden zu schützen und sie zu wärmen. Seine Lieblingsnahrung sind Kletten.**

## Das Odinshühnchen

# Im Paradies der Vielmännerei

Nicht minder erstaunlich wie die Familiensitten der Emus ist das total verdrehte Eheleben bei Vogelzwergen, die nach dem nordischen Gott „Odinshühnchen" genannt werden. Denn hier hat „sie" als die stärkere Ehehälfte die „Hosen" an, also das während der Brutzeit viel schmuckere Federkostüm, während „er" im Aschenputtelkleid schuften und all die vielen Arbeiten eines braven Hausmütterchens übernehmen muss. Auch besitzt nur er allein den so genannten Brutfleck auf der Brust, also eine nackte Stelle, die sonst nur bei den Weibchen dafür sorgt, dass viel Wärme von der Mutterbrust auf die Eier im Nest übertragen werden kann.

Im Einzelnen spielt sich das auf den Kopf gestellte Eheleben folgendermaßen ab: Im Frühling erscheinen zuerst die Weibchen aus dem argentinischen Winterquartier in den Brutkolonien der Sumpf- und Seengebiete im Norden Kanadas und Alaskas. Ein jedes besetzt ein Brutrevier und verteidigt es gegen andere Weibchen ebenso robust, wie sonst nur unter Männchen geprügelt wird. In schwarz-rotbraun-blau und weiß gestreifter Landsknechts-Uniform schlägt die Dame furios auf jede andere Amazone ein, die ihr zu nahe kommt.

Sobald der Streit um den Nestbezirk entschieden ist, fliegen die unscheinbaren Hähnchen ein. Zunächst stehen sie tatenlos in der Gegend umher und lassen sich von den heißspornigen Bräuten umwerben. Damit der Freier nicht allzu viel Angst vor der Kriegerin bekommt, reckt sie ihren Schnabel gen Himmel: eine Befriedungsgebärde, die anzeigt, dass die Waffe zwar sehr schrecklich ist, aber nicht gegen das Männchen eingesetzt werden soll.

Mitten im prahlerischen Kriegstanz hält die Amazone plötzlich inne, macht sich in totaler Umkehrung ihres maskulinen Gebarens klein und duckt sich unterwürfig vor dem männlichen Zimtstengel zur Erfüllung der Ehepflichten nieder. Trotzdem kann dieser nicht so ohne weiteres zur Paarung aufreiten, da die Partnerin für ihn immer noch zu groß ist. So erhebt er sich wie ein Mini-Hubschrauber flügelschwirrend in die Luft und landet auf dem Rücken seiner Schönsten.

Die Arbeiten im Haushalt, wie Scharren und Auspolstern der Nestmulde, 21 Tage lang das Brüten besorgen und zehn Tage lang die gesamte Kinderpflege durchzuführen, sind bei den Odinshühnchen allein Sache des Männchens.

Die Mutter trollt sich unmittelbar nach dem Legen des viertes Eies schon wieder davon, um den nächsten ihrer vier werdenden Väter mit ihrem Eiersegen zu beglücken. Das von ihr eroberte Terrain ist umfangreich genug, dass sich vier Männchen mit großen Abständen zueinander dort ansiedeln können. Gute Nachbarschaft gibt es unter den Männchen allerdings nicht. Die regierende Frau Gemahlin des Götterhühnchens betreibt also einen typischen Fall von Vielmännerei.

Auch außerhalb der Brutsaison, wenn es nur ums Fressen geht, ist es, als sei die Vogelwelt verrückt geworden. Auf einer seichten Meeresbucht etwa an der Küste von Alaskas Inside-Passage, wo ich sie beobachten konnte, toben an die fünfzig kleine, fahlweiße Vöglein wie wild umher, peitschen mit den Füßen das Wasser, drehen sich dabei aber immer nur um die eigene Achse, als hätten sie einen Drehwurm: Aus eben diesem Grund zählt man die Odinshühnchen zur zoologischen Familie der Wassertreter.

Was soll dieser Breakdance von Schwimmballett? Forscher sind jetzt vor Alaska ins eisige Wasser getaucht und haben geradezu Unwahrscheinliches entdeckt: Die nur 18 Zentimeter kleinen und 40 Gramm leichten Vöglein möchten gern von den Myriaden lupenwinziger Krebschen naschen, die dort auf dem Meeresboden krabbeln. Aber achtzig Zentimeter tief zu ihnen hinabzutauchen, geht bereits über die Kräfte der Leichtgewichte. Also pumpen sie sich ihre Nahrung mit einzigartiger Bewegungstechnik an die Oberfläche. Sie wirbeln mit halsbrecherischem Tempo im engen Kreis herum und erzeugen damit eine Art submariner Wasserhose. Auch von den Forschern auf den Grund gestreute Schlierenstoffe wurden mit emporgerissen und ließen den Saugschlauch deutlich sichtbar hervortreten. Wie ein Mini-Tornado strudelt die Aufwärtsströmung alle möglichen Dinge vom Meeresboden mit nach oben, darunter auch die kleinen Krebschen. Ein Wasser-Twister als richtiger kleiner Futter-Fahrstuhl!

Bei sieben bis acht Fußtritten pro Körperumdrehung und Sekunde wird ein fortlaufender Aufwärtsstrom von Nahrung erzeugt. Kaum zu fassen, dass ein solches Fliegengewicht eine so enorme schwerathletische Leistung vollbringt.

Dabei picken die dem germanischen Gott Odin geweihten Vöglein exakt dreimal pro Sekunde nach ihrer schmackhaften Beute. Ein Festmahl bei höchstem Schlucktempo! Wie sie so superflink ihre Beute erkennen und von Sandkörnchen und Dreck unterscheiden können, ist ebenfalls ein großes Naturwunder.

Diese Vöglein zeigen uns also nicht nur eine höchst kuriose Spielart animalischen Ehelebens, sondern auch, wie schier grenzenlos die Möglichkeiten der Nahrungsaufnahme von der Schöpfung bei all den Millionen verschiedener Tierarten gestaltet wurden!

**Zwischenlande-Station für die weit ziehenden Odinshühnchen ist die Inside-Passage an der Pazifikküste Alaskas. Hier begegnen sie den Buckel-Walen, die, gleich ihnen, ihre Nahrung vom Meeresboden holen, jedoch eine „Etage" tiefer.**

### Der Doppelhornvogel

# Männer mauern ihre Frauen ein

Einen seltsamen Luftkampf erlebte ich im Monsun-Dschungel der Halbinsel Malakka Südostasiens. Unvermittelt erhob sich aus dem Schweigen des Waldes ein enervierendes Geschrei und Gekrächze. Auf einer kleinen Urwald-Lichtung wuchteten vier 1,20 Meter lange Doppelhornvögel mit ihren dreißig Zentimeter langen Schnäbeln im Fluge frontal aufeinander los und rammten sich gegenseitig, sodass es dumpf krachte.

Drei dieser Rammjäger sackten nach dem Zusammenstoß zwanzig Meter tief nach unten weg, fingen sich jedoch wieder auf. Einer stürzte in einen Busch. Doch bald rappelten sich alle wieder hoch. Das Luftkampf-Rempelturnier begann von neuem. Bis eines der beiden Pärchen den „Schnabel voll" hatte und davonflog. Rammsporn zu sein, ist also eine der vielen Aufgaben des doppelten Riesenschnabels!

Was so heiß umkämpft wurde, war das Nest dieser seltsamen Vögel: eine Höhle hoch oben im Stamm eines dreißig Meter hohen Eisenbaumes. Dieser heißt so, weil sein Holz eisenhart ist und Jahrhunderte überdauert. Trotz der Härte des Holzes können die Hornvögel mit ihren gewaltigen Schnäbeln geräumige Hohlräume als Wohnungen in seinen Stamm meißeln.

Kurz nach dem Luftkampf geschah wiederum Seltsames: Beide „Großschnauzen" balzten wie unsterblich Verliebte umeinander herum. Der „Herr" kann sich gar nicht genug darin tun, sein Weib zu füttern, und wenn die Waldbeeren auch noch so klein sind. Doch gleich nachdem beide Hochzeit gehalten haben, mauert das Männchen sein Eheweib bei lebendigem Leib in die Baumhöhle ein.

Weshalb die Kerkerhaft? Um die Frau an Seitensprüngen zu hindern? Einige Einheimische sperren nach dem vermeintlichen Vorbild dieser Vögel ihre Frauen in ihren Lehmhütten ein, wenn sie auf die Jagd gehen wollen. Doch haben die Menschen diese Tiere glänzend missverstanden. Die Vogeldame setzt sich nämlich freiwillig in die Baumhöhle und mauert von innen eifrig mit. Sie hat Angst vor plündernden Affenhorden im Geäst des Nistbaumes und vor giftigen, vögel-

und eierfressenden Baumschlangen. So zieht sie es vor, sich selber ihrer Freiheit zu berauben.

Der Mörtel ist ein Gemisch aus Holzspänen, zu Brei verarbeiteten Tausendfüßern, Lehm, Speichel und eigenem Kot. Er trocknet zur betonharten Festungsmauer. Einen Höhleneingang, der ursprünglich Pizzatellergröße hat, mauern die Vögel binnen zwei Wochen zu. Im Festungsbauwerk bleibt nur ein kleiner senkrechter Spalt offen. Er ist gerade groß genug, damit das Weibchen seinen gewaltigen Schnabel hinausstrecken kann.

Als Burgverteidigerin muss es mit der dolchspitzen Waffe kräftig nach Feinden hacken, aber auch Futterspenden entgegennehmen, die ihm das Männchen drei Monate lang täglich mehrmals treu heranschafft.

Beim Schlafen verschließt es den Spalt, indem es sich mit der Oberseite des harten Oberschnabels gegen den Schlitz lehnt. Fertig ist die einbruchssichere Haustür. Ein zweiter Zweck des gewaltigen Schnabels.

Eines Tages wurde das Männchen, der Familienernährer, bei der Futtersuche von einem Leoparden getötet. Was sollte nun aus Weib, Brut und Kindern werden?

Mit dem Meißel ihres gewaltigen Schnabels könnte sich die Doppelhörnige jederzeit selbst befreien. Aber der Ausbruch wäre tödlich. Denn, kaum eingemauert, verlor die Mutter beim Gefiederwechsel in einer sogenannten Explosiv-Mauser alle Federn auf einmal.

So bekam sie zwar ein weiches Polster für sich, die Eier und später für die Küken, aber die Witwe hockte flugunfähig wie ein gerupftes Hühnchen auf dem Plüschsofa. Sie wäre unweigerlich verloren, wenn es unter den Männchen keine „Tröster" gäbe.

Mehrere ledige Jungmännchen patrouillieren in der Brutzeit ständig die Nisthöhlen der Verheirateten ab. Solange ein Vater die Mutter füttert, ist diese für die „Spanner" tabu. Aber wenn sich an der Höhle nichts mehr rührt, kommt einer der Streuner herbei und füttert den Nackedei von Witwe ebenso aufopferungsvoll, wie es vordem das getötete Ehemännchen getan hatte.

Nun sind Witwe und Witwentröster ein festes Paar, obwohl sie sich noch gar nicht gepaart haben. Der Schlitz in der Mauer ist für Sexuelles viel zu eng. Der neue Mann kommt erst knapp ein Jahr später in der nächsten Fortpflanzungsperiode zu seinem Vergnügen.

Bis dahin liebt er nur platonisch und rackert sich beim Heranschaffen von Futter redlich ab. Die Selbstlosigkeit des Trösters ist also ein raffinierter und im Grunde genommen egoistischer Trick: Das Weibchen dankt ihm mit Treue. Beide bleiben einander verbunden. Und in der nächsten Brutzeit hat er die besten Chancen, ein „richtiger" Ehemann zu werden.

Wenn das erstgeschlüpfte Küken 21 Tage alt ist, kommt für seine Mutter die Zeit der Selbstbefreiung. Ihr Federkleid ist inzwischen in voller Schönheit nachgewachsen. Gleichzeitig steigert sich der Hunger der beiden Kinder so sehr, dass der Vater die Familie nicht mehr allein ernähren kann. Die Mutter muss beim Füttern mit Feigen, anderen Urwald-Früchten und Käfern helfen.

Gleich nach ihrem Ausbruch werden alle Kinder wieder eingemauert. Bis das Älteste anderthalb Monate alt ist. Dann bricht auch dieses aus und hilft nun den Eltern beim Füttern der jüngeren Geschwisterchen, die auch gleich wieder eingemauert werden. So geht das mit dem Vogelkäfig, den sich diese Vögel selber bauen, weiter, bis das letzte Kind die Höhle verlässt.

Das Doppelhornvogel-Männchen hält vor der Baumhöhle Wache, solange sein Weibchen mit Innenarbeiten beschäftigt ist. Danach verkleinern beide den Eingang zu einem schmalen Spalt.

## Das Lisztäffchen

# Ohne Vater geht die Familie kaputt

Am späten Nachmittag kommt unvermittelt Zoff in die Familie. Der Youngster namens Castor fixiert seinen Bruder Pollux mit Augenblitzen vom Ast eines hohen Baumes am Rand des kolumbianischen Dschungels und tiriliert wie eine Lerche. Das Bruderherz zwitschert mit wutverzerrtem Gesicht zurück und sträubt seine schneeweiße Mähne wie einst Franz Liszt beim Klavier-Fortissimo. Daher der Name „Lisztäffchen". Bei diesen Südamerikanern beginnt ein Duell stets als Duett.

450 Gramm Wut krallen sich in Zeitlupe den Ast entlang auf den Gegner zu, bis sich beide Mund an Mund berühren. Feinde, die sich Küsschen geben!

So verharren sie zwanzig Minuten lang, als wolle jeder „Kalle Wirsch" dem anderen hypnotisierend sagen: „Du sollst schrumpfen!" Schließlich macht sich einer tatsächlich durch Fellanlegen klein, gibt nach und trollt davon. Der Turnierkampf als rein seelisches Kräftemessen, ohne Handgreiflichkeit und ohne den Gegner zu verletzen!

Solche Psycho-Raufereien finden nur unter jüngeren Brüdern statt und legen die Rangordnung fest. Die beiden Väter, die sich stets mit einer Mutter die Regentschaft der etwa zehnköpfigen Horde teilen, halten sich allzeit aus dem „Mobbing am Arbeitsplatz" heraus. Der lateinische Name des Äffchens, „Oedipomidas oedipus", wurde also, wie wir heute wissen, falsch gewählt. Noch nie hat ein Sohn dieser niedlichen Äffchen seinen Vater erschlagen wie einst Ödipus in der altgriechischen Mythologie.

Der Grund zum friedlichen Verhalten liegt ganz einfach darin, dass die beiden Väter, die sich eine Mutter regelmäßig hält, als Babysitter dringend gebraucht werden. Schon wenige Minuten nach der Geburt nehmen die Väter der Mutter die Babys ab. Da meist Zwillinge zur Welt kommen, jedes mit knapp 40 Gramm Leichtgewicht, bekommt jeder Vater ein Kind in Pflege. Da ist Friede die erste Vaterpflicht. Die Babys dürfen nicht unter Streitigkeiten leiden. Das Friedverhalten beginnt schon bei der Liebelei. Beide Männer umflirten das führende Weibchen. Beide paaren sich mit ihr, ohne daß es zu Eifersüchteleien oder gar Streit kommt. So darf jedes Männchen annehmen, der leibliche Vater der Kinder zu sein, um sich dann einem von beiden mit aller Hingabe zu widmen.

Untereinander lieben und lausen sich die Väter ebenso innig wie sie ihre „regierende Frau Gemahlin" hofieren: Während sie sich selbst mit den Krallen kratzen, lausen sie im Zwei-Männer-Harem Freund und Freundin durch Nibbeln mit den kammartigen Zähnen und Ablecken mit der Zunge.

Zu Handgreiflichkeiten kommt es allenfalls einmal unter den Halbstarken. Doch hier ist das Los des Verlierers sehr hart. Er muss auswandern und ist in der Fremde des Dschungels, allein auf sich gestellt, meist verloren.

Männlein und Weiblein sind bei den knapp ein Pfund leichten und 29 Zentimeter großen, um 42 Zentimeter Schwanz verlängerten Äffchen äußerlich nicht zu unterscheiden. Sie selbst bemerken „den kleinen Unterschied" nur am Duft. Die „Damen" parfümieren sich aus körpereigenen Drüsen mit einem anderen Geruch als die „Herren".

Stirbt ein Ehepartner den Alterstod mit etwa elf Jahren oder wird er schon vor dieser Zeit vom Ozelot, einem Greifvogel, einer Eule oder einer Boa-Riesenschlange getötet, erlischt in der Familie alle Liebe sofort. Es findet keine Fortpflanzung mehr statt. Die Säuglinge werden vernachlässigt und sterben. Alle Hordenmitglieder sondern nunmehr einen scharf beißenden Geruch ab. Er verhindert, dass sich die Überlebenden der kleinen Horde noch weiterhin untereinander lieben können.

Ein von der Natur verordnetes Inzest-Tabu unter Verwandten!

Die kleine Horde löst sich auf, zerstreut sich in ihrem Lebensraum: der obersten Baumetage in den Randzonen der Urwälder im Nordwesten Kolumbiens. Wo sie in zweistündigen Streifjagden Insekten, Spinnen, Baumfrösche und Eidechsen erhaschen, sich aber auch von Blüten, Nektar, Baumsäften, Früchten und Blättern ernähren.

Nun versucht jeder Emigrant für sich allein eine neue Familie zu gründen. Dem überlebenden Elternteil gelingt das fast nie. Chancen haben nur diejenigen Kinder, die bisher, ganz gleich ob Junge oder Mädchen, auch als Babysitter gedient und Erfahrungen in Babypflege gesammelt haben.

Zunächst sucht sich der Jüngling einen ledigen Kumpanen aus einer fremden Gruppe. Erst wenn sie zu zweit sind, sich gut vertragen und stets beieinander bleiben, werden sie für ein Weibchen interessant. Es erwählt die Ehegatten nur im „Zweierpack", schließt sich ihnen an und übernimmt sogleich die Chefposition.

Auch zu Nachbarhorden pflegen die Lisztäffchen freundschaftliche Beziehungen. Eine Seltenheit im Tierreich, denn meist sind sich Anrainer spinnefeind. Oft treffen sie sich, wandern und fressen gemeinsam und lassen die Kinder miteinander spielen.

**Auf einem Ast aufgeringelt wartet der Baumpython, eine Riesenschlange, dass ein unvorsichtiges Lisztäffchen in seine Nähe springen möge. Dann stößt sie blitzschnell zu.**

## Der Tiputip-Kuckuck

# Der Vater
# als Babysitter

Der Kuckuck, das weiß jeder, jubelt seine Eier stets fremden Vögeln ins Nest und erspart sich so die Mühe des Brütens, Fütterns und Aufziehens seiner Jungen. Doch diese Arbeitsscheu hat einen Haken: Viele „Stiefeltern" erkennen den ihnen untergeschobenen Balg als nicht zur Familie gehörig, bringen ihn um, werfen ihn aus dem Nest oder flechten über dem Fremdling eine neue Wiege, in der ihre Kinder unbehelligt bleiben.

Dieses Risiko vermeidet ein in weiten Regionen Ost- und Südafrikas lebender Kuckuck, der den ulkigen Namen „Tiputip" trägt. Hier zwingt das mit 18 Zentimeter Länge und 150 Gramm Gewicht erheblich stärkere Weibchen sein nur 15 Zentimeter kleines 100-Gramm-Männlein zur Sklavenarbeit des Brütens und der Kinderbetreu-

ung. Trotzdem bleibt ihm der unwiederbringlich Untergebutterte lebenslang treu.

Kaum hat der Gemahl sein riesiges Arbeitspensum abgeleistet, 16 Tage gebrütet, 11 Tage lang die fünf heißhungrigen, nach Nahrung pfeifenden Küken im Nest alle zehn Minuten einmal gefüttert und noch weitere 14 Tage den überall in den Büschen umherschlüpfenden Kindern Futter gereicht und gezeigt - also insgesamt einen vollen Monat geschuftet - da legt ihm sein Weibchen schon wieder fünf Eier ins Nest. Und sobald er diese Kinder als Alleinerziehender zur Selbstständigkeit gebracht hat, liegen schon wieder fünf Eier in der Babywiege, damit er sich nicht über Arbeitslosigkeit beschweren kann.

Angesichts der zahlreichen fliegenden, kriechenden und schleichenden Feinde in Afrikas freier Wildbahn ist diese Arbeitslast nicht zu unterschätzen. Windet sich etwa eine Schlange im Gezweige des Nistbusches empor, bringt nur eine Luftbrücke Rettung für die Kinder. Vater Tiputip ergreift eines seiner Küken mit den Füßen, startet und transportiert es durch die Luft zu einem Ersatznest. Dann holt er das zweite und so fort, bis alle Kinder in Sicherheit sind. Dieser Luft-Rettungsdienst ist nahezu einzigartig in der gesamten Vogelwelt. In Europa vollbringt einzig die Waldschnepfe das gleiche Kunststück.

Manchmal jedoch ist der Feind schon am Nest, wenn sich noch ein oder zwei Küken darin befinden. Dann müssen sich diese Kleinen selber helfen. Erst fauchen sie wie eine Katze. Damit können sie zwar räuberischen Vögeln, nicht aber einer Schlange Angst einjagen. Dringt diese weiter vor, würgen die Kuckuckskinder eine schwarze, schleimige Flüssigkeit aus den Schnäbelchen hervor. Diese verleidet dem Feind mit Brechreiz jeglichen Appetit. So kommen die Nestlinge meist ungeschoren davon.

Hat dieses Manöver die Gefahr abgewendet, ist es wiederum die alleinige Aufgabe des Vaters, das nunmehr infernalisch stinkende Nest, einen wuscheligen, ziemlich liederlich zusammengepfuschten Kugelbau mit Seiteneingang, zu reinigen. Auch holt er dann nach Pfefferminz wohlig duftende Kräuter herbei und schmückt die Kinderwiege mit diesem Natur-Deodorant aus.

Weshalb ist die Kuckucksmutter so faul, dass sie all die viele Arbeit dem Vater überlässt? Nun, einmal weil sie ein echter Kuckuck ist und ihre Eier gern andern unterjubelt, in diesem Fall dem Vater. Zum anderen weil sie alle anderthalb Monate ein neues Gelege von je fünf Eiern produzieren muss, bis zu dreimal nacheinander. Andernfalls würde ihre Art angesichts der vielen Feinde in Afrika aussterben. Auch das kostet sie sehr viel Energie. Schließlich ist sie keine überzüchtete Legehenne.

Allerdings hat das Superweib Schwierigkeiten beim Angeln eines Bräutigams auf der Brautschau. Damit er nicht aus Angst vor ihr flieht, leistet die „Dame" als „Opernsängerin" das Äußerste. Sie streckt den Hals weit vor und tiriliert in höchster Ekstase so lautstark, dass ihr ganzer Körper vibriert. Zeigt er sich beeindruckt, biegt sie sich in höfischer Verbeugung so weit vornüber, dass der Schnabel die eigene Brust berührt. Sofern er dann im Duett mitsingt, ist die Ehe geschlossen.

Von nun an muss jeder aufpassen, dass dem anderen nichts Bö-

ses widerfährt. Während der Jagd nach Heuschrecken, Raupen, Käfern, Spinnen, Skorpionen, Kakerlaken, Krabben, Eidechsen und Schlangen bis zu 60 Zentimeter Länge, sowie allem möglichen und unmöglichen anderen Geschmeiß, führen beide einen Wechselgesang im Tremolo mit Würgelauten und Glucksen auf, damit der Partner allzeit weiß, dass keine Gefahr droht. Erscheint ein Feind, gibt der Entdecker mit einem Knacklaut Alarm, als würde ein Ast brechen. Dann verstecken sich beide flink im Gebüsch.

Besondere Leckerbissen bietet den Tiputips ein Steppenbrand. Schon von weitem fliegen sie jede Rauchfahne an. Dann treiben sie ein gefährliches Spiel mit dem Feuer, hüpfen nur ein bis zwei Meter vor der Flammenfront umher und schnappen sich fliehendes Kleingetier. Dann wechseln sie im hohen Bogen auf die Aschenseite und genießen dort frisch gebratene Speisen.

Mitunter erwischen die gewaltigen Miniräuber-Männchen dort auch verbrutzelte Ratten oder Kaninchen. Dann schlagen sie ihre Krallen hinein und transportieren die leckeren Braten durch die Luft zu ihren Küken im Nest. Sie sind perfekte Luftfracht-Kuriere, sowohl mit ihren eigenen Kindern als auch mit fetter Beute!

Nur die Regenzeit macht dem Tausendsassa zu schaffen. Mit klitschnassem Gefieder kann er nicht fliegen. Deshalb muss er sich beim nächsten Sonnenschein erst lange durchtrocknen lassen, bis er wieder fit und fidel ist.

**Auch die kunterbunten Siedler-Agamen können einem Buschfeuer nicht entfliehen und enden als schmackhafte Braten im Tiputip-Schnabel.**

## Der Buckelwal

# Innovatoren in Kunst und Wissenschaft

Als der feurige Ball der Sonne im Meer versank, riskierte die amerikanische Meeresbiologin Katy Payne einen letzten Tauchabstieg. Kaum hatte sie ihre vor der Hawaii-Insel Maui dümpelnde Segelyacht verlassen, begann das Meer zu vibrieren. Ein hohler, seltsam melodiöser Schall brachte den Ozean zum Schwingen. Er begann im tiefen Bass, stieg langsam zu höheren Tönen empor, ähnelte für Sekunden dem Duo einer Oboe mit einer gedämpften Trompete und verlor sich nach einer unheimlichen, auf- und abschwellenden Klage wie bei einem melancholischen Dudelsack in tiefem Schweigen.

Der Körper der Forscherin vibrierte mit und versetzte sie in eine Art verlorener Weltraumangst, die jedoch von einer überwältigenden ero-

tischen Erregung übertönt wurde, während sich der mächtige Schall am 300 Meter tiefen Meeresboden und an der Oberfläche in mehrfachem Echo brach wie in einer riesigen Kathedrale. Langsam schwamm Katy Paine mit einem Unterwasser-Scheinwerfer auf die Schallquelle zu. Dann sah sie den Buckelwal. Zitat: „Wie eine Ameise den Elefanten sieht". Ein 13 Meter langes und 40 Tonnen schweres Ungetüm.

Frau Paine berichtet weiter: „Im gleichen Augenblick dröhnte die zweite Strophe, übrigens bei diesen Tieren stets mit fest geschlossenem Maul vorgetragen, und hallte an die zwanzig Kilometer weit durch den Pazifischen Ozean." Sie ist der Überzeugung, dass in diesem Gesang der Wahrheitskern einer uralten Legende steckt: der von den Sirenen, Menschen fressenden Meerweibern. Früher lebten Buckelwale nachgewiesenermaßen auch im Mittelmeer.

Seinerzeit ließen ihre Liebeslieder die hölzernen Schiffskörper vibrieren und versetzten die Seeleute an Bord in jene seltsame erotische Erregung vor rätselhaften Urgewalten. Odysseus Mannen steckten sich beim Passieren der Sireneninsel einst Wachs in die Ohren, um ihrer Verlockung zu widerstehen. Er selbst ließ sich an den

Mast fesseln, um den Sirenensong hören zu können, ohne aber den Weibern zum Opfer zu fallen. Heute erzeugen allerdings die Schiffsmaschinen einen derartigen Lärm, dass wir diese Gesänge nicht mehr miterleben können.

Es sind tatsächlich Liebeslieder, die männliche Buckelwale erschallen lassen, um die Weibchen aus den Weiten der Weltmeere zu sich heranzulocken. Vier Tage und vier Nächte sang der Koloss fast pausenlos in 15 bis 20 Metern Tiefe, wobei er seine Augen, groß wie eine Grapefruit, geschlossen hielt und desgleichen auch sein Maul. Den Schall strahlt er nur über seine riesigen Kieferknochen ab. Dabei steht er bewegungslos schräg im Wasser mit dem Kopf nach unten. Nur die Flipper hält er schräg nach oben - fast so wie ein Opernsänger die Arme bei der Bravourarie.

Bald stellte sich ein etwas größeres, zirka 19 Meter langes Weibchen ein, eng begleitet von seinem einjährigen Kind. Der Bulle bemerkte sofort, dass die Braut noch nicht empfängnisbereit war, beschloss aber, sie von nun an mehrere Tage lang gegen andere Walbullen zu „beschützen", bis in ihr die Paarungslust gereift war. Als mehrere Bullen beisammen waren, entbrannte zunächst ein regelrechter Sängerkrieg. Alle Bewerber um die Gunst des Weibchens sangen das gleiche Lied, jedoch nicht im Chor, sondern zeitlich versetzt gleichsam im Kanon.

Im Jahr zuvor hatten die gleichen Wale ganz andere Melodien vorgetragen. Nach mehrjährigen Beobachtungen fanden die Paines heraus, was hier gespielt wird: Die Wale verhalten sich musikalisch wie menschliche Teenager mit ihren Schlagern. In einer Saison ist ein Song bei allen der große Hit. Seltsamerweise singen die Wale von Hawaii die gleichen Lieder wie jene, die bei den Socorro- und Revillagigedo-Inseln vor der Küste Baja Californias balzen - trotz eines Abstandes von 4.800 Kilometern! Ob sie auch in anderen „Konzertsälen" das gleiche Repertoire vortragen, also bei Fidji, Samoa, Tonga, den Marquesas und vor der australischen Küste bei Brisbane, wissen wir noch nicht.

Nach der Paarungszeit verstummen die unterseeischen Beatles für etwa neun Monate, während sie in polare und subpolare Seegebiete reisen, etwa in die Inside-Passage Alaskas oder ins Beringmeer. Wenn sie sich im folgenden Jahr wieder in den wärmeren Flachgewässern zwischen oder rings um die Hawaii-Inseln zum Stelldichein treffen ( die nordatlantischen Buckelwale bei den Bermudas ), singen sie zunächst das alte Lied. Sie haben also ein gutes Melodien-Gedächtnis. Bald aber erscheint ihnen der Song offenbar zu abgedroschen.

Als echte Komponisten des Tierreiches ändern sie erst einige Passagen und, sofern die anderen Wale die Variation übernehmen, allmählich immer mehr Strophen. Sie sind in ihrer schöpferischen Phantasie also auch von der Gunst des Publikums abhängig. Obwohl sie Rivalen im sexuellen Bereich sind, müssen sie sich im künstlerischen Sektor einig sein. Nach fünf Jahren

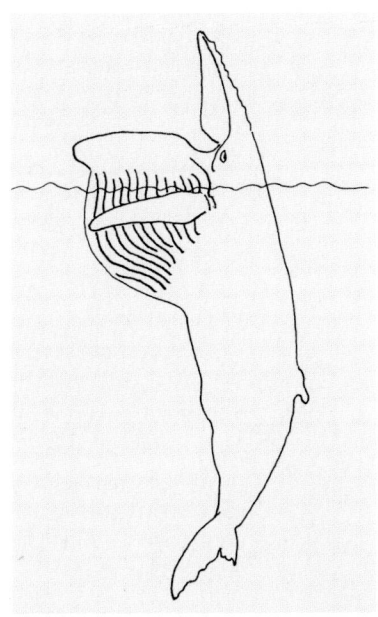

Schemazeichnung eines durch die Meeresoberfläche stoßenden Buckelwals

unterscheiden sich ihre Kompositionen von den alten wie die „Beethovens von denen der Beatles", wie die Paynes es formulieren. Also sind sie Tiere, die Moden kreieren und auch mit der Mode gehen!

Doch seltsamerweise bringt der Sängerkrieg keine Entscheidung. Sobald ein Weibchen erscheint und mit Pheromonen im Urin seine Paarungsbereitschaft anzeigt, geht eine etwa sechsköpfige Männerhorde wie wild darauf los. In typisch weiblicher Scheinflucht jagt die Braut mit ihrem Höchsttempo von 32 km/h davon. Die Freier allesamt hinterher.

Motorboote mit Whalewatchern können da nicht mithalten. Der Erfahrung der Skipper obliegt es, schon zuvor den Kurs zu schätzen, den die Hochzeitsgesellschaft nehmen wird, und das Boot in eine günstige Position zu bringen.

Schon bei der Verfolgung entsteht ein geradezu klassischer Schnellschwimm-Verdrängungs-Wettbewerb. „Chasser la femme", sagt der Franzose. Jeder versucht, die anderen zur Seite zu schieben. Ein wenig Zurückgebliebene hechten schräg in die Luft, klatschen auf ihre Rivalen, prügeln mitunter auch mit ihrer 4,5 Meter breiten Fluke aufeinander ein. Mittendrin befinden sich stets auch einige Voyeure: Jungtiere, Delphine, Pilotwale und sogenannte „Falsche Killerwale", die etwas kleineren Cousins der Orcas, die sich aber ganz friedlich verhalten.

Der Höhepunkt wird mitunter beim so genannten „Männchenmachen" erreicht: Zwei Wale schieben sich gegenseitig Bauch an Bauch aus dem Wasser heraus in die Senkrechte, stehen einen Moment aufrecht im Wasser und gleiten dann wieder zurück. Früher dachte man, hierbei handele es sich um eine Paarung. Doch das ist falsch. Wie Gregory D. Kaufman, Direktor des Instituts für Meeressäugetiere auf Hawaii, und Dr. Paul H. Forestell, Professor an der Universität von Hawaii, nachgewiesen haben, ist dies eine männliche Rivalen-Verdrängung.

Auch versucht die Walkuh, sich den männlichen Verfolgern durch Abtauchen in Tiefen bis um 180 Meter zu entziehen. Meist ist sie nach drei bis fünf Minuten wieder an der Oberfläche, obwohl sie 45 Minuten lang tauchen kann.

Nach der Geburt der 1,5 Tonnen schweren Fünf-Meter-Kinder und der Paarung sowie einer Verweildauer von etwa 120 Tagen im Hawaii-Archipel reisen die Wale mit 5 bis 13 km/h Geschwindigkeit Tag und Nacht pausenlos innerhalb von 79 Tagen zurück zu ihren Nahrungsgründen in den Gewässern Alaskas, der Beringsee und des Nordpolarmeeres. Hier praktizieren sie geradezu einzigartige Fress-Manieren:

Nicht nur Menschen glänzen mit Erfindungen in der Fischfangtechnik. Auch die Buckelwale haben auf diesem Gebiet Sensationelles vorzuweisen. An den Küsten Alaskas konnte ich 1998 die Meeresriesen in voller Aktion beobachten:

Unser Zehnmann-Motorboot tuckert gemächlich längs der Admirality-Insel. Plötzlich stürmt ein Schwarm kreischender Beringmöwen herbei und flattert zu einer Stelle, an der auf der Meeresoberfläche Luftblasen in einem exakt gezirkelten Kreis von dreißig Metern Durchmesser zerplatzen. Zwei Sekunden später schießen neun Wale mit weit aufgerissenen Riesenmäulern dicht aneinander gedrängt aus dem Kreis bis zu fünf Meter hoch in die Luft. Jeder hat zwei bis drei Zentner Heringe im Schlund. Die Klappen gehen wieder zu. Ein urgewaltiges Schauspiel. Zehn Minuten später beginnt der nächste Fischzug.

Im einzelnen geschieht hierbei folgendes: Die Wale schwimmen in 45 Metern Tiefe unter einen Heringsschwarm und kreisen einen Teil davon ein. Sobald alle Umzingler auf ihrer Position sind, gibt das Leittier einen Kommandoton und gleichzeitig reißen alle Wale ihre Flipper, also ihre Seitenflossen, herum, sodass die weiße Unterseite zu den Heringen zeigt. Das erschreckt die Fischlein so sehr,

Der Kehlsack des Buckelwals bläht sich unter der Zentnermasse der gefangenen Heringe ziehharmonikaartig auf. Diese rieselt dann sanduhrartig durch den engen Schlund in den Magen.

dass sie, wie Versuche gezeigt haben, wie elektrisiert zu einem Kugelhaufen zusammenzucken.

In diesem Augenblick beginnt der Chef der Walgruppe eine Tonleiter im Stakkato zu singen, immer höher und immer schriller. Dadurch wird der Heringsballen nach oben getrieben und hat gleichsam beim „hohen C" die Meeresoberfläche erreicht. Würden die Buckelwale jetzt in den Haufen hineinstoßen, würden die Fischlein nach allen Seiten auseinanderstieben. Der Jagderfolg wäre mager.

Deshalb unternehmen die Wale nun folgendes: In 15 Meter Tiefe ziehen ein oder zwei der Giganten eine Spirale von dreißig Metern Durchmesser und lassen dabei Luftblasen in ungeheurer Menge nach oben perlen. Es entsteht ein großer Zylinder nach oben hin immer größer werdender Luftblasen, der die Heringe umschließt. Zwar könnten die Fische noch leicht durch diesen „Vorhang" hindurchschwimmen. Aber aus Angst vor dem Unbe-

Gewässern nur Lachse und Heilbutte, die übrigens bis zu 2,20 Meter lang werden können. Heringe missachten sie. So gibt es erfreulicherweise keine Konkurrenz mit den Buckelwalen.

Worin besteht die Erfindung dieser Wunderwesen? Dass ein einzelner Buckelwal einen Blasenzylinder um einen Kleinschwarm von Beutefischen sprudelt, ist bei allen Buckelwalen weltweit allgemein geübte Praxis, jedoch mit nur mäßigem Erfolg. Absolut neu ist die Zusammenarbeit mehrerer Wale: das Abtrennen eines Teils vom großen Heringsschwarm durch die mit der weißen Unterseite der Flipper ausgelöste Schreckreaktion, das „Hochsingen" bis an die Oberfläche, und die Schallkommandos zum zeitlichen Abstimmen bei der Gemeinschaftsjagd des „bubblenet-feedings", wie es im englischen Sprachgebrauch genannt wird.

Forscher schätzen, dass vor etwa zwanzig Jahren einem „Einstein" unter den Buckelwalen diese geniale Erfindung gelang. Seither spricht sie sich, sehr langsam zwar, doch kontinuierlich in Walkreisen herum. Und zwar wie folgt: Die Blasennetz-Fanggruppe ist kein Familienverband, sondern eine reine Zweck-Vereinigung auf der Basis der gegenseitigen Hilfe zum vermehrten Erfolg. Die Einzelwesen kommen zum gemeinsamen Werk zusammen, trennen sich bald darauf wieder und formieren sich in stets anderer Zusammensetzung erneut.

Wale, die das neue Handwerk erlernt haben, geben ihr Wissen somit an andere, noch unkundige Artgenossen weiter. Die grandiose Erfolgstechnik beherrschen derzeit sogar in den Gewässern Alaskas nur einige wenige Tiere. Unser Bootsführer erkannte sie an den Scharten der Fluke persönlich. In anderen Seegebieten der Welt war diese Jagdtechnik 1998 sogar noch völlig unbekannt. Doch da diese Wale bis zu fünfzig Jahre alt werden, haben die Lehrmeister noch reichlich Gelegenheit, ihre Innovationen in Kunst und Wissenschaft weiter zu vermitteln.

Nebenbei bemerkt benutzen die Buckelwale ihre Sprudelkunst auch noch zu einem ganz anderen Zweck. In den Paarungsgründen von Hawaii versuchen Bullen, die ein Weibchen begleiten, dieses Stelldichein vor Rivalen zu verbergen: Sie verstecken ihre Braut hinter einem Blasenvorhang!

Doch gegenwärtig scheint diese Errungenschaft schon wieder am Veralten zu sein. Die Walbullen sind gewitzt und schwimmen auf jeden Blasenvorhang zu, denn dahinter kann nur ein Weibchen verborgen sein.

kannten brechen sie nicht aus. Dicht zusammengedrängt wie im Heringsfass sind sie psychisch Gefangene ihrer eigenen Furcht im Blasennetz!

Nun stürmen die neun Wale dicht an dicht im Inneren ihres Blasen-Zylinders mit rechtwinklig aufgerissenen Mäulern wie mit Schaufeln eines Riesenbaggers senkrecht nach oben. Das Meer vibriert. Vor Schreck springen Hunderte von Fischlein in die Luft. Möwen stoßen herab, um sie zu erhaschen. Im gleichen Augenblick wuchten die dreizehn Meter langen Wale ihre 26-Tonnen-Masse aus dem Wasser heraus. So manche Möwe, die nicht flink genug flieht, verschwindet auch im Magen des Meeresriesen.

Der Kehlsack des Furchen-Wales bläht sich unter der Zentner-Masse der gefangenen Heringe sowie des geschluckten Wassers ziehharmonikaartig auf. Doch bald presst die zwei Tonnen schwere Zunge die Flüssigkeit aus dem Maul heraus und die Nahrung, die von den Barten zurückgehalten wird, in den Schlund hinein.

Jeder Wal benötigt täglich etwa eine Tonne Heringe. Zum Glück fangen die Menschen in diesen

## Der Star

# Viele Zwerge besiegen den Riesen

Ein lauschiger Herbstabend an einem idyllischen See im Schwarzwald. Grüne Hügel, dunkle Tannen ringsum. Grillen zirpen, Frösche quaken. Im breiten Schilfgürtel schrillt es zum Himmel. An die 50.000 Stare sitzen auf den Halmen. Erzählen sie sich von ihren Heldentaten, bevor sie Ruhe zum Schlafen finden?

Wieso „Heldentaten"? Noch am Spätnachmittag tobten hier gewaltige Luftschlachten. Sperber, Turm- und Wanderfalken griffen an. Offenbar dachten sie, die den Himmel verdunkelnden Starenmassen wären ihr Schlaraffenland. Doch sie täuschten sich.

Gegen 16 Uhr, als die Geschwader der kleinen Singvögel noch über dem See „exerzieren", greift der erste Sperber an, will mitten in die große Masse hineinrasen. Als er noch zehn Meter von seinen

Opfern entfernt ist, durchzuckt es den Schwarm der Zwerge wie elektrisiert. Doch statt zu fliehen, werfen sich die Stare wie Filmstars in Wild-West-Filmen voller Todesverachtung gegen den Feind. Ihre Gegenangriffs-Spitze verdichtet sich wie der Kopf eines Kometen mit langem Schweif: Vorn eine dicht gedrängte Gruppe von „Kamikaze-Fliegern", dahinter ein etwas aufgelockerter Schwanz, so rasen sie mit Staren-Rammtempo von 80 km/h auf den großen Greif zu. Der dichte Haufen überrollt und verschluckt gleichsam den Sperber. Sekunden später fällt der Räuber aus der Vogelwolke heraus, taumelt und beginnt wieder zu flattern.

Im selben Augenblick zerfasert der Rammpulk der Stare. Die schillernden Schwärzlinge mit den weißen Pünktchen auf der Brust kehren in ihren Schwarm zurück, während sich nunmehr andere Vögel desselben Schwarmes zur neuen Angriffsspitze formieren. Wieder überrennen die 22 Zentimeter langen und 94 Gramm leichten Singvögel den 37 Zentimeter großen und 240 Gramm schweren Greif und bringen ihn abermals zum Absturz. Diesmal klatscht er in den Schilfgürtel, kann sich nicht mehr daraus befreien und muss sterben. Viele Stare sind des Sperbers Tod!

Kurz darauf greift ein Turmfalke den Schwarm der kleinen Kirschendiebe an. Auch er wird auf gleiche Weise zum Absturz gebracht. Vor dem erneuten Ansturm rettet er sich im Sturzflug in ein Gebüsch, dass die Federn stieben und der Räuber hernach erhebliche Mühe hat, wieder aus dem Dornengestrüpp herauszukommen, wenn auch arg zerzaust.

Dann versucht eine Rohrweihe ihr Glück. Sie platscht nach dem „Abschuss" mitten in den See und rudert mit unbeholfenen Flügelbewegungen ins Schilf. Das war ihre Rettung. Denn sie gehört zu den wenigen Großvögeln, die aus dichtem Schilf heraus starten können. Doch Stare hat sie nie wieder attackiert. Beim Durchstöbern des Schilfgürtels fanden Vogelforscher drei tote Sperber.

Einmal war es einem Sperber in letzter Abenddämmerung doch noch gelungen, einen Star zu greifen. Aber der Kleine lebte noch und und schrie die ganze Nacht hindurch im Griff seines Peinigers, der mit seiner Beute auf einem knapp aus dem Schilfmeer ragenden Holzpfahl saß.

Im Schwarm der 50.000 rührte sich nichts. Kein Flügel schwang sich auf zur Rettungstat. Erst am nächsten Morgen begann der Greif, sein Opfer zu kröpfen. Da brauste das Starengeschwader, als hätte sich in ihm die Wut der ganzen Nacht aufgestaut, im Höchsttempo dicht über dem Schilf heran, dass es wie Wellen wogte. Dem Räuber blieb nur noch die Flucht. Vier Wochen lang ließ er sich hier nicht wieder blicken. „Vereint sind auch die Schwachen mächtig!"

Verteidigen sich Stare so kühn, weil sie damit indirekt ihr eigenes Leben retten, oder wollen sie auch ihren Artgenossen persönlich helfen? Vogelforscher Ernst Gersdorf berichtet: „Ich hatte einen kranken, flugunfähigen Jungstar im Garten gefunden und tat ihn in eine offene Kiste auf dem Balkon. Bald erschien eine Elster in diebischer Absicht. Das Küken schrie wie am Spieß. Da schwirrte ein Pulk von etwa vierzig Staren heran, vertrieb die Elster und fütterte das gerettete Kind drei Tage lang, bis es wieder gesund war und mit dem Schwarm fortfliegen konnte."

Über die blitzartigen Wendemanöver in einem vieltausendköpfigen Vogelschwarm, die wie auf Kommando ausgeführt werden, können wir nur staunen. Denn Stare haben keinen Chef. Alle sind gleichberechtigt. Aber sie besitzen ein phänomenales Reaktionsvermögen, wie die Auswertung von Zeitlupen-Filmaufnahmen ergab: Zwei Tausendstelsekunden, nachdem der Vordermann die Flugrichtung ändert, folgt ihm der hinterher fliegende Vogel schon nach. So pflanzt sich jede Wende im Schwarm wie die Wellenbewegung in einem Kornfeld fort.

Auch vermag der Star, mit jedem Auge einen anderen Nachbarn zu fixieren. So bringt er es fertig, bei Tempo 80 mit nur wenigen Zentimetern Abstand zum Vorder-, Ober- oder Untermann jede Berührung mit den schlagenden Flügeln zu vermeiden. Zusammenstöße provoziert er nur gegen Feinde. Im Schwarm gibt es keinen Crash. Angesichts einer Massenkarambolage auf der Autobahn könnten uns die Stare nur auslachen.

Stare leben in Einehe, doch ist diese ebenso brüchig wie bei Filmstars. Starke Männchen prügeln schwächere aus ihren Nistkästen heraus und lassen mehrere ihrer Haremsweibchen dort einziehen. Aber fatalerweise hilft der Pascha nur seinem einen Lieblingsweibchen beim Füttern von dessen Jungen. Allein auf sich gestellt, sind die Nebenfrauen nur dazu imstande, ein einziges Kind von ihren Fünflingen aufzuziehen. Alle anderen verhungern. Sie sind es, die für die Liebesfreuden ihres Vater mit dem Leben bezahlen müssen.

**Der Habicht ist viel größer und schneller als der Star. Und doch können die Zwerge den Riesen austricksen.**

## Die Grant-Gazelle

# Union mit Artfremden

Das Leben ist gefährlich, besonders in afrikanischer Wildnis und wenn man nur eine zarte, grazile Grant-Gazelle ist. Es gehört schon eine volle Trickkiste an Lebenskünsten dazu, will so eine 80-Kilogramm-Portion schmackhaften Fleisches ihre Existenz mitten zwischen Löwen, Leoparden, Geparden, Hyänen und Wildhunden sichern. Sogar vor Pavianen müssen sich die Gras- und Blattfresser in Acht nehmen, denn auch diese jagen und verspeisen gern ihre jungen Kitze.

Ihr Überlebens-Rezept Nummer 1: Die Grant-Gazellen können monatelang ohne einen Schluck Wasser auskommen. Das macht sie von Flüssen, Bächen, Seen und Tränken völlig unabhängig. Sie können also von diesen für Raubtiere geradezu magnetischen Punkten weit weg wandern, sogar bis in die somalische Wüste hinein. Keine grünzeugfressende Konkurrenz kann ihnen dorthin folgen, kein Raubtier, das, wie der Löwe, nach jeder Fleischmahlzeit Wasser saufen muss, vermag sie dort zu gefährden.

Ihr Überlebens-Rezept Nummer 2: Da in der Regenzeit saftige Gräser locken, müssen diese Gazellen auch gewitzt genug sein, um in ständiger Gegenwart vieler Raubkatzen leben zu können. Das erfordert zunächst eine immerwährende Wachsamkeit höchsten Grades. Ausguckhalten kostet Zeit, die beim Fressen verloren geht. Deshalb gilt: Je mehr Augen nach Feinden spähen, desto mehr sehen sie und desto länger können die Mahl-Zeiten für jeden einzelnen ausgedehnt werden. So schließen sich die Grant-Gazellen oft zu Herden von bis zu 600 Tieren zusammen. Kommen nicht genug eigene Artgenossen zusammen, vereinigen sich die Grants in der Serengeti-Massai-Mara-Region mit den Herden der Thomson-Gazellen.

Davon profitieren beide. Der Vorteil für die Tommys: Die Grants sind viel wachsamer als sie und entdecken etwa einen Geparden lange bevor er von ihnen wahrgenommen wird. Jede Gazellenart versteht übrigens die Alarmrufe der anderen, ein nasales „kwuff". Doch auch die Grant-Gazellen sehen etwas Positives in dieser Union: Aus der gemischten Herde greift sich der Gepard immer nur die leichter zu erbeutenden Tommys heraus und lässt die Grants mit heiler Haut entkommen.

Ihr Überlebens-Rezept Nummer 3: Der Grant-Gazellen-Bock beansprucht ein riesiges Paarungs-Revier mit zwei Kilometern Durchmesser für sich allein. Hierbei legt er auf gutes Weideland großen Wert, denn bei den Weibchen, die zu ihm kommen sollen, steht gutes Essen höher im Kurs als das Mannsbild. Eine etwa zwanzigköpfige Weibchenherde muss auf diesem Terrain vier bis acht Monate lang weiden und verweilen können.

Die Böcke anderer Antilopenarten haben viel kleinere Reviere und „böse" Nachbarn. Sie müssen dauernd aufpassen, dass ihnen die Ricken nicht zum Nachbarn ausreißen, und fortwährend gibt es Horngefechte und Grenzkonflikte mit eben diesen Anrainern. Dabei vernachlässigen die gestressten „Herren" den Wachdienst. Raubkatzen halten insbesondere unter diesen Böcken grausige Ernte. Nicht so jedoch bei den Grants. Ihr Riesenrevier garantiert ihnen relativ viel Ruhe und Frieden.

Heikel wird es jedoch, wenn eine aus Ricken und Jungböcken gemischte, 50- bis 150-köpfige Herde durch sein Reich marschiert. Gleich prescht er mit seinen spitzen Hörnern wie irre umher, versucht nett zu den „Damen" zu sein, damit sie bei ihm bleiben, muss zugleich wutentbrannt die fremden „Herren" davonjagen. Doch das gelingt ihm kaum. Der „Feinde" sind es zu viele, und die von ihm vertriebenen Jungböcke kehren, nach links davongejagt, straks von rechts und allen Seiten wieder in sein Hoheitsgebiet zurück. Da bleibt ihm keine Muße zum Hochzeithalten.

Kämpfe unter ihresgleichen versuchen die Böcke möglichst zu vermeiden. Stattdessen handeln sie nach der Devise „wer angibt, hat mehr vom Leben". Sie richten sich in einer Pose auf, die ein Bildhauer nicht eindrucksvoller meißeln könnte. Zwei Rivalen stellen sich voreinander auf, werfen die Köpfe mit den halbmeterlangen Hörnern extrem hoch, schielen schräg und hochnäsig aufeinander herab. Dabei blitzen beide Brüste in blendendem Weiß auf. Schmutzfinken haben schon jetzt verloren. Träger blütenweißer „Frackhemden" aber haken die Hörner

ineinander, drängen den Gegner mit der Stirn zurück, hebeln ihn nach links und rechts, bis einer flieht. Schlimmeres geschieht meist nicht.

Das Kitz wird nach einer Tragzeit von sechs Monaten in einem ausgesucht guten Versteck geboren und wiegt 7,3 Kilogramm. Während die Kinder der meisten anderen Antilopenarten schon nach 13 Minuten laufen können, braucht das Grant-Kitz anderthalb Stunden dazu. Nach jeder Milchnuckel-Mahlzeit wird es von der Mutter erneut versteckt. Es darf sich im Unterschlupf nicht rühren und mucksen, ja, nicht einmal Pipi machen. Der Duft könnte es an Feinde verraten. Ein „Sperrventil" verhindert das zuverlässig. Es kann nur geöffnet werden, wenn die Mutter mit der Zunge feucht über das gewisse Löchlein wischt. Und das tut sie nur dann, wenn sie ihr Kind weit vom Ruheplatz fort geführt hat.

Auch schaut die Mutter aus einigen hundert Metern Ferne nie direkt zum Lager ihres Kindes. Räuber würden daraus, wohin sie wiederholt schaut, auf den Aufenthaltsort des Babys schließen und prompt dorthin eilen. Erst nach fünf Stunden Grasschmaus kehrt sie zurück, indem sie scheinbar unschlüssig hin und her, kreuz und quer bummelt. Wie zufällig nähert sie sich ihrem Kind. Doch besteht die Gefahr, dass es ein Räuber gefressen hat und nun im Kinderversteck wartet, sodass er auch die Mutter verspeisen kann. Deshalb verharrt sie zur Sicherheit in dreißig Meter Abstand und ruft ihr Kind zu sich. Meist springt das Kleine dann auch fröhlich hoch, und alles ist gut und in Harmonie.

**Wildhunde sind die großen Treibjäger Afrikas. Eine Gazelle, die sie einmal verfolgen, lassen sie nicht entkommen. Doch oft wird ihnen ihre Beute von Löwen oder Hyänen gestohlen.**

## Der Augur-Bussard

# Erkunder des Götterwillens

Im alten Rom waren die Auguren Priester, die aus dem Flug oder den Eingeweiden der Vögel den Willen der Götter erforschten. Wohin flogen sie, wie flatterten sie, wie gesund waren sie? Hieraus rieten sie den Staatsmännern zu Krieg oder Frieden und entschieden über das Schicksal der Nation.

In weiten Teilen Afrikas leben ebenfalls Auguren. Doch sie schauen sich keine Vögel an, denn sie sind selber welche: die Augur-Bussarde. Und sie besitzen ebenfalls Fähigkeiten, die sie zu Propheten des Tierreichs erheben.

Halbwegs erklärbar ist ihr Argus-Auge: Aus 100 Metern Flughöhe können sie noch eine ruhig im Gras hockende Heuschrecke erkennen. Wir Menschen vermögen das, sofern wir nicht zuvor wissen, wo sie steckt, nicht einmal aus unserer niedrigen Kopfhöhe.

Dieser afrikanische Greifvogel besitzt gleichsam ein Fernrohr innerhalb seines Augapfels. Alles, was er mit der Mitte seines Gesichtsfeldes anvisiert, erscheint ihm achtmal so groß wie die anderen bedeutungslosen Dinge ringsum. Das ist genau die Vergrößerung unserer Feldstecher. Diese Fähigkeit beruht darauf, dass die Retina, also die Netzhaut des Auges, im Scharfsichtzentrum viel mehr Sehzellen besitzt als bei normalsichtigen Tieren und Menschen.

Außerdem dient das Augur-Argusauge der Enttarnung von Beutetieren. Viele afrikanische Eidechsen, etwa die weiblichen Siedler-Agamen, sind auf Felsen oder im dürren Gras hervorragend getarnt. Dennoch entgehen sie dem Augur-Bussard nicht, denn er besitzt in seinen Augen etwas, das wir von Natur aus nicht besitzen: einen Polarisations-Filter.

Wenn etwa ein Frosch im Teich flach untergetaucht ist, können wir ihn im Glitzerspiegel der Wasseroberfläche mitunter nicht erkennen. Doch der Wundervogel kippt dann seinen Kopf abwechselnd etwas nach links und rechts. So filtert er mit seinem Polarisationsfilter die Spiegelung aus. Der Frosch tritt deutlich hervor und landet schon im Bauch des Bussards.

Und mehr noch: Sein Auge erkennt sogar Dinge, die uns Menschen verborgen bleiben, und zwar im ultravioletten Sehbereich. Im dürren Steppengras können wir eine Schlange, die mit ihrem Hautmuster gut getarnt ist, nur schwer erkennen. Ganz anders jedoch der Augur-Bussard. Ihm stechen die ultravioletten Schillerfarben der Schlange geradezu zwingend in die Augen, und schon geht er in den Sturzflug über und schnappt sich die Beute.

All diese für uns unergründlichen Fähigkeiten ließen den Vogel bei den Einheimischen Afrikas in geradezu magischer Aura erscheinen. Sie erzählten europäischen Forschern von den ans Wunderbare grenzenden Sinnes-Fähigkeiten dieses Vogels. So kam dieses seltsame Wunderwesen zu seinem geradezu mystisch anmutenden Namen.

Sogar auch mit seiner Stimme kann der Augur hexen. Beobachtet er etwa aus dem Hinterhalt einer Euphorbie, wie sich eine Schar Helmperlhühner zu Fuß nähert, stößt er einen Ruf aus, der wie das Sopran-Kläffen eines Schakals klingt. Dann glauben die Hühner, ein Vierbeiner sei hinter ihnen her, flattern fix auf einen Busch - und werden gerade dort mit Leichtigkeit von dem listigen Bussard erhascht. Daher bekam der Augur auch den Namen „Schakalbussard".

Sicherlich ist dies keine bewusste Täuschung. Vielmehr spielt hier der Zufall eine teuflische Rolle. Unbeabsichtigt klingt die Greifvogelstimme wie das Kläffen eines Schakals. Doch der Vogel ist immerhin so schlau, den Zusammenhang mit der Reaktion der Helmperlhühner zu erfassen und nutzbringend anzuwenden. Das ist sein Erfolgsrezept.

Zur Balzzeit führt das Männchen den Liebestanz mit großem Taktgefühl auf. Mann und Weib wuchten sich mit gewaltigen Flügelschlägen in die Luft. Er übersteigt die Seine ein wenig, lässt dabei beide Beine nach unten baumeln, ruft laut, gleitet wie am Fallschirm hängend nieder, als wolle er auf ihr landen, berührt jedoch nur ganz zart den Rücken seiner Braut. Dann schlägt er gleich eine Seitenrolle, segelt bauchoben unter ihr her und berührt nun ebenso feinfühlig ihre

Füße. Ein Geschicklichkeitsnachweis seiner für die künftige Familie überlebenswichtigen Fähigkeiten als Jäger. Gelingt ihm diese Vorführung dreißigmal nacheinander perfekt, ist die Ehe fürs ganze Leben geschlossen.

Von nun an bleiben beide stets beisammen. Wird die Bussardin von einem Raubadler angegriffen, attackiert ihr Ehepartner den körperlich weit überlegenen Greif furios und haut sein Weib aus der Gefahr heraus. Hat er, der mit 53 Zentimeter Größe und 1100 Gramm Gewicht etwas leichtere Partner, einmal Pech beim Jagen gehabt, füttert sie ihn mit der Hälfte ihrer Beute. Umgekehrt lässt er auch ihr die gleiche Aufteilung der Ration angedeihen.

Bekleckert sich das Männchen bei der Mahlzeit einmal seine blütenweiße Weste, die er mit dem Schnabel nur schwer erreichen kann, hockt sich sein Weibchen dicht neben ihn auf einen Ast und putzt ihn bis zur Fernsehwerbungs-Weiße. Ihm behagt das so sehr, dass er bei dieser Prozedur immer genüsslich die Augen schließt.

So könnte der Augur-Bussard ein sorgenfreies Leben führen, wenn nur die Schildraben und die Affen nicht wären. Unvermittelt erscheint eine Horde Paviane oder Meerkatzen im Nistbaum und zeigt lebhaftes „Interesse" für die zwei Eier oder die Küken im Horst. Dann legt sich die Mutter über ihre Brut und schützt sie mit ihrem ganzen Leib, während der Vater versucht, die Störenfriede mit Schnabelhieben und Kratzpfoten zu vertreiben. Oftmals mit gutem Erfolg.

**Der Augur-Bussard verharrt oft segelnd auf der Stelle und beobachtet eine Straße, etwa auf dem Ringwall des Ngorongoro-Kraters in Tansania. Erspäht er ein Beutetier, fasst er es nach einem Sturzflug mit Punktlandung.**

## Der Jaguar

# Beutefang mit Kraft und Magie

Am Ufer des Rio Negro, nahe der brasilianischen Siedlung Santana, spielte sich kürzlich ein urgewaltiges Drama ab. Als ein Jaguar Wasser trinken wollte, schlug eine sechs Meter lange, 140 Kilogramm schwere Anakonda-Riesenschlange zu, verbiss sich im Hinterbein der flüchtenden Raubkatze und versuchte, ihre drei tödlichen Schlingen um das Opfer zu legen.

Doch der Jaguar biss mit ungeheurer Kraft halb in den Kopf des Reptils und halb ins eigene Bein. Die Schädelknochen krachten. Die Schlange schlaffte ab. Und die „Katze, die mit einem Biss tötet", wie die Einheimischen sagen, fraß den Riesen-"Speckaal".

Der Jaguar besitzt die größte Beißkraft aller Raubkatzen. Den Kopf eines Kaiman-Krokodils knackt er wie eine Nuss, desgleichen fußballgroße Landschildkröten. An der Pazifikküste Panamas öffnet er auch ausgewachsene Meeresschildkröten, indem er Ober- und Unterpanzer mit den Vorderpranken auseinanderreißt. So gewaltig sind seine Kräfte. Auf der Weide einer Hazienda tötete solch ein 150 Kilogramm wiegender Kraftbolzen sogar einen 500-Kilo-Hausrindbullen im Handumdrehen mit einem einzigen Biss in den Kopf.

Doch bei seiner Lieblingsspeise, Wasserschweinen, Tapiren, Halsband-Pekaris und Spießhirschen, genügt brutale Kraft nicht allein. Diese sind mit an Radar grenzenden Wundersinnen ausgestattet. Sie scheinen anschleichende Jaguare schon von weitem zu ahnen und schlüpfen in raffinierte Trick-Verstecke. Wahrscheinlich kennen sie die Alarmrufe von aufgescheuchten Brüllaffen und Vögeln.

Doch der große Jäger Mittel- und Südamerikas weiß dann seine „Magie" einzusetzen. In einer Kombination aus unzähligen Jagd-Erfahrungen und der Kenntnis verschiedener Flucht- und Versteckverhaltensweisen der Beutetiere setzt er seine Gegenstrategien ein. Zum Beispiel weiß er, dass ein abgetauchtes Wasserschwein nach spätestens vierzig Minuten wegen Unterkühlung wieder hoch kommt. So lange lauert er geduldig im Hinterhalt und schlägt dann urplötzlich zu.

Die kleineren Portionen von Totenkopfäffchen, Wickel- und Ameisenbären, Faul- und Gürteltieren erhascht er opportunistisch nur bei passender Gelegenheit. Doch in der Not frisst er sogar Ratten, Mäuse, Leguane und kleine Echsen.

Oder er taucht geschickt in einen Fluss oder See und schnappt sich einen Piranha. Hat er einen zwischen den Zähnen, katapultiert er sich mit einem Fünfmeter-Sprung ans Ufer. Er scheint genau zu wissen, dass es nach dem Fang nur wenige Minuten dauert, bis sich die übrigen Piranhas zum Schwarm gesammelt haben und in Massen angreifen werden.

Vielen Beutetieren mag er geradezu als übermächtiges Gespenst erscheinen. Ambivalent ist das Verhältnis des Jaguars zu den Mohren-Kaimanen, die eine Länge bis zu 4,70 Meter erreichen können. Junge Krokodile werden vom Jaguar gefressen. Aber alte, ausgewachsene Panzerechsen drehen den Spieß um und verspeisen Jaguare, wenn diese zum Trinken ans Ufer kommen.

Der größte Feind ist jedoch die nur 1,70 Meter lange, aber hochgefährliche Lanzenotter. Diese Giftschlange liegt im Laub des Dschungels verborgen und stößt urplötzlich lanzenartig zu. Ihr Gift verhindert die Gerinnung des Blutes, so dass der Jaguar innerlich verblutet.

Der große, einsame Jäger herrscht über ein Urwaldrevier bis zu 38 Quadratkilometer Größe. Er grenzt es durch Duftmarken und Kratzspuren an Baumstämmen ab, wie es auch die Tiger Indiens tun. Die Reviere von zwei oder drei Weibchen überschneiden sich mit dem eines Männchens. Somit „gehören" diese ihm.

Nach 93 bis 105 Tagen Tragzeit bringt die Jaguarin ein bis vier Junge in einer Höhle oder einem Buschversteck zur Welt. Schon im Alter von sechs Wochen folgen die Kleinen der Mutter auf dem Jagdausflug. Hier lernen sie erst, Käfer, Mäuse und Heuschrecken zu fangen. Bald werden sie anspruchsvoller. Mit 1,5 Jahren haben sie in der Schule des Lebens ausgelernt und machen sich selbstständig.

Im Jahr darauf erlangen sie die Reife. Ihr Höchstalter beträgt im Zoo 22 Jahre. Wie alt sie in freier Wildbahn werden ist unbekannt, mehr als 16 Jahre werden es im stressigen Urwaldleben jedoch kaum sein.

Totenkopfäffchen leben in Horden von einigen hundert Mitgliedern in den Galeriewäldern des südamerikanischen Nordens. Um sich vom Jaguar nicht überraschen zu lassen, stellen sie am Rand ihrer Gruppe Wachtposten auf.

## Die Höhlenweihe

# Der Anti-Superspezialist

Wenn viele kleine Tiere Angst vor Feinden bekommen, flüchten sie sich in Löcher und hoffen, dort sicher zu sein, weil der Räuber sie nicht findet oder ihnen wegen seiner Körpergröße nicht zu folgen vermag. In Afrika haben sie diese Rechnung ohne die Höhlenweihe gemacht, einen siebzig Zentimeter großen und 720 Gramm schweren Greifvogel, der seine Raubkunst zu höchster Vollendung entwickelt hat. Er hat sich darauf spezialisiert, gerade solche Schlupfwinkel auszuspionieren und auszuleeren, ob im Urwald, in der Baum-Savanne oder in felsigen Schluchten. Er ist also mehr ein Anti-Superspezialist, ein Vielseitigkeitskünstler.

Früh am Morgen startet er von seinem Horst in einem hohen Baum zu seinem einige Meilen entfernten Jagdgebiet. Dort geht er in den langsamen Suchflug über, flattert knatternd wie ein Hubschrauber auf der Stelle, versetzt alles kleine Getier in Angst und Schrecken, auf dass es sich in Höhlen, Löchern und Spalten verberge. Dann sucht er systematisch und mit äußerster Präzision alle Verstecke Loch für Loch ab. Buchstäblich in jeden Quark steckt er seine Nase.

Anderen Greifvögeln würde das nicht viel nützen. Niemals könnten sie tiefer in die Unterschlupfe der verängstigten Beutetiere hineinlangen. Doch um gerade dies zu vollbringen, weist das „Konstruktionsmodell Höhlenweihe" besondere Extra-Eigenschaften auf, die Mutter Natur diesen Geschöpfen verliehen hat:

Der Kopf ist taubenklein, damit ihn der Vogel in winzigste Winkel hineinzwängen kann, um die Beute mit dem Schnabel zu schnappen und herauszuzerren. Auch lässt sich das „Knie" seiner Beine nicht nur wie bei uns nach hinten, sondern auch weit nach vorn, sowie um dreißig Grad nach

beiden Seiten verrenken, um alles „um die Ecke herum" ergreifen zu können, was der Schnabel im Höhlenlabyrinth nicht erreichen kann. Die langen Krallen arbeiten dabei wie die Glieder eines ferngesteuerten Roboters im chemischen Labor.

So ist dieser Greif der Schrecken aller kleineren Lebewesen. Wo er auftaucht, veranstaltet er eine Horror-Schau. Alle Tiere, etwa Mäuse, Baumhörnchen, Eidechsen und Käfer, flitzen in die Verstecke hinein, also gerade dorthin, wo der Räuber seine Beute haben will. Dann sucht er, etwa in einem großen Baum Quadratzentimeter für Quadratzentimeter alle Unterschlupfe der Reihe nach ab. In einem einzigen Baum kann er sich bis zu einer halben Stunde lang aufhalten und sich dick und rund fressen.

Auch hängt er sich am lehmigen Flusssteilufer vor das Eingangsloch eines Eisvogels, eines Weißstirn-Bienenfressers oder eines Scharlach-Spints, steckt seinen Kopf in die dunkle Röhre hinein, zirpt und fiept ein wenig. Befinden sich Küken darin, glauben diese, ein Elternvogel bringe Futter und krabbeln zum Eingang. Schon sind sie im Schlund ihres Erzfeindes verschwunden.

Im Manyara-Nationalpark Tansanias beobachtete ich einmal folgende Szene: Eine Höhlenweihe schwebte zu einem toten Baum und ließ sich weithin sichtbar nieder. Daraufhin rotteten sich an die zwanzig amselgroße Dreifarb-Glanzstare zusammen und umschwirrten laut zeternd den Feind. Verhaltensforscher bezeichnen das als „Hassen".

Bei allen anderen Greifvögeln wie auch bei Eulen hat das durchschlagenden Erfolg. Total entnervt verlässt der Übermächtige den Ort und lässt die kleinen Schreihälse künftig für einige Zeit in Frieden.

Nicht so jedoch die Höhlenweihe. Sie lässt sich von dem Theater nicht im mindesten beeindrukken. Doch sie hält die Augen offen und merkt sich die Stellen, die von den Glanzstaren zwischendurch immer wieder einmal angeflogen werden. Dort haben sie nämlich ihre Nester versteckt.

Plötzlich wuchtet die Weihe hoch und plündert nun ein Starennest nach dem anderen aus. Ihr gelingt das, weil sie stets entgegen jeglichem Verhalten anderer Greifvögel reagiert und einen ausgesprochenen Sinn für Systematik bei der Suche nach Beute besitzt, was bei Vögeln außerordentlich selten ist.

So pflückt sie in größeren Höhlen Fledermäuse von der Kuppel. Aus Baumhöhlen greift sie sich Mäuse, Ratten, aber auch die possierlichen Baumhörnchen heraus. Zur Not schnappt sie sich Eidechsen, Spinnen und Käfer. Auch meißelt sie Löcher in die Nester von Baum-Ameisen und Baum-Termiten, um sie zu verzehren. Umfang und Inhalt ihrer Speisekarte gleichen dem eines ostasiatischen Spezialitäten-Restaurants.

Ihr Sinn für das systematische Absuchen ihres achtzig Hektar großen Reviers und die stete Wiederkehr zu viel versprechenden Nahrungsquellen wirkt sich jedoch auch mit einem großen Nachteil aus. Nach fünf Jahren hat der Greif praktisch alle Beutetiere in seinem Bereich ausgerottet. Ein sehr seltenes Phänomen unter Tieren, die im allgemeinen ihre Existenzbasis schonen. Die Höhlenweihe zwingt sich damit gleichsam selber zum Auswandern und zum Neuanfang in unbekannter Ferne.

Eine Ausnahme davon bilden jene Artgenossen des seltsamen Greifvogels, die gegenwärtig in Südafrika die „Townships", also die Wohnsiedlungen der schwarzen Bevölkerung, besiedeln und dort zu regelrechten Stadtbewohnern geworden sind. Sie haben sich auf die Rattenjagd spezialisiert und werden daher von den Menschen als Freunde behandelt. Doch die Ratten vermehren sich so gigantisch, dass sie selbst von den Höhlenweihen nicht gänzlich ausgerottet, sondern nur kurzgehalten werden können.

Das Erfolgsrezept dieses in jeder Beziehung außergewöhnlichen Greifvogels besteht also in seiner großen Vielseitigkeit. Wenn eine Nahrungsquelle versiegt, eröffnet er für sich eine andere. Eine bravouröse animalische Strategie, zur Nachahmung im menschlichen Bereich wärmstens empfohlen!

Scharlachpinte, Verwandte der Bienenfresser, graben metertiefe Höhlengänge in Steilhänge, um vor Feinden sicher zu sein. Doch speziell die Höhlenweihe weiß, sie hier zu schnappen.

## Die Erdhummel

# Im Zauber des Verjüngungs-Elixiers

Es gibt kaum eine Phantasiegestalt menschlicher Märchen und Dichtkunst, die im Tierreich nicht ihr reales Ebenbild besitzt. Die Hummel, dieses wonnige, pelzige fliegende Kügelchen, verwirklicht gleich drei Traumvisionen: Hänsel und Gretels Knusperhäuschen, den Trompeter von Säckingen und die Kunst der Verlängerung der Jugendfrische durch ein sagenhaftes Verjüngungs-Elixier.

Das Zuckerhäuschen ist zu gewissen Zeiten der Erdbau des kleinen Insektenstaates. Tritt eine Kuh auf die kokosnussgroße Höhle eines 300 bis 600 Mitglieder zählenden Hummelvolkes, bekommt diese Risse. Bei Regen würde das Nest nass und faulen.

Um das zu verhindern, greifen die Tierchen zu einer erstaunlichen Schnellreparatur: Sie dichten die Dachkuppel und die Innenwand, die normalerweise mit einer Tapete aus Laub, Moos und Tierhaaren verklebt ist, mit einer aus Honig produzierten Zuckerkruste ab. Sie bauen sich ein Hexenhäuschen aus Süßigkeiten! Bald lecken die Insekten-Kleinstaatler diese Mäuse anlockende Süßigkeit jedoch wieder ab und ersetzen sie durch eine stabilere, aber langsamer zu erstellende Schicht aus Wachs, das sie zeitraubend in Hinterleibsdrüsen erzeugen.

Wer so beliebte Schlecker-Schätze besitzt, hat stets Diebe zu fürchten. Nachts kommen Räuber, etwa honiglüsterne Mäuslein oder Maulwürfe. Gegen sie schützen sich die Brummis mit einer Einbruchssicherung: Ein Dutzend „Pelzkügelchen" schlafen stets am Nesteingang auf dem Erdboden. Naht der Dieb, gibt ein Wachtposten vor dem Eingang, der so genannte Hummeltrompeter, durch eine Serie von Tütlauten Alarm. Sogleich drehen sich die erwachenden Tierchen

auf den Rücken und fahren den Stachel feind-
wärts gerichtet aus. An den Spitzen treten Gift-
tröpfchen aus. Keine Maus kann diesen Stacheldrahtverhau überwinden.

Hummeln können durchaus auch Menschen
stechen. Doch sind sie so friedfertig, dass sie es nur
dann tun, wenn man sie zwischen zwei Fingern
quetscht. In Getränkedosen und Kleidungsfalten
kriechen sie im Gegensatz zu Wespen nicht.

Der Hummeltrompeter tutet übrigens auch -
wie Professor Adolf Haas erforscht hat - zum We-
cken der Arbeiterinnen des Staates am frühen
Morgen. Am Eingang sitzend, erblickt er als Erster
das Licht der aufgehenden Sonne. Dann klettert
der „Unteroffizier vom Dienst" noch etwas höher
und beginnt kräftig vom „Turm" zu trompeten:
„Aufstehen und anfangen mit der Arbeit!" Spätestens zwei Minuten darauf beginnen die Innen-
dienstarbeiterinnen im stockdunklen Bau folgsam
mit ihrem Tagewerk der Brutpflege, der Bauarbei-
ten und Säuberung des gesamten Nestes.

Und die Sammlerinnen summen zum Blütenbesuch heraus, zum Ernten von Nektar und Blütenstaub, einer hochwertigen Pollen-Eiweiß- und
Babynahrung. Nun zeigt sich, dass die Hummeln
noch fleißiger als die sprichwörtlich arbeitsamen
Honigbienen sind. In einer Stunde saugt ein einziger Brummi Nektar aus nicht weniger als beispielsweise 1500 Blüten
der Ochsenzunge. Er
schafft dreimal so viel
wie eine Biene!

Sein Patent: Bei der
Landung in der Blüte
lässt bereits sein lautes
Summen die Staubbeu-
tel platzen. Eine Samen-
wolke zerstäubt und pu-
dert die wild mit den
Blütenblättern kämp-
fende Hummel von
oben bis unten ein. So
ist die Bestäubung der
nächsten Blüte im
Höchsttempo garantiert.

Pflanze und Insekt ar-
beiten hierbei „musika-
lisch" zusammen: Das
Hinterleibs-Vibrieren
der Bestäubungs-Elfe er-
zeugt einen Ton von
exakt 360 Schwingun-
gen pro Sekunde. Und

genau hierbei gerät der Staubbeutel der Blüte so
stark in Resonanzschwingungen, dass er platzt.

Nicht einmal Regen und Kälte gelten als Ausre-
de, im warmen Nest zu bleiben. Während die Biene mindestens vierzehn Grad Wärme braucht, um
auszufliegen, genügen der Hummel fünf Grad. Ihr
dicker Haarpelz schützt sie vor der Kälte.

Schlechtwettergeld wie die Maurer bekommt
sie nicht. So ist sie auch in einem nasskalten Frühling, wenn die Bienen im warmen Stock hocken
und ihren Dienst versagen, eine Befruchterin von
Apfel-, Kirsch- und Pflaumenblüten, für den Obst-
bauern also unverzichtbar.

Brummborius Summ befruchtet sogar Toma-
ten und Kiwipflanzen in Gewächshäusern, was
Bienen nicht können. Bisher mussten Gärtner
beim Bestäuben von Hand nachhelfen. Jetzt, so
empfehlen Naturschützer, sollte jedes Gewächs-
haus einen eigenen Hummelstaat besitzen. Öko-
logie und Ökonomie befinden sich hier also in
voller Harmonie!

Einige „Genossinnen" sind allerdings fauler als
andere, drücken sich in Ecken herum und - leben
länger! Etwa sieben Wochen statt nur fünf. Am kür-
zesten währt das Leben der Männchen. Sie werden
nur im Juli und August im sonst (abgesehen vom
König) nur aus Weibchen bestehenden Staat aus
unbefruchteten Eiern gezeugt. Ein Drohn vergreist

Kleine Mäuslein naschen zu gerne an den Honigtöpfen der Erdhummeln. Doch diese versperren ihnen den Eingang mit Giftspritzen und „Stacheldrahtverhau".

so rapide, dass er schon im Alter von drei Tagen sterben würde, sofern er den frühen Alterstod nicht mit einem Zaubertrank hinauszögern würde.

Beim Blütenbesuch zum Zweck der Selbstversorgung extrahiert der künftige Bräutigam aus den Kelchblättern einen alipathischen Alkohol mit Namen Farnesol. Diesen besonderen Schnaps speichert er in einer kleinen Blase im Kopf zu zweierlei Verwendung: einmal, um sich selbst damit jugendfrisch zu halten, und zum anderen, um damit Weibchen anzulocken. Das Verjüngungselixier ist also zugleich auch ein Liebestrank.

Bietet man diesen Tierchen im Labor statt der Blüten nur Zuckerwasser und Honig, altern sie zusehends und sterben schon nach drei Tagen den Greisentod. Doch wenn sie Blüten besuchen und die Zauberdroge sammeln können, halten sie sich jung und knusprig bis zum Hochzeitstanz.

Insektenforscher haben dieses Langlebigkeits-Elixier einmal an Menschen verabreicht, leider ohne den mindesten Verjüngungs-Erfolg. Wir sind eben keine Hummeln!

Doch auf der Brautschau wird die Wundermedizin zu einem anderem Zweck schnell aufgebraucht. Das Hummelmännchen sucht sich, etwa auf einer Waldlichtung, einen Platz zum Liebes-Techtelmechtel, markiert einen Kreis von 350 bis 400 Metern Umfang an etwa zwanzig Stelldichein-Plätze an Büschen, Baumstümpfen, einzelnen Steinen, Heidekraut oder Grasbüscheln mit eben jener Jugenddroge und fliegt hier wie eine Bus-Ringlinie ständig im Kreise.

In dieser Schwarmbahn kann er nur hoffen, dass eine junge „Prinzessin" den Duft einer „Haltestelle" bemerkt und dort zwecks sofortiger Paarung auf ihn wartet.

Der Prinzgemahl stirbt unmittelbar danach. Die junge Königin kehrt nie mehr in ihren Mutterstaat zurück. Gleich nach der Hochzeit vergräbt sie sich tief im Moos oder hinter Baumrinde, um dort, in Kältestarre steifgefroren, zu überwintern. Einen kleinen Fettvorrat hat sie sich zuvor schon angemästet.

Im Gegensatz zum Bienenstaat geht jedes Hummelvolk im Herbst durch Hunger und Kälte zugrunde. Nur die besonders große junge Königin überlebt in der Einsamkeit ihres privaten Winterpalastes. Im Frühjahr gründet sie einen neuen Staat. Wenn wir ab März besonders dicke Hummeln taumelnden Fluges umhergaukeln sehen, handelt es sich um werdende Königinnen auf Wohnungssuche. In einem Mauseloch, einer Baumhöhle oder Mauernische, im Dachgebälk, unter Dachziegeln oder Steinen wird sie fündig.

Je nach ihrem bevorzugten Wohnort unterscheiden wir Erd-, Feld-, Garten-, Wiesen-, Stein- und Waldhummeln. Sie sind auch etwas verschieden gefärbt mit einem Hang zur individuellen Kleidermode. So haben selbst Spezialisten ihre Schwierigkeiten mit der genauen Artbestimmung.

Die Samen des längst verstorbenen Männchens hat die Königin seit dem Herbst in einem Frischhaltebeutel aufbewahrt und zeugt damit in erster Märzwärme nur Töchter als Dienstpersonal. Doch bis diese aus Maden und Puppen zu Vollhummeln geworden sind, liegt die ganze Arbeitslast bei der Regentin allein.

Zwangsläufig vernachlässigt sie ihre ersten Kinder. Entsprechend klein und kümmerlich werden sie. Doch sobald sie herangereift sind, entlasten sie die Königin. Aus eingesammeltem Blütenstaub und Nektar kneten sie Larvenbrot zu Kügelchen. Die Queen legt in jedes ein Ei. Dann umhüllen es die Innenarbeiterinnen mit Wachs und legen es am Nestboden auf einen Haufen. Sobald die junge Hummel schlüpft, dient der leere Kokon als Primitiv-Wabe und Vorratskammer für Honig und Blütenstaub.

Wer bestimmt im kleinen Frauenstaat, wann Männchen produziert werden? Nicht die Königin! Seit 1995 wissen wir, dass diese stets befruchtete und unbefruchtete Eier legt, also für weiblichen und männlichen Nachwuchs gleichermaßen sorgt. Wenn dann das „starke Geschlecht" unerwünscht ist, also von März bis Juli, fressen die Arbeiterinnen alle männlichen Eier einfach auf.

## Der Rote Colobus

# Ein Pharmazeut unter den Affen

Nicht nur die Hummeln treiben mit ihrem Verjüngungselixier eine Naturheilkunde. Unter den Affen Afrikas wurden jüngst sogar perfekte „Medizinmänner" entdeckt:

Einem „genialen" Affen gelang 1997 eine Erfindung, mit der er den Trend zum Aussterben seiner Art in eine Bevölkerungsexplosion umkehren konnte. So geschehen auf der Insel Sansibar vor der ostafrikanischen Küste. Das Bravourstück vollbrachte ein Roter Colobus. Es bestand darin, dass er ein Naturheil-Arzneimittel erprobte und unter seinem Volk verbreitete: Kohletabletten!

Diese bis 75 Zentimeter großen und 12 Kilogramm schweren Affen haben es mit der Verdauung schwer. Sie sind reine Vegetarier und verspeisen hauptsächlich junge, zarte Blätter einheimischer Pflanzen sowie Blüten, Samen und Früchte. Doch viele davon wie die Blätter der Mango- und Indischen Mandelbäume verteidigen sich mit Giften, Phenolen und Tanninen gegen das Gefressenwerden. Mampfen die Klettertiere zu viel in sich hinein, bekommen sie Bauchschmerzen. Futtern sie weniger, fallen sie vom Fleisch.

Nun entdeckte dieser Affen-Einstein, der übrigens ein Weibchen war, Folgendes: Wenn er etwas Holzkohle von einem verbrannten Urwaldbaum naschte, blieb das Magenrumpeln aus. Er konnte sogar noch viel mehr Blätter verzehren als zuvor, sich dick und rund futtern, und blieb trotzdem mopsfidel. Er wurde gesünder, größer und kräftiger als seine Hordenkumpane. Die Kohle absorbierte die Gifte zur Unschädlichkeit.

Die Wirkung war so frappant, dass ein Affe dem anderen diese Naturmedizin abschaute. Kinder lernten es von ihren Müttern. Erwachsene Männchen taten sich damit schwerer, wahr-

scheinlich weil sie es unter ihrer Würde erachteten, von Weibern etwas zu lernen. Doch brachte die Neuerung so viele Vorteile, dass sie diese schließlich doch übernahmen. So „sprach" sich die neue „Pille" schnell in allen Horden der Insel herum. Zur Dosierung einigten sich die Selbstkurierer auf fünf Gramm Holzkohle pro Tag. Einmal gab es über längere Zeit keinen Waldbrand

Der Mantel- oder Kleideraffe gehört auch zur Familie derer von Colobus. Vor Menschen flieht er meist in die höchsten Wipfel der Urwald-Bäume.

unter den Schimpansen zu leiden. Immer in der Regenzeit von September bis November drangen marodierende Menschenaffenhorden in den Lebensraum der mit 75 Zentimetern Größe und 12,5 Kilogramm Gewicht viel kleineren Stummelaffen, wie man sie nach einer verkümmerten Fußzehe auch nennt, ein, jagten sie in gut organisierter Umzingelung und verspeisten sie dann nach Art der Kannibalen.

Doch etwa um das Jahr 1992 gelang auch hier einem „militärischen Genie" eine Erfindung im sozialen Bereich. Sobald die Regenzeit beginnt und die Schimpansengefahr zur ernsthaften Bedrohung wird, schließen sich die zwölf bis achtzig Tiere starken Horden der Colobusse mit anderen leidgeprüften Affengruppen zu Schutz- und Trutzbündnissen zusammen, etwa mit Mandrills, Drills, Guerezas und Mangaben.

Die Union mit den etwa dreißigköpfigen Gruppen der Diana-Meerkatzen wurde jetzt näher untersucht. Beide Affenarten leben im gleichen Urwaldgebiet, jedoch von verschiedenen Blätterarten. Als Nicht-Konkurrenten vertragen sie sich also gut. Damit ist die Basis für ein gutes Bündnis unter dem Motto „Viele Augen und Ohren sehen mehr als wenige" gelegt.

Die Dianas verfügen über ein schärferes Gehör als die Colobusse. Sie entdecken das Blätterrascheln der sich anschleichenden Schimpansen viel früher und alarmieren mit lautem Kreischen. Sogleich, noch lange bevor die Schimpansen sie wahrnehmen, flitzen sie allesamt in die höchsten Baumkronen und verstecken sich im dichten Laub. Keiner muckst sich, keiner wagt tief zu atmen. Kein Blatt rührt sich. Bis die Gefahr vorüber ist.

Womit „bezahlen" die Roten-Colobus-Affen die Dianas für den lebensrettenden Dienst? Nun, der Affenfeinde gibt es im Urwald noch mehr: Leoparden, Habichtsadler, Python-Riesenschlangen und Krokodile an den Flussufern. Nicht zuletzt sind auch die Menschen hinter dem Affenfleisch her. Und hier zeigt sich, dass es die Stummelaffen sind, deren Augen und Nasen besser auf das Aufspüren dieser Feinde abgestimmt sind als die der Diana-Meerkatzen.

Sobald beide Affenarten eine Gemeinschaft bilden, haben Feinde aller Art kaum noch Chancen, einen Jagderfolg zu erzielen. Damit wurde erstmalig der Nachweis erbracht, dass sich auch Tiere verschiedener Artzugehörigkeit mit Erfolg gegen Raubfeinde verbünden können. Dieses Prinzip haben beide Arten zu einem erstaunlichen Erfolgspatent entwickelt.

und kein Buschfeuer. Da stiebitzten sich die Affen die Kohle vom Herd der Menschen in den Hütten.

Doch mehr noch der Neuheiten. Die Roten Colobusaffen fanden schnell heraus, dass sie mit den Magen-"Pillen" im Leibe bisher ungenießbare Pflanzen verschmausen konnten: Unter anderem die Blätter des Mango- und des Indischen Mandelbaumes, die überall in Hülle und Fülle wachsen. Das Resultat war gewaltig. Kürzlich noch vom Aussterben bedroht, wurden die Urwald-Edisons von einer Bevölkerungsexplosion ohnegleichen erfasst, und zwar über ein Gebiet von 700 Quadratkilometern! Derzeit herrscht auf Sansibar sogar die größte Affendichte der Welt.

So verwundert es kaum, von der gleichen Affenart im Westen Afrikas ähnliche Pioniertaten zu vernehmen. Im Tai-Nationalpark der Elfenbeinküste hatten die Colobusse bislang schwer

## Der Waldkauz

# Nachtgespenst als Allroundkünstler

Obwohl sie noch gar nicht fliegen konnten, kraxelten die vier Waldkauz-Küken schon im jungen Alter von 28 Tagen aus ihrem Kinderzimmer in der Höhle eines alten Stadtparkbaumes heraus. Erst balancierten sie tollpatschig umher. Doch schon bald jumpten die wonnigen Federbällchen lustig von Ast zu Ast.

Da geschah das Malheur. Der Wagemutigste rutschte ab, taumelte und stürzte zu Boden. Früher Tod in jüngster Kindheit, da Euleneltern ihre Jungen nicht durch die Luft heimholen können? Keineswegs! Gleich rappelte sich der Zwerg wieder auf, watschelte zum Stamm seines Nistbaumes und kletterte als echter „Kliffhänger" wieder aufwärts. Seine Fußkrallen benutzte der kleine Kerl bereits perfekt als Steigeisen und seinen kühnen Hakenschnabel als Kletterpickel. Ein Absturz ist für die Kuschelbabys also kein Problem.

Wie lebenstüchtig diese „Tagträumer-Vögel" sind, erlebte der Braunschweiger Zoologe Otto v. Frisch. Spaziergänger brachten ihm ein vermeintlich verwaistes Waldkaugküken, das aus dem Nest gefallen war, in sein Haus am Waldrand. Er legte den winzigen Wicht in eine Maschendraht-Voliere im Freien, wo das Waisenkind die ganze Nacht über zum Gotterbarmen schrie. Am nächsten Morgen lagen 62 tote Mäuse auf dem Drahtdach. Fremde Käuze hatten sich vom Notruf des Kükens erweichen lassen und das kleine Häufchen Elend mit geradezu gigantischen Futtermassen eingedeckt. So kindernärrisch können diese 42 Zentimeter großen und 300 Gramm wiegenden Eulen sein!

Der dritte Akt ihrer Überlebenskunst ist ihre Vielseitigkeit. Normalerweise beziehen sie ihr Heim in einer geräumigen Baumhöhle. Doch auf diesem Gebiet herrscht Wohnraumnot. Wenn andere Höhlenbewohner wie Spechte kein Heim finden, gehen sie zugrunde. Nicht so diese gar nicht komischen Käuze. Dann bezieht das in lebenslanger Einehe treu verbundene Pärchen auch eine

Felsspalte, einen Fuchs- oder Dachsbau, eine Kaninchenhöhle, eine unter Büschen versteckte Mulde zwischen Baumwurzeln als Nest. Oder sie werden Stadtbewohner: Nicht nur in Parkanlagen, auf Friedhöfen oder in Alleebäumen, auch Mauernischen in Fabriken, Lüftungsschächte auf Dächern von Einkaufszentren, Rüstkammern in Brücken, Hohlräume in Kirchtürmen, einsame Dachböden über Viehställen kommen ihnen gelegen.

Diese Fähigkeiten als Allroundkünstler sind auch die Ursache dafür, dass die Waldkäuze derzeit nicht vom Aussterben bedroht sind. Auf jede

Beeinträchtigung ihrer Nistmöglichkeiten finden diese Vögel, die vielen Menschen als Sinnbild der Weisheit gelten, eine Lösung. Das ist ihr großes Erfolgsrezept.

Von der Abend- bis zur Morgendämmerung sind sie gewaltige Jäger, allerdings auch typische Gewohnheitstiere. In Jahren mit vielen Mäusen fangen sie nur diese Beutetiere vom Lauersitz oder Pirschflug bei einem Tempo von 72 km/h aus. Das Opfer wird mit den Füßen gegriffen, jedoch nicht mit den Krallen erdolcht, sondern mit kurzem Genickbiss getötet.

Doch nach dem Zusammenbruch einer Wühlmaus-Population tritt bei den Waldkäuzen nicht, wie bei vielen anderen Tieren, eine Hungersnot ein. Vielmehr stellen sie sich schnell um: auf Ratten, Hamster, Maulwürfe, Eichhörnchen, junge Kaninchen und Hasen sowie auf Vögel bis Taubengröße oder auch auf Frösche, Eidechsen, Heuschrecken und Käfer. Verstädterte Käuze bevorzugen Sperlinge und Amseln. Oder sie dringen gar nachts in Taubenschläge ein. Wegen dieser Vielseitigkeit der Allroundkünstler sind ihre Bestandszahlen kaum Schwankungen unterworfen.

Im winterlichen Stadtpark erlauscht der Räuber des Nachts einen Kleinvogel-Schlafplatz. Dann rüttelt er über ihm mit seinen einen Meter spannenden Flügeln im Hubflug auf der Stelle, bis die Kleinen verängstigt aufflattern, und greift sich einen, sobald er sich auf einen Ast niedersetzt. Fliegende Vögel kann er nicht fangen. Auch beim Beschaffen von Nahrung rettet ihn seine Vielseitigkeit vor lebensbedrohenden Notlagen.

Bereits Ende Januar, in eisiger Wintersnacht, singen diese Eulen ihre Liebeslieder, dass es kilometerweit hallt. Mitunter setzt sich der Vogel auch auf einen Schornstein, um sich zu wärmen. Das Männchen jault im dreisilbigen Tremolo: „Huuh - hu - huuuuuuuh". Seine Käuzin antwortet mit gellendem Schrei: „kju-

witt!", dass einem die Gruselschauer über den Rücken laufen: eine tönende Markierung des 300 Meter durchmessenden Reviers mit Hitchcock-Effekt.

Die drei bis fünf Eier werden 29 Tage lang nur von der Mutter bebrütet. Doch dann tun sich beide Eltern zusammen, um die Jungen zweieinhalb Monate lang zu füttern. Sobald sie etwas älter sind, entwickeln die Kleinen einen Riesenappetit, der so gewaltig ist, dass beide Eltern nicht mehr genug Futter heranschaffen können. Doch für diesen Fall haben sie schon beizeiten vorgesorgt und große Beutemengen in nestnahen Verstecken auf Lager gelegt.

Wenn die Kleinen flügge sind, müssen sie erst zuschauen - nein! zuhören, wie gejagt wird. Eine denkbar schwierige und langwierige Art des Lernens! Schlechte Schüler werden mit dem Tode bestraft. Sieben von zehn Kindern verhungern, nachdem sie im Alter von 2,5 Monaten ihre Eltern verlassen haben. Doch alle, die die Lebensprüfung bestanden haben, können ein hohes Alter bis zu 22 Jahren erreichen.

Leider ist es mit der sprichwörtlichen Eulenweisheit nicht weit her. Ihr nachdenkliches Erscheinungsbild täuscht. Waldkäuze, die älter als drei Jahre sind, können kaum noch etwas lernen.

Die possierlichen Eichhörnchen müssen vor allem nachts ständig auf der Hut vor dem Waldkauz sein. Meist kriechen sie dann in ihr Kugelnest, den so genannten Kobel, den sie mit Zweigen so dicht und fest verflochten haben, dass ihn der Waldkauz nicht aufbiegen kann.

## Der Mandrill

# Kriegsbemalung bedeutet Freundschaft

Als der Zoologe Jan van Hooff das Mandrill-Gehege im Arnheimer Zoo betrat, fletschte der ein Meter große und 50 Kilogramm wiegende Chefpascha seine zehn Zentimeter langen Reißzähne, klapperte mit seinem Furcht erregenden Gebiss und schüttelte den Kopf, als wolle er den Menschen zerreißen.

Doch der Forscher wich nicht zurück. Vielmehr streckte er seiner Magnifizenz, dem Oberaffen, seinen entblößten Arm entgegen. Aber statt ihn zu zerfleischen, nestelte der muskulöse Gnom mit seinen Fingern zart in den schütteren Menschenhaaren und lauste sie, vor Behagen laut schmatzend.

Was auf den ersten Blick so grimmig wirkte, war in Wirklichkeit ein Freundlichkeitsbeweis, die Begrüßung unter alten Freunden. Wie der flüchtige Augenschein doch trügen kann, wenn man von menschlichen Gebärden auf die Körpersprache von Tieren schließen will!

Bereits das Gesicht des Mandrill-Mannes erinnert an die Kriegsbemalung der Indianer: Die scharlachrote Nase mit den weit geblähten knallroten, nach vorn gerichteten Nüstern sowie die gefurchten, himmelblauen Wangen erstrahlen in

Die Mandrill-Weibchen sind im Gesicht längst nicht so far-benfroh „geschminkt" wie die männlichen Tiere. Aber sie werden von ihrem Pascha auf Gehorsam gedrillt, denn wer im dichten Dschungel verloren geht, ist des Todes.

umso leuchtenderen Farben, je mehr das Tier erregt ist, von Violett bis Kirschrot, im Guten wie im Bösen. Damit ist der männliche Mandrill das kunterbunteste Säugetier der Welt.

Doch das Kopfschütteln ist keine Verneinung, sondern eine Aufforderung zum gegenseitigen Kraulen im dicken Pelz. Die Zähne leicht gefletscht, wobei die Mundwinkel nach unten gezogen werden, ist weder eine Beißdrohung, noch ein bösartig grantiges Minenspiel. Vielmehr bedeutet es ein Charmeversprühen in liebenswürdigstem Maße.

Was die Affenforscher bis auf den heutigen Tag in Verwirrung stürzt, ist der Umstand, dass männliche Mandrille die gleiche Gesichts-"Schminke" zweimal vorweisen: einmal im echten Gesicht, zum anderen aber auch an der Kehrseite, dem Allerwertesten, den ebenso gefärbten Gesäßschwielen.

Eine These vermutet, das Farbenspiel sei im natürlichen Lebensraum dieser Pavianverwandten, im wuchernden Bodendickicht der Regenwälder Kameruns, Gabuns und des Kongo, eine Art Ansteuerungs-Leuchtturm für die Weibchen.

Ein Pascha ist Herr über einen Harem von circa vierzehn Weibchen. Diese sind im Vergleich zu ihm nur halbe Portionen, und tragen, völlig „ungeschminkt", nur ein schlichtes, tarnfarbenes graubraunes Arbeitsgewand.

Doch sie folgen ihrem Herrn und Meister freiwillig. Selbst mit rabiaten Gewaltakten könnte er sie nicht zwingen, bei ihm zu bleiben. Ein paar Schritte durchs dichte Blattwerk genügen, und schon ist die Ungetreue unauffindbar entschwunden.

Die Problemfrage stellt sich umgekehrt: Wie wird verhindert, dass die Weibchen beim Fressen von Früchten, Samen, Wurzeln und Kräutern, von Insekten, Würmern, Fröschen und Schlangen am Urwaldboden den Anschluss an die Horde verlieren?

Hier strahlt der wandelnde „Leuchtturm" von Pascha bei vierbeiniger Fortbewegung gleichzeitig nach zwei Seiten. Zudem knurrt er permanent wie ein Brummbär. Auch das ist kein aggressives Hundeknurren, sondern ein Stimmfühlungs-Lockruf für die Haremsdamen: „Kommt alle her zu mir, denn ich will euch liebhaben!"

Wenn sich die Weibchen trotzdem im Urwald verlaufen haben, fangen sie an, wie ein „verrosteter Hahn" zu krähen. Dann werden sie von ihrem Chef in behutsamer Weise in den Kreis der Horde zurückgeholt.

Nur wenn der hohe Herr mit seinem Haupt scheinbar freundlich nickt, ist Vorsicht geboten. Denn das ist in Wirklichkeit eine Drohung. Wird er noch wütender, spreizt er die Arme kraftmeierisch ab und senkt den Kopf wie beim chinesischen Kotau tief zu Boden. Auch das ist also alles andere als eine Unterwerfungsgebärde.

Dazu fletscht er die Zähne wie in einer Pasta-Reklame, indem er das ganze Gebiss entblößt, und sträubt gänsehäutig sein dunkelbraunes Fell. Doch diese Wutfratze setzt er meist nur nachts auf. Dann ist die Horde auf einen Schlafbaum geklettert und hat sich zur Ruhe gesetzt, der Herr als Wächter auf dem untersten Ast. Zu dieser Zeit sind Leoparden auf Tour. Den Feind abzuwehren, kostet Haremspaschas oft das Leben. Doch wenn sie fliehen, werden sie sogleich von allen Weibchen verlassen.

Einmal im Jahr kommen zum Teil aus weiter Ferne an die 200 männliche Mandrille zusammen und halten im Dschungel Versammlungen ab. Was sie sich hierbei zu berichten haben, ist gegenwärtig noch von Geheimnissen umwittert.

## Der Adelie-Pinguin

# Die Spaßmacher der Antarktis

Kap Adare an der Küste Antarktikas im Oktober. Mitten in der Eiswüste scheint plötzlich ein Tollhaus tobender Gestalten in Hochstimmung zu sein. Das bläst wie auf Trompeten, schreit, schimpft, zetert. Unser Schlauchboot landet bei einer Kolonie von 500.000 Adelie Pinguinen. Die Schwimmvögel sind aus 1000 Kilometer Meeresferne hierher gekommen, die letzten 60 Kilometer übers Packeis gewatschelt oder gerodelt.

Erst treffen die Männchen ein und erschreien sich gegen zahlreiche Konkurrenz einen Brutplatz. Sobald die Weibchen nachfolgen, versuchen die Charlie-Chaplin-Karikaturen vorjährige Ehebande erneut zu knüpfen. Doch wo ist die Liebste? Ein Pinguin sieht wie der andere aus. So kann es passieren, dass die umworbene Braut den Freier, weit vornüber geneigt, wütend anschreit:

„Du Idiot, merkst du denn nicht, dass ich auch ein Mann bin!"

Ist sie tatsächlich feminin, will aber nichts von ihm wissen, verabreicht sie ihm kurzflügelige Ohrfeigen. Oder sie stimmt eine Liebesserenade in den zartesten Quäktönen an und scharwenzelt um ihn herum. Das ist das Happy-End! Alle Ledigen geraten jedoch in Torschlusspanik. Denn wer nach drei Wochen noch immer keinen Partner gefunden hat, muss ohne Liebeserlebnisse den Rückmarsch zum Meer antreten.

Gleich nach der Hochzeit wird das Nest hergerichtet. Sie lässt sich darauf nieder, während er Baumaterial heranschafft. Kleine Steinchen gibt es hundert Meter weiter am Strand in Fülle. Doch warum einen so weiten Weg machen, wenn man beim Nachbarn stibitzen kann! Der Herr schleicht sich an eine Nachbarin an und versucht, ihr einen Stein buchstäblich unter dem Hintern wegzuziehen. Forscher haben einmal alle 3000 Steinchen eines Nestes rot angepinselt. Wenige Tage später fanden sie diese über die ganze Kolonie verteilt. Bei den Pinguinen ist es mit den Steinchen wie bei uns mit dem Geld: Es ist im Umlauf, wie der Meeresbiologe Dr. David Senn es formuliert.

Die Pinguin-Großstadt mit all ihren Dieben, Krakeelern, Raufbolden, Verliebten und Eifersüchtigen wandelt sich, sobald die Eier gelegt sind, in die reinste Tugendburg. Die Brut muss geschont werden.

Gleich nach der Eiablage watschelt die Mutter an die sechzig Kilometer weit übers Packeis zum Fischfang ins Meer. Der Vater übernimmt während ihrer 14-tägigen Abwesenheit die Brut. Dabei magert er nach insgesamt sechswöchiger Fastenzeit auf die Hälfte seines Körpergewichts ab.

Wenn die Mutter zurückkommt, rennen jungvermählte Erstbrüter der heimkehrenden Liebsten freudig entgegen und umarmen sie, so gut das mit den Stummelflügeln geht. Doch im gleichen Augenblick stößt eine Raubmöwe, eine so genannte Skua, zu, stiehlt ein Ei oder später das Küken. Erfahrene Eltern unterdrücken deshalb ihre Wiedersehensfreude und lassen die Brut nicht eine Sekunde lang aus den Augen. Sie können eine Raubmöwe jämmerlich verprügeln, mit zwölf Karateschlägen pro Sekunde!

Die beiden Küken schlüpfen nach 36 Tagen Brutzeit. Erst ständig von einem Elternvogel gewärmt und beschützt, wächst ihr Appetit so schnell, dass bald beide Eltern gleichzeitig Futter, fingerlange Krill-Krebse, heranschaffen müssen. Dann verlassen die Kinder das Nest und schließen sich mit etwa 200 anderen Altersgenossen zu Kindergärten zusammen. Hier verteidigen sie sich gemeinsam gegen Raubmöwen. Wenn ein Schneesturm tobt, drängen sie sich dicht aneinander, um sich gegenseitig zu wärmen.

Kehrt die Mutter heim, ihren Magen, der vom Hals bis zu den Beinen reicht, dick mit Futter gefüllt, wirft sie den Kopf hoch und singt. Allein an der Stimme erkennen sie ihre beiden Kinder wieder. Im Sprint kommen sie angerannt. Beide drängeln, gieren nach dem Mutterschnabel und geifern, was das Zeug hält. Doch sie bekommen ... nichts!

Die Mama macht auf dem Fuße kehrt und saust im Laufschritt in Richtung Meer zurück. Die beiden Kleinen hastig hinterher. Ein Wettrennen über Stock und Stein mit Holpern und Stolpern beginnt. Erst wenn ein Küken „abgehängt" worden ist, stoppt die Mutter und füttert nun in Ruhe den schnellsten Sprinter. Beim nächsten Mal ist das andere Kind das hungrigste und damit auch das schnellste und bekommt seine Krevettenkost.

Nicht jede Mutter kehrt heim. Im Wasser lauern Seeleoparden und Killerwale. Auch Seebären, Seelöwen und See-Elefanten verspeisen gern Pinguine. Deshalb benutzen ausreisende Adelie-Pinguine gern Eisschollen, die von ablandigen, so genannten katabatischen Winden meerwärts getrieben werden, als „Busse".

Bevor sie diese erreichen, haben sie vor jedem Kopfsprung ins Wasser eine Riesenangst. Bei drohender Gefahr wagt sich keiner der „befrackten Oberkellner" als Erster ins Wasser. Am Ufer entsteht ein Massenstau. Je mehr der Hunger nagt, desto schlimmer wird die Drängelei. Schließlich kann sich einer in der vordersten Reihe nicht mehr halten und fällt ins Wasser.

Er dient den anderen als „Versuchs-Kaninchen": Taucht er nicht wieder auf, wissen die Wartenden, dass ihn ein Feind gefressen hat. Sie verlassen den Ort des Todes zu Fuß, marschieren kilometerweit zu einem anderen Gestade oder verschieben den Fischfang auf später. Wenn er aber wieder an der Oberfläche erscheint, kann kein Feind in der Nähe lauern. Und augenblicklich stürzen sich alle anderen Pinguine kopfüber ins Wasser.

Im Alter von vier Wochen mausert sich der kuschelige Pelz der Babys in einen wasserdichten Taucheranzug. Gleich absolvieren sie ihre ersten Schwimmübungen. Am 12. März, wieder auf den Tag genau, verlassen alle 40 Millionen Adelie-Pinguine die 59 Brutkolonien rings um Antarktika und verschwinden wieder in kleinen Flottillen, Männlein und Weiblein getrennt, in den Weiten der südlichen Ozeane - bis zur nächsten Brutsaison.

Adelie-Pinguine landen nach einem Fischzug auf einer Eisscholle. Dort rodeln sie gern bäuchlings, obgleich ihr Federkleid sehr darunter leidet.

## Der Haussperling

# Mobbing wie auf der Büroetage

Wenn warmer Frühlings-Sonnenschein die Herzen erwärmt, stimmen die Sperlinge, unterm Dach ein Spatzenkonzert an. Schilp-Kakophonie wäre die treffendere Bezeichnung. Doch kann ein Männchen auf der Brautschau noch so lauthals und monoton von früh bis spät zwitschern, allein hat es keine Heirats-Chancen. Auch kann der Piepmatz noch so stark und prächtig prahlen, das macht alles nicht den geringsten Eindruck auf die Weiblichkeit.

Für die Spätzin zählt nur eines: ihr Liebster muss Eigentum vorweisen können: ein schönes Loch unterm Dach, wo der Klempner gepfuscht hat, den von Meisen enteigneten Nistkasten, das Lüftungsrohr auf dem Fabrikdach, die Rüstkammer im Bürohochhaus. Der Phantasie des kleinen Spatzengehirns sind hier keine Grenzen gesetzt.

Das vom Bräutigam liederlich zusammengestoppelte Nest kann noch so mickerig, faserig und zerzaust sein. Das spielt keine Rolle. Hauptsache ist, er hat ein Eigenheim. Da jedoch akute Wohnungsnot herrscht, gibt es viel vagabundierendes Gesindel. Mit armen Schluckern, die so etwas nicht besitzen, gibt sich ein heiratswilliges Weibchen niemals ab. Die „Dreckspatzen" leben also als standesbewusste Kapitalisten in höchst materialistischen Liebesverhältnissen.

Die vielen jungen Habenichtse stromern in Rockerbanden umher und belästigen jede ledige Frau mit lautem Schilpkonzert. Sie knicksen vor ihr mit gespreizten Flügeln und hochgestelztem Schwanz. Doch sie weist alle standhaft zurück. Der Skandal schwillt zum Orkan an und artet in eine Hackerei jeder gegen jeden aus. Eine „Spatzenhochzeit mit Vielmännerei", meinte man früher. Falsch zugeschaut! Denn jeder Rocker hindert jeden seiner

Kumpel sexualneidisch an der Paarung. Alles ist nur eine Protest-Demo der Entrechteten!

Der Hausbesitzer preist indessen seine Liegenschaft am Einflugloch marktschreierisch an. Kommt eine Interessentin zur Inspektion, rückt er galant zur Seite. Trotz Weibchen-Überschusses ist die Gefahr groß, dass der Test mit einem Ungenügend endet. So versprüht er all seinen Charme, zittert mit abgespreizten Flügeln wie Espenlaub, duckt sich vor ihr nieder, reißt den Schnabel hoch und sperrt ihn weit auf wie ein um Futter bettelndes Vogelkind. Mit kindischem Verhalten apelliert er an ihre mütterlichen Instinkte, um sie kirre zu machen.

Die eigentliche Vermählung findet stets in aller Stille und trauter Zweisamkeit statt, nachdem sich die Braut in Damenwahl für den Besitzer einer Luxusvilla entschieden hat. So leben die Haussperlinge trotz gelegentlicher Schilpskandale brav sittsam in Einehe.

**Der gleich den Sperlingen zum Großstädter gewordene Turmfalke, der auf freiem Lande mehr Mäuse jagt, hat sich in der Stadt zum Spatzenjäger gewandelt.**

Manchmal wird Herr Spatz von der Katze geholt. Dann zeigt sich der Nachbar als rührender Witwentröster. Damit betreibt er zwar Bigamie, doch vom Sex hat der Minipascha nicht mehr viel. Stattdessen muss er bis zur Erschöpfung schuften, um die Jungen in zwei oder gar drei Nestern zu betreuen: sie zu wärmen, zu füttern und vor Feinden zu beschützen.

Gegen Gefahren hält die ganze Spatzen-Sippschaft wie Pech und Schwefel zusammen. Das beleuchtet folgendes Erlebnis: Lautes Spatzenkonzert ließ Frau Elsa Borchers in ihrem Hamburg-Barmbeker Mansardenzimmer aufs Dach schauen. Ein Sperlingsküken war beim ersten Flugversuch vom Dach getrudelt und zappelte erbärmlich piepend in der Dachrinne. Sogleich versammelte sich eine Schar von dreißig Spatzen um den armen Wicht: Nachbarn von links und rechts, die Rockerbande, ledige Weibchen, die ganze zahlreiche Sippschaft kam zusammen. Nach kurzem Augenschein wirbelte der Schwarm wieder in alle Winde. Nur drei Babysitter blieben bei dem Kleinen.

Plötzlich flatterten sie alle wieder herbei. Jeder hatte einen Strauß Heu im Schnabel. Plündergut aus einem Kaninchenstall in der Nachbarschaft. Sie schoben das trockene Gras unter den Unglückswurm, bis das Kissen so dick war, dass der Kleine über den Rand der Rinne krabbeln, erneut starten und ins Leben fliegen konnte.

Mit ähnlichen gemeinschaftlichen Rettungsaktionen haben diese Vögel alle Katastrophen der Sperlingshistorie überlebt - bis heute, da ihnen die tödlichste aller Gefahren droht.

Ihre Urheimat sind die Steppen Zentralasiens. Dort schlossen sie sich den Hunnen unter Attila an oder besser: deren Pferden; noch treffender: deren Pferde-"Äpfeln", aus denen sie halb verdaute und daher umso bekömmlichere Haferkörner picken konnten. Während das Hunnenreich zugrunde ging, eroberten die Schilphälse ganz Europa - und bald darauf mit den Pferden des weißen Mannes den ganzen Erdball bis nach Amerika und Australien.

Nebst Haustaube und Turmfalke war das Gassenhauervöglein auch ein Pionier im Besiedeln mittelalterlicher Städte. Schon damals war jene Spatzenbande im Vorteil, die über das beste Meldesystem verfügte: Wann war wo Pferdedung auf die Straße gekleckert, und wer konnte am schnellsten alle seine Schwarmgenossen herbeipfeifen, bevor sich die Spatzenbande vom benachbarten Häuserblock oder Hinterhof oder gar ein Kleingärtner die noch dampfende Pracht aneignete?

Ferner müssen die geschwätzigen Rinnstein-Soubretten aufs schnellste bekanntmachen, welche unbekannten Gefahren auftauchen. Meist lassen sie Menschen bis auf wenige Meter herankommen. Wenn wir ihr Vertrauen gewonnen haben, picken sie uns sogar das Futter aus der Hand. Doch es gibt auch Tierfeinde, die plötzlich mit der Flinte draufballern. Dann ist ihnen Erfolg beschieden - jedoch nur ein einziges Mal.

In Windeseile spricht sich die Meldung in Sperlingskreisen herum. Sobald der Schütze wieder auftaucht, lässt sich kein Vöglein mehr blicken. Doch kaum verschwindet er im Haus, zwitschert der ganze Vo-

Die Haussperlinge haben, als „blinde Passagiere" mit Schiffen reisend, auch die Hawaii-Inseln erreicht und sich, wie überall in der Welt, auch hier recht „breitgemacht".

gelgesangsverein wieder fröhlich los. Das funktioniert so: Alle gefiederten Augenzeugen der blutigen Tat stimmen immer dann, wenn der Todbringer auftaucht, einen Hassgesang an. Sie betreiben gegen ihn ein regelrechtes Mobbing, so ähnlich wie es uns Menschen von den Büroetagen her leider nur zu bekannt ist. Dann wissen auch alle bislang noch nicht informierten Schwarmkumpane: „Vorsicht, dieser Mensch ist gefährlich!"

Dieses Meldesystem half den Vögeln über die erste Spatzenkatastrophe hinweg: nach dem Zweiten Weltkrieg verdrängten Kraftwagen die Pferde aus dem Stadtbild. Die Haferpicker fanden kein Futter mehr. Doch, weit davon entfernt, ein Spatzengehirn zu haben, erschlossen sie sich schnell neue Futterquellen. Überall waren ihre Kundschafter auf Tour: in Papierkörben, Gossen, Schulhöfen, Gärten, Gräben, auf Kaffeeterrassen und in Gartenrestaurants. Flink lernten sie, sich wie Meisen an Futterringe zu hängen, wie Fliegenschnäpper im Fluge Blattläuse von Rosen zu picken, mit Turmfalkentechnik dicke Käfer zu greifen, wie Bachstelzen tief fliegende Insekten zu fangen.

In unserem Hausgarten biegt Mutter Spatz lange Grashalme mit Samenrispen nach unten, damit ihre Kinder die Körner erreichen können. Alles Nahrhafte wird von Kundschaftern mit Freudengezwitscher von allen Dächern gepfiffen. Die anderen kommen herbei und machen sich gleich die Neuheit zunutze. Doch dieser Gemein-

schaftsgeist, dieses perfekte Nachrichtensystem, alle Tricks und Künste haben gegenwärtig kaum noch einen Sinn. Unterm Dach zwitschern in vielen Städten nur noch selten die Jungen. Die Eltern dürfen ihre Küken nämlich nicht mit Brotkrumen vom Gartentisch füttern. Sie brauchen Insektenfleisch. Und das ist in den Städten rar geworden. Kaum dass noch eine Fliege im Zimmer summt. So sterben die sechs Kinder, die dreimal pro Jahr in einem Nest hocken, wie die Fliegen.

Allenfalls bleiben ihnen die Blattläuse im Rosengarten. Aber wenn diese mit Gift besprayt werden, krepieren auch die Küken im Nest. Seit drei Jahren nebeln mehrere unserer Nachbarn ihre Rosen mit Giftwolken ein. Die Haussperlinge starben aus. Ein kleiner Lüftungsschacht in unserem Haus, in dem sie Jahr für Jahr ihr Nest bauten, ist nun verwaist. Blaumeisen, die normalerweise von Spatzen vertrieben werden, zogen dort ein. Sie ernähren ihre Jungen mit den Milben unseres Rotdorn-Baumes, der nicht gespritzt wird.

Einen weiteren Beweis liefert Berlin. Im Westen unserer Hauptstadt sind Sperlinge zur Rarität geworden. Im Osten schwirren sie noch in großen Schwärmen umher. An der Luftverpestung kann es also nicht liegen, an der Masse der Autos auch nicht. Beides ist in beiden Teilen der Stadt annähernd gleich. Aber in den Gärten der östlichen Stadtteile wird längst nicht so viel Gift gespritzt, noch nicht. Das und nichts anderes ist die Ursache der gegenwärtigen Sperlings-Katastrophe.

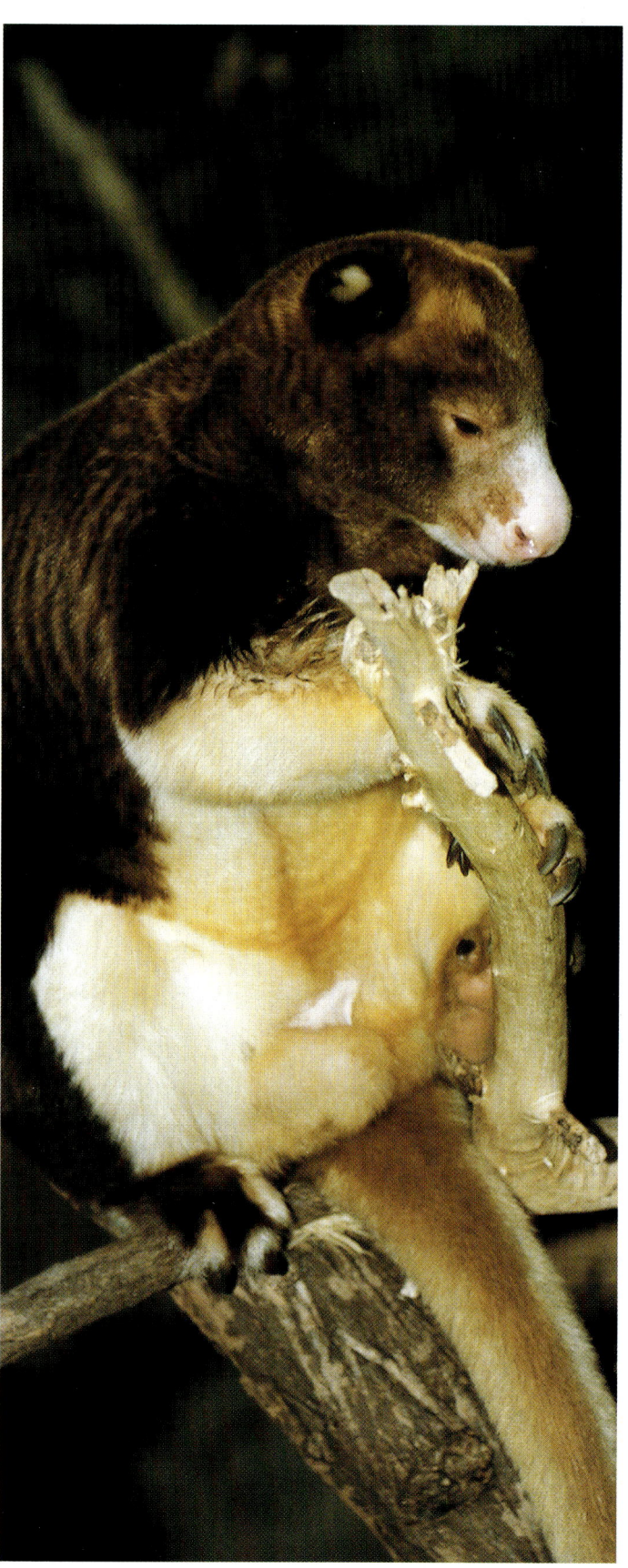

## Das Baumkänguru

# Der Sackhüpfer, der zum Affen wurde

Schon ein normales Känguru, so ein menschengroßer „Riesenfloh", der zweibeinig auf dem Land umherhüpft, bietet ein skurriles Bild. Doch was soll man von Kängurus halten, die affengleich auf Bäumen umherspringen? Sie gibt es tatsächlich!

Beim Baumkänguru sind die Hinterbeine geschrumpft und zu schwächlich zum Hüpfen. Zu ebener Erde erreicht es hoppelhopsend ein Fluchttempo von maximal 4,8 km/h. Ein Menschenkind kann es glatt einholen. Dafür sind seine Arme gewachsen und so muskulös, dass es sich an einer Liane wie Tarzan ohne Hilfe der Beine hochhangeln kann. Oder es klettert mit der Krallentechnik der Katzen, seine kräftigen Krallen wie Steigeisen oder Klammerhaken ins Holz schlagend manchmal wählt es auch die Greiftechnik der Affen. Ein „Sackhüpfer", der sich zum Affen wandelte!

Einmal in der Baumkrone, balanciert der 63 Zentimeter große und 13 Kilogramm schwere „Baumhase" ganz langsam und vorsichtig nur auf den Hinterbeinen, schwankt, wackelt, droht abzustürzen, schwenkt seinen halbmeterlangen buschigen Schwanz als Balancierstange und kommt wieder ins Gleichgewicht wie ein Trapezartistenschüler in der ersten Trainingsstunde. Tatsächlich besitzen auch seine Füße kissenartige Polster wie die Schuhe der Seiltänzer. Zudem sind sie rau besohlt als Schutz gegen das Abrutschen.

Oder der Tollpatsch fällt ohne Fangnetz aus bis zu 18 Metern Höhe auf den Erdboden, ohne sich ein Bein zu verstauchen. So extrem gute Stoßdämpfer sind die langen Sehnen seiner Extremitäten! Einmal sprang so eine Witzfigur von Tier, als es von einem mächtigen Keilschwanzadler angegriffen wurde, aus 25 Metern Höhe zu Boden. Ein Farmer trug es zu seinem Haus, um es gesund zu pflegen. Doch zu seiner Verblüffung waren alle beiden Knochenbrüche schon nach drei Tagen perfekt verheilt. Trotz allem Ungeschick sind die Bäume in den Urwäldern Neuguineas und Nordost-Australiens das Lebenselement des 63 Zentimeter großen und 13 Kilogramm schweren drolligen Kletterbeutlers.

Ist das Matschie-Baumkänguru demnach eine Fehlkonstruktion der Natur, dessen Lebenstüchtigkeit mit einem „mangelhaft" zensiert werden müsste? Ja und nein! Ja, weil es tatsächlich zum Gotterbarmen im Gezweige herumstolpert und -stümpert. Nein, weil ihm dieser babyhafte Dilettantismus im Laufen durchaus genügt hat, um die Äonen der Erdgeschichte zu überleben.

In seinem Lebensraum hat das Baumkänguru nur wenige Feinde zu fürchten: Auf dem Erdboden sind es die Dingo-Wildhunde. Vor ihnen flieht es fix auf einen Baum. Python-Riesenschlangen kann es trotz seines Schneckentempos immer noch entwischen. Bleiben die australischen Ureinwohner auf der Halbinsel York und die Papuas auf Neuguinea, die sich gern einmal so ein Kletterbeuteltier braten. Doch wer von diesen geht schon gern das Risiko ein, auf dreißig Meter hohe Urwaldbäume zu steigen, nur um ein kleines Känguru zu erbeuten? Wozu sollte also

der Plumpsack artistische Fähigkeiten entwickeln wenn er gar keine Verwendung dafür hat!

Zudem wächst den Zappelclowns die Speise in Hülle und Fülle buchstäblich ins Maul: Blätter, Wilde Feigen und Farnwedel. In nur zweieinhalb Stunden pro Tag ist die Mahlzeit beendet und die Freizeit beginnt. Übrigens führen die Baumkängurus ihre Kost mit großer Fingerfertigkeit ganz vornehm nur mit einer Hand zum Mund. Doch dann schmatzen sie ganz ordinär vor Behagen - ihre einzige Lautäußerung übrigens.

Von den 24 Stunden eines Tages verschlafen die Kuscheltiere gut und gerne 15. Wenn sie sich zur Ruhe begeben, klemmen sie ihren Allerwertesten korkenartig in eine Astgabel, so dass sie nicht abstürzen können, nicken ihr Teddybärköpfchen vornüber auf die Brust und schnorcheln sanft ins Land der Träume. Erst spät am Morgen, wenn die Sonne nächtlich kalte Nebel aus dem Blätterdach des Dschungels herausgewabert hat, erwachen sie wieder.

Meist leben sie als Eigenbrötler, grenzen ihren „Garten" mit Düften aus Brustdrüsen gegen „böse" Nachbarn ab. Dabei überschneidet sich das Reich eines Männchens mit den Bezirken von drei oder vier Weibchen. Somit gehören diese Provinz-Damen einem „Fürsten".

Nach einer Schwangerschaft von nur 32 Tagen kommt ein Zwei-Zentimeter-Winzling splitternackt zur Welt. Wie in der ganzen Verwandtschaft üblich, muss sich der Wurm durchs Fell der Mutter in deren Beutel durcharbeiten. Dann saugt er sich an einer Zitze fest, die Dauernuckel und Festsaugepunkt zugleich ist.

Im Alter von 250 Tagen schaut das Baby erstmalig aus dem Beutel in die Welt. 300 Tage später wagt es den ersten Ausflug ins Gezweige. Im Vergleich zu den Kindern der Flachland-Kängurus ist es ein Spätentwickler. Kein Wunder, denn der kleine Wicht muss in Mutters Beutel so weit reifen, dass er nicht vom Baum stürzt. Noch sieben Monate bleibt er bei seiner Mama und kuschelt sich bei ihr zum Schlafen ein.

Wahrscheinlich sind die Dingos, die verwilderten Hunde Australiens, die Ursache dafür gewesen, dass die behäbigen Kleinkängurus die Evolutions-Flucht in die Kronen der Bäume unternommen haben.

## Der Kleine Pandabär

# Die Hochzeit der Faxenmacher

Die Liebe wandelt oft auf seltsamen Wegen, auch bei Tieren und da besonders beim Kleinen Panda, einem Super-Streicheltier, so recht zum Gernhaben, auch Katzenbär oder Feuerfuchs genannt.

Es ist Januar an den Steilhängen der Fünftausender der südwestchinesischen Provinz Szechuan in Höhen von 2200 bis 4800 Metern. Unter den Wipfeln des Monsun-Dschungels wuchert ein undurchdringliches Dickicht aus Rhododendron und Bambus: die Heimat des Großen und des Kleinen Panda.

Beide verspeisen hauptsächlich Bambus, mitunter dicht nebeneinander. Dennoch sind sie keine erbitterten Konkurrenten. Denn während der Große dicke Knüppel knackt, um das Mark herauszuschlecken, vernascht der Kleine junge Triebe und zarte Blätter sowie Beeren von anderen Büschen, Früchte und Wurzeln. Da Bambus schwer verdaulich ist, liegt der kleine Wicht nach den Mahlzeiten lange bäuchlings auf einem moosgepolsterten Ast.

Anfang Januar, wenn überall noch tiefer Schnee liegt, regt sich die heiße Liebe in den sonst so überaus scheuen Einzelgängern. Das Männchen zwitschert wie ein Vöglein, lockt ein Weibchen zu sich heran. Doch sobald es erscheint, gehen beide rabiat aufeinander los. Sie heben und senken rhythmisch die Köpfe und machen einen garstigen Drohbuckel. Dann steigen die Liebenden hoch auf die Hinterbeine, verteilen kratzige Watschen und veranstalten regelrechte Ringkämpfe. Keine Katzenbärin lässt sich mit einem Männlein ein, ohne von ihm nicht zuvor im Kampf besiegt worden zu sein. Das ist der Brunhilde-Effekt im Tierreich!

Doch plötzlich, mitten im Catcherturnier, zucken die schneeweißen Dreispitzohren hoch und signalisieren „Freundschaft!" Aus den Ohrfeigen wird ein Tätscheln mit samtenen Tatzen, ein Streicheln und Liebkosen. Dann schlagen beide Purzelbäume, tollen durch stiebenden Schnee und spielen Haschen.

Wenn morgens die Sonne Tauwasser-Brunnen zaubert, trippelt die „Dame" dorthin, um sich mit den Vorderpfoten ihr Gesicht mit der weißen Karnevalsmaske zu waschen. Das neckische Sich-Putzen strahlt einen ungemeinen Sex-Appeal aus und macht das Männchen völlig närrisch und wild.

Der fröhliche Honigmond dauert eine Woche. Dann entsteht aus nichtigem Anlass Ehekrach. Die Mutter vertreibt den Vater, offenbar weil sie nicht viel von seinen Kindbetreuungskünsten hält. Beider Wege trennen sich wieder - bis zum nächsten Jahr.

Gefriert ihre Liebe bei der eiskalten Witterung denn nicht zur Prüderie? Zum Glück nein. Denn die bis zu 62 Zentimeter langen und 6,2 Kilogramm schweren Kerlchen sind von der Natur ideal eingekleidet worden. Außen trägt ihr feuerrotes Fell lange Grannenhaare. Werden sie an den Körper gepresst, wirken sie wie ein perfekter Regenmantel. Darunter wächst dichtes, flauschiges Wollhaar als mollige Thermo-Unterwäsche.

Schlimmste Not bricht allerdings aus, wenn im Winter die Bambusblätter mit Reif und Eis bedeckt sind. Dann herrscht Hungerszeit und das Minibärchen verkriecht sich in eine Baumhöhle oder in einen Felsspalt, verschließt den Eingang mit Heu oder welkem Laub, rollt sich eng zusammen, packt den Kopf zwischen die Wärme spendenden Hinterbeine, deckt sich mit dem buschigen Ringelschwänzchen warm zu und fällt in einen Starrezustand. Die Körpertemperatur sinkt, der Herzschlag verlangsamt sich. Ein Leben auf Sparflamme schont die Energiereserven, bis der klirrende „Kristallpalast" des Eispanzers über der Nahrungsquelle wieder verschwunden ist.

Die Mutter bringt nach 114 bis 145 Tagen Tragzeit im meist sehr warmen Juni ein bis vier Babys in einer mit Heu gepolsterten Baum- oder Felsenhöhle zur Welt. Die 130-Gramm-Leichtgewichte tragen schon ein dünnes Fell, sind aber noch blind. Die größte Gefahr droht ihnen vom Buntmarder. Tags spioniert er die Lage des Nestes aus und schleicht sich in dunkler Nacht an.

Dieser immerwährenden Bedrohung aus dem Unbekannten begegnet die Mutter mit einem Trick. Sie legt nicht nur eine Kinderstube an, sondern gleich derer vier oder fünf und quartiert ihren Nachwuchs, ob sie Gefahr wittert oder nicht, alle zwei oder drei Tage einmal um. Sie nimmt ih-re Kinder einzeln nacheinander ins Maul. Dort fällt der Winzling instinktiv in die so genannte Tragschlaffe und lässt sich widerstandslos ins neue Kinderzimmer befördern.

Folgende Feinde hat der Kleine Panda zu fürchten: den seltenen Schneeleoparden, Rothunde, die jedoch nicht klettern können sowie Buntmarder, die aber nur Jungtiere überwältigen können, wenn die Mutter gerade „außer Hauses" ist. Das feuerrote Fell ist übrigens ein guter Tarnanzug und kann leicht mit dem Kastanienbraun alter Moosballen auf den Bäumen verwechselt werden. So ist die Todesrate nicht sehr hoch. Die meisten Bambus-Clowns erreichen ihr Höchstalter von 14 Jahren.

Seltsamerweise wachsen die Jungen nur sehr langsam. Erst im Alter von drei Monaten verlassen sie das Nest, obwohl sie dann erst ein Drittel des Gewichts ihrer Mutter erreicht haben und der nächste Winter droht. Dennoch verlassen die Kleinen ihre Mutter und versuchen, allein in der Welt zurechtzukommen.

**Der kleine Panda oder Katzenbär spitzt seine Ohren. Auf diese Weise signalisiert er: „Gut Freundschaft! Möchtest du mit mir spielen?"**

### Die Riesentrappe

# Die Prunkbalz der Unscheinbaren

Wie ein Feldherr der Ritterzeit prunkt er auf der Kuppe eines kleinen Hügels in der Ndutu-Steppe der Serengeti. Eben noch verschwamm er fast unsichtbar mit graubraunem Tarngefieder im flachen, von der Sonne ausgedörrten Gras. Doch plötzlich verrenkt er seine bis zu 78 Zentimeter langen Flügel- und Schwanzfedern. Das blütenweiße Untergefieder blitzt auf wie ein Flash, wird meilenweit sichtbar. Ein idealer Ansteuerungs-Leuchtturm für sein weit entferntes Weibchen: „Ich habe Sehnsucht nach deiner Liebe!"

Jener Schönling, der sich selbst vom tristen Aschenputtel in einen weißen Fliederstrauß verwandel kann, ist eine männliche Riesen- oder Kori-Trappe, mit 1,30 Metern Größe und 22 Kilogramm Gewicht einer der schwersten so gerade eben noch flugfähigen Vögel der Welt. Um sich noch zusätzlich aufzuhübschen, pustet er seinen dehnbaren Hals auf. Erst sieht er mit gesträubtem Halsgefieder wie eine große Flaschenbürste aus, dann gar wie ein behaarter Kürbis. Dazu wummert der aufgeblasene Angeber paukenartig mit Flugmuskelsträngen auf seine Lunge. Auf dem Höhepunkt der Ekstase brüllt er wie aus verrosteter Löwenkehle. Und das alles „nur", um sein eigenes, viel kleineres, ihm lebenslang über 30 Jahre treu ergebenes Weibchen zum Liebesspiel zu locken.

Besonders eindrucksvoll ist die Massenschau der noch ledigen Jungmännchen. Sie kommen auf einer Hügelkuppe in der Nähe eines Termitenhügels oder Busches zusammen und prahlen gegeneinander an.

Sie blasen sich bis fast zum Platzen auf, verrenken Kopf und Flügel, dass man nicht mehr weiß, wo vorn und wo hinten ist.

Wenn die Schönheit allein nicht ausreicht, Eindruck bei den „Damen" zu schinden, gibt es Zoff. Zwei Raufbolde halten sich gegenseitig mit den Schnäbeln zangenartig fest. So schieben sie sich vor den Augen der zuschauenden Hennen vor und zurück, hin und her und im Kreise herum, allerdings ohne sich mit den Flügeln zu prügeln und mit den Krallen zu kratzen. Bei solch wüster Rauferei könnte die Schönheit beider Rivalen arg ramponiert werden, und aus wäre es mit jeglicher Chance bei der Weiblichkeit.

Dieser Schönheitswettkampf dauert etwa eine halbe Stunde. Dann kapituliert der Verlierer durch Anlegen seiner Prachtfedern, stapft langsam unter Wahrung seines „Gesichts" rückwärts und fliegt davon. Einmal wollte ein Riesentrappen-Hahn schon aufgeben, da entdeckte er im Steppengras eine 80 Zentimeter lange Kobra. Blitzschnell hackte er sie tot, ließ die Schlange im Schnabel baumeln und marschierte mit dieser Trophäe zu jener Braut, auf die er schon lange ein Auge geworfen hatte. Dieses Geschenk überzeugte sie mehr als die Kraftmeierei beim Zerrkampf und beide marschierten fort in die traute Zweisamkeit.

Als Nest scharren diese Kranich-Verwandten eine flache Kuhle in blankes Erdreich. Sie legt ein oder zwei Eier zu je 137 Gramm hinein und bebrütet sie 32 Tage lang. Auch die Kinder werden nur von der Mutter betreut, während der Vater als Fernsicherung mit hochnäsig erhobenem Schnabel um seine Familie patrouilliert. Vorwarnung gibt er mit kurzem Schnarchton. Bei Vollalarm brüllt er wie aus einer Blechtonne. Gefährlich nahe kommende Hyänen oder Mungos führt er an der Nase herum, indem er so tut, als hätte er ein Humpelbein. Er verleitet also. Als einmal ein Trappenhahn nicht aufpasste, tötete ein Schakal sein brütendes Weibchen.

Ziemlich wehrlos sind die Trappen dem Kampfadler ausgeliefert. Da hilft nur perfekte Tarnung. Meist fliehen diese Vögel vor Löwen oder Leoparden als Fußgänger im Geschwindschritt. Es ist, als wollten sie immer erst einmal testen, ob sie schneller rennen können als die Räuber. Nur in allerhöchster Not bequemen sie sich, zum Fluchtflug zu starten.

Wenn die Gefahr vorüber ist, fährt die Mutter mit dem Nahrungskunde-Unterricht für ihre Kin-

der fort. Grassamen hält sie ihnen pickgerecht am langen Halm im Schnabel vor. Auch Fleischliches wird nicht verachtet: Heuschrecken, Mistkäfer, Eidechsen, Mäuse, Schnecken. Am liebsten futtern sie diese im gebratenen Zustand. Wenn ein Buschfeuer über die Savanne fegt, laufen sie hinter der Feuerwalze her auf der Suche nach gegrillten Grillen. Eine besondere Delikatesse ist das aus einigen Dornbäumen austretende Gummiharz, weshalb man die Riesentrappe auch „Gummipfau" nennt. Drei Tage lang kann sie Durst ertragen. Doch dann muss sie ein Wasserloch aufsuchen oder sie stirbt.

Im Allgemeinen sind diese Vogelriesen ortstreu. In der südafrikanischen Kalahari-Halbwüste gibt es jedoch höher gelegene Regionen, die im Südwinter zu kalt für diese Hitzeliebhaber werden. Dann setzt eine regelrechte Wanderung ein. Zu Hunderten sammeln sie sich an einem Treffpunkt und ab geht die Gruppenreise über 100 Kilometer, natürlich zu Fuß. Die Riesentrappen sind also keine Zug-, sondern echte Wandervögel!

Nachts halten Vater und Mutter abwechselnd Wache. Die anderen Familienmitglieder schlafen so weich und mollig wie kaum ein anderes Tier: im flauschigen Plumeau ihrer eigenen Federkissen. Sie ziehen den Kopf tief in ihre körpereigene Schlummerrolle ein und schnorcheln in eine bessere Welt hinüber.

**Der Kampfadler, der wildeste und kräftigste Greif Afrikas, ist einer der wenigen fliegenden Jäger, die Riesentrappen überwältigen können.**

## Die Hawaii-Gans

# Hula-Hula-Tanz auf Lavafeldern

An den Lavahängen der Hawaii-Vulkane zelebrieren drollig erscheinende, braun gefiederte Gänse alljährlich im September ein seltsames Ritual. In Gruppen zu je etwa dreißig Tieren kommen die Hawaii-Gänse auf der Tanzdiele einer scharfkantigen Lavafläche zusammen. Dort beginnen die Ganter watscheligen Fußes einen skurrilen Liebesreigen aufzuführen, während die Weibchen ringsum neugierig zuschauen.

Mit Trompetenstoß strecken die Gänseriche den Hals vor. Der Popo wedelt neckisch hin und her, während sich der Leib in Verrenkungen windet, als wollten die Vögel einen Hula-Hula-Tanz aufs „Parkett" legen - was allerdings nicht ganz so anmutig wirkt wie die schönen Hawaiianerinnen. Gelingt einem der noch unverpaarten „Herrn" eine besonders virtuose Darbietung, watschelt ein Weibchen schnatternd quer über die Bühne: Ihr Beifall für den Favoriten. Und so dürfen beide hoffen, bald den Bund fürs zwölfjährige Leben zu schließen.

Wie mag es zu diesem vogeligen Possenspiel, das während der Paarungszeit insbesondere im Volcanoes National Park an den Hängen des Mauna Loa auf Big Island oder am Haleakala auf Maui oder am bequemsten im Honolulu-Zoo von Waikiki bewundert werden kann, gekommen sein?

Alle Gänse der Welt sind Wasserbewohner und balzen schwimmend auf Seen und langsam strömenden Flüssen. Nur die Hawaiigans, auch Nene genannt, hat sich vom Seemann zur Landratte gewandelt. Zuflucht vor Feinden findet sie statt im Wasser auf erkalteten Lavafeldern. Landraubtiere würden sich auf der scharfkantigen, gezackten Fläche die Füße blutig reißen. Doch der Nene wachsen an ihren Riesenlatschen, die ein Einsinken in lockeren Aschenfeldern verhindern, mit Leder gepanzerte und zugleich auch gepolsterte Sohlen. Dazu wachsen ihr große Krallen als Steigeisen zum Klettern auf vulkanischem Gestein.

Schwimmhäute sind kaum noch vorhanden. Sie werden eh nicht gebraucht und würden auf den Lavazacken schnell zerschleißen. Auch die Flügel kann dies Federvieh kaum noch gebrauchen. Sie sind kleiner als bei „normalen" Gänsen, und die zum Fliegen benötigten Brustmuskeln wurden zu schwächlichen Relikten zurückgebildet. Der Reisetrieb, der sonst allen Gänsen innewohnt, ist erloschen. Dafür sind die Beine um ein Viertel massiver und stärker: so richtige Stampfer zum Marschieren über weite Vulkanhänge.

Doch eines ist über die Jahrmillionen hinweg, seit die Nene auf Hawaii lebt, erhalten geblieben: kein Körpermerkmal, sondern eine Verhaltensweise, nämlich das Ritual der Balzspiele. Nur dass es jetzt nicht mehr auf dem Wasser zelebriert wird, sondern auf dem Trockenen. Also ein Verhaltensmuster, das sich im Verlauf der Erdgeschichte als zählebiger erwiesen hat als Eigenarten des Körperbaus! Deshalb die Komik auf der Brautschau.

Indessen hat dieser Vogel heute nichts mehr zu lachen. Sein Südsee-Paradies endete mit der Ankunft des weißen Mannes, seiner Ratten, Moskitos, Ziegen und vor allem der Mungos, die aus Indien eingeschleppt wurden und sich enorm vermehrt haben. Diese Schleichkatzen können auch unbehindert über Lavafelder laufen, wenn sie auf der Suche nach den Gänsen und ihren Gösseln

sind. Sie richteten wahre Blutbäder an. Von ursprünglich etwa 25.000 Hawaiigänsen lebten 1949 nur noch ganze dreißig Stück. Es war die damals am stärksten vom Aussterben bedrohte Tierart der Welt.

Nene-Freunde führten Zuchtversuche an der Ostküste von Big Island bei Hilo durch. Doch 1960 wurden durch einen Tsunami, eine Seebeben-Flutwelle, alle viel versprechenden Anfänge zunichte gemacht. Daraufhin züchteten unentwegte Liebhaber einige überlebende Vögel in England weiter. Als diese sich auf 754 Vögel vermehrt hatten, wurden Anstrengungen unternommen, sie wieder auf Hawaii anzusiedeln.

Doch die Nene zeigten sich verwirrt. In England hatten sie sich angewöhnt, im Februar und März zu brüten. Aber in dieser Jahreszeit finden sie auf Hawaii kein Kükenfutter, keine roten Moosbeeren. Diese reifen auf den Südsee-Inseln nur im September und Oktober. Um ihre Küken nicht verhungern zu lassen, mussten die Gänse samt ihrer Kinderschar in tiefer gelegenes Grünland wandern. Und prompt griffen hier verwilderte Hunde und Katzen an.

Die Leidtragenden waren nicht nur die Gössel, sondern auch die erwachsenen Nene. Denn solange die Kleinen noch nicht fliegen können, wechseln die Eltern ihr Federkleid in einer Schnellmauser, können zu dieser Zeit also auch nicht fliegen. Ursprünglich diente die vorübergehende Flugunfähigkeit dazu, eine Flucht der Eltern zu verhindern und sie zur Verteidigung der Küken gegen harmlosere einheimische Feinde zu zwingen. Nun aber wandelte es sich vom Gedeih zum Verderben.

Auch waren die Neuankömmlinge aus England dichteres Buschland gewohnt. Statt auf die Lavafelder wanderten sie in niederes Gestrüpp. Hier kann sie derzeit kein Naturschützer mehr beobachten und unter Kontrolle halten. Die Tierfreunde schützen fleißig, wissen aber nicht was. Sind es heute tausend oder nur hundert? Keiner weiß es.

Eine Möglichkeit Abhilfe zu schaffen wäre, die Nene zu füttern. Doch die Ökologen befürchten, dass die Hawaii-Gänse dann jegliche Scheu vor den Menschen verlieren und etwa auf Straßen und Parkplätzen von Autos überfahren würden, wie früher mehrfach geschehen. Ein unlösbares Problem also?

Fast hätte es der in Hawaii eingeschleppte Mungo geschafft, die Hawaiigänse auszurotten. Er fällt über Gelege und Küken her und nimmt an Zahl immer mehr zu.

### Der Präriehahn

# Alter geht vor Schönheit

Das erste Morgenlicht erglüht im Mittelwesten der USA, wo sich in Schutzgebieten noch die ursprüngliche Prärie erstreckt. Da versammeln sich, wie in jedem Frühjahr, an die 400 Mini-Indianer zum Kriegstanz: Präriehähne im vollen Federschmuck.

Jeder hält zum anderen etwa zehn Meter Abstand ein und versucht dann, seinen „Kleingarten" zu vergrößern. Die 47 Zentimeter langen und 800 Gramm schweren Kampfhähne blasen sich zu voller Angeberpose auf. Links und rechts am Hals quellen zwei orangefarbene Luftsäcke, groß wie Mandarinen, hervor. Federbüschel auf dem Kopf und am Schwanz werden gespreizt, die Flü-

gel kraftmeierisch ausgebreitet und über den Boden gezogen. So prahlen sie gegeneinander an.

Dann tanzen sie wie aufgezogene Spielzeugpuppen vor und zurück und im Kreise, zittern und rascheln vor Erregung. Unvermittelt knallt es aus dem Schnabel wie ein Sektkorken. Und alle summen im Chor, dass es sechs Kilometer weit über die Prärie brummt - gerade bis zur Nachbar-Tanzdiele.

Plötzlich gehen zwei Rivalen wie fauchende Dampflokomotiven aufeinander los, springen wie Kampfhähne aneinander hoch. Doch schon kurz darauf wedelt einer mit seinem Flügel: Das ist die Fahne zur Kapitulation. Der Sieger hat drei Zentimeter Boden gewonnen. Ein enttäuschendes Resultat nach so imposanter Prachtparade!

Doch die Massenschau führen die Männchen in erster Linie für liebeslustige Hennen auf. Diese thronen knapp abseits auf leicht erhöhtem Hügel im so genannten „Wartezimmer". Es hat Platz für fünf Weibchen. Aber meist hält sich kein einziges dort auf. Trotzdem tanzen die Männer wie wild: jeden Morgen und jeden Abend. Und das unentwegt von Ende März bis Ende Juni.

Erscheint dann doch einmal eine Braut, braust es wie ein Sturmwind durch die Trampeltänzer. Alle vierhundert Hähne überschlagen sich in höchster Ekstase, blasen und plustern sich auf, dass man fürchtet, sie würden platzen.

Verzückt spaziert die so heiß Umworbene mitten durch den Teufelstanzplatz, schaut sich den einen oder anderen an, stapft weiter, geht wieder zurück und zupft schließlich den Bräutigam ihrer Wahl mit dem Schnabel am Halsgefieder: „Du allein bist mein Sonnenschein!" Im gleichen Augenblick sacken all die anderen Protzgebilde von Männern in sich zusammen, als hätte einer überall die Luft herausgelassen. Ende der Vorstellung, bis die Tanzschau bald darauf erneut losgeht.

Die Paarung ist nur eine Sache von wenigen Sekunden. Unmittelbar danach sind Braut und Bräutigam wieder geschiedene Vögel. Die Henne stapft zu ihrem Bodennest, das sie in einem Kilometer Abstand auf dem Prärieboden mit Heu gepolstert hat. Bald liegen 12 bis 16 Eier darin, die sie drei Wochen lang bebrütet, bis die Küken schlüpfen.

Präriehähne haben viele Feinde: Greifvögel, Eulen, Hunde und Katzen. Aber in der Tanzarena halten sie auf der Suche nach Weibchen so gut die Augen auf, dass sie nicht nur jede Henne, sondern auch jeden Feind rechtzeitig erkennen. Streift ein Kojote durch die Arena, stecken alle die Köpfe hoch und flattern erst im letzten Moment hoch, um gleich wieder auf ihrem Stammplatz zu landen. Die schlauen Rotfüchse nehmen nicht einmal Notiz von den leckeren Hühnern. Sie rechnen sich von vornherein keine Chancen aus. So haben die Feinde hier kaum eine Chance.

Das Verrückteste geschieht erst im Verlauf der Damenwahl: 75 von 100 Hennen entscheiden sich für den ranghöchsten Hahn als Vater ihrer Kinder. Zehn bevorzugen den stellvertretenden Chef. Drei bis sechs so genannte Gardehähne werden je einmal pro Saison beglückt. Zwölf Damen lassen sich mit Angehörigen des niederen Hühnervolkes ein. Und 350 wie wild tanzende und tobende Derwische gehen total leer aus.

Dabei kann der beobachtende Mensch nicht den geringsten Unterschied im Prachtgepränge und in der Tanzwut der Gockel feststellen. Doch der Auswahl-Gesichtspunkt der Körnerpickerinnen ist ein ganz anderer. Entscheidend für sie ist nicht wie, sondern wo einer tanzt. Im Zentrum der Schwof-Arena befindet sich eine Art Ehrenloge für den Boss, den Vize und die Gardehähne. Sie sind mit etwa sechs Jahren die Ältesten der tanzenden Indianer.

Um sie herum rankt sich ein Ring der gereiften Honoratioren. Weiter außen schließt sich der Reif der Jungsenioren an, der wiederum von den Halbstarken umgeben ist, die zum Teil noch gar nicht die Reife besitzen, aber schon voller Inbrunst mittanzen. Diese „Sitzordnung" ist ein ungeschriebenes Gesetz. Erst wenn einer der Oberen stirbt, rückt der Nächststehende nach. Vom Außenrand bis zum Zentrum braucht ein Präriehahn mindestens fünf Jahre, um sich auf der „Beamtenleiter" hochzustrampeln.

In der Spitzenposition verweilt er höchstens zwei Jahre. So gesehen ist der „Hahn im Korbe" also gar nicht so sehr zu beneiden. Die Hennen erwählen sich also nicht die jungen, knusprigen Kerle, sondern alte Knacker. Alter geht ihnen vor Schönheit. Doch die Veteranen haben durch ihr Alter bewiesen, dass sie alle Gefahren des Lebens meistern können. Vorausgesetzt, dass diese Überlebenskunst ein Zeichen guter Erbanlagen ist, werden die Alten für die Weibchen begehrenswert.

Ab dem siebten Lebensjahr sehen die erfolgreichen Senioren von selber ein, dass sie ihrer biologischen Aufgabe nicht mehr gerecht werden können und stellen sich selbst abseits ins Altenteil, wo sie noch drei Jahre verweilen, ehe sie der Alterstod ereilt.

**Der Kojote, auch Steppenwolf genannt, ist der Schrecken der Präriehähne. Doch die meisten Balztänzer können sich ihm durch den Fluchtflug entziehen.**

## Die Inka-Seeschwalbe

# Brautgeschenke heben Image-Mankos

Mit schrillem Schrei startet eine Staffel von 20 Inka-Seeschwalben aus der Brutkolonie. Ein gefiederter Beobachter hatte entdeckt, dass die Seelöwen mit dem Fischfang begannen. Rasant steigen die nur 40 Zentimeter kleinen, schmucken Vögel in die Höhe, quirlen elegant umeinander, beobachten von oben, wo ein Seelöwe mit Beute auftauchen will, stürzen sich im Höchsttempo auf ihr 300-Kilo-Opfer und schnappen dem Krümelmonster blitzschnell einige Flöckchen des zerschmatzten Fisches unmittelbar vor den Zähnen weg!

Der großen Robbe bereitet der Mundraub kaum Verdruss oder Mangel. Doch das flugakrobatische Vöglein vermeidet es auf diese Weise, zum Fischfang ins Wasser eintauchen zu müssen, was es allerdings doch tut, wenn die Seelöwen Fresspause haben.

Wir befinden uns in einer der bizarrsten Landschaften der Welt: Auf dem Plateau der Insel Chincha Norte, 20 Kilometer vor der Pazifikküste Perus und 190 Kilometer südlich der Hauptstadt Lima gelegen, schnarren, blöken und schreien an die 800.000 Seevögel zahlreicher Artzugehörigkeit in wogender Masse dicht an dicht. Bei klarem Wetter blinken von fern die schneebedeckten Gipfel der Kordilleren. Von Zeit zu Zeit kreist ein Andenkondor über der Insel und versetzt die Vogelmassen in hektische Aufregung.

Der kalte Humboldt-Strom umspült, aus der Antarktis kommend, die von der Sonne durchglühte Insel und wimmelt von Myriaden von Fischen. 10.000 Milliarden Anchovis-Sardellen sollen es sein: Unerschöpflich erscheinendes Futter für einige Tausend Seelöwen und Seebären sowie für die unübersehbaren Vogelmassen. Ihr Schiet bedeckte einst als 75 Meter dikke Schicht die ganze Insel. Wo sie heute als Guano, also als Dünger und „weißes Gold" Perus, abgebaut wird, ist sie nicht mehr so mächtig.

Am Rande der Massengesellschaft haben 150 zierlichere Vogelschönheiten ihre Brutkolonie angelegt: Inka-Seeschwalben, in Chile auch „Monja" genannt, also „Nonne". Die Grazien erinnern in ihren Farben an uralte Inka-Plastiken: silbergrau-vornehmes Gefieder, lackrot die Schnäbel, Beine und Füße, blütenweißer Zwirbel-Schnurrbart. Nur ihr Heim ist nicht von Adel: tiefe, von anderen Vögeln wie Guano-Tölpeln, Chile-Pelikanen oder Kormoranen in den harten Guano-Schiet gemeißelte Löcher, die unsere Inkas, sofern die Nistmulden vakant waren, second-hand bezogen haben.

Hier sitzen die Seeschwalben auch oft auf Felsplatten und in Spalten zwei bis drei Meter über dem Meer und halten Siesta. Seltsamerweise sind sie gar nicht scheu. Mit dem Schlauchboot konnten wir bis auf wenige Meter an sie heranfahren, ohne sie im mindesten zu beunruhigen.

Im Südfrühling ist hier die Balz der Inka-Vögel eine ehetechnisch besonders aparte Sympathie-Probe. Der noch ledige, aber schon paarungsfreudige Seeschwalberich kehrt vom Fischfang mit einer besonders schönen Sardelle quer im Schnabel zur Brutkolonie zurück. Dort stolziert er, Kopf hoch und Brust raus, mitten in den Verein noch lediger Weibchen hinein, schaut sich mehrere Seeschwälbinnen von allen Seiten an und bietet schließlich einer Schönen den Fisch an.

Diese darf sich nicht gleich durch den Leckerbissen bestechen lassen. Denn wer die Gabe behält und verspeist, gibt damit unwiderruflich sein Jawort. Deshalb reagieren die Bräute meist so: Die Auserwählte kann den „Herrn" völlig ignorieren oder ihm das Hinterteil zukehren. Auch kann sie erst ihn und dann das Geschenk kritisch betrachten und danach gelangweilt weiterspazieren.

Fast hatte ich den Eindruck, dass die Seeschwälbin zu einem Kompromiss zwischen der Qualität des „Künftigen" und der Güte der Gabe bereit ist und dass der Bräutigam Mankos in seiner

Die Kalifornischen Seelöwen erleichtern den Inka-Seeschwalben das Leben. Beim Fressen von Fischen sind sie „Krümmelmonster", so dass für die eleganten Vögel immer etwas übrigbleibt.

Persönlichkeit durch hervorragende Fischqualität wettmachen kann. Oder auch nicht. Wenn er nacheinander mehrere „Körbe" bekommen hat, bietet er seinen Fisch in der Kolonie feil wie ein Marktschreier ranzige Butter. Schließlich frisst er den Fisch selber und fliegt wieder los, um einen neuen, schöneren Fisch zu fangen und damit erneut sein Glück zu versuchen.

Volle Seelenharmonie zwischen Männchen und Weibchen ist dann erreicht, wenn die Braut zuschnappt und es gar nicht eilig hat, das Geschenk zu verschlucken. Dann hält sie den Fisch andächtig im Schnabel, und auch er pinzettiert wieder den herunterhängenden Teil. Mitunter stehen beide eine Stunde lang einträchtig nebeneinander. Sie hält den Kopf des Fisches und er den Schwanz. Er gönnt ihr alles und sie gönnt ihm alles. Damit ist der Grundstein zu einer glückliche Inka-Seeschwalben-Ehe gelegt. „Prüfe, wer sich ewig bindet" im Reich der Vögel!

Im Nest hocken meist ein oder zwei Junge in totaler Tarnfarbe. Alles ist felsgrau: das Dunenkleid, der Schnabel und auch die Füße. Doch der Hunger der Kleinen ist riesig. Sie recken die Hälse, betteln schier pausenlos mit hellem Zirpen.

Dann zeigt sich, weshalb Mutter Inka-Seeschwalbe so wählerisch bei der Wahl ihres Gatten war: Er muss unentwegt fingerlange Fischlein heranschleppen. Dazu bündelt er sie gleich zu mehreren im Schnabel. Ein tolles Jonglierkunststück, mit vollem „Mund" noch weitere Fische aus dem Wasser herauszupinzettieren!

### Das Leistenkrokodil

# Die Fress-
# maschine

Am 19. Februar 1945 mussten japanische Soldaten auf der Flucht vor britischen Truppen von der Insel Ramree einen 30 Kilometer breiten Mangrovensumpf durchqueren, um burmesisches Festland zu erreichen. Nur 20 Überlebende kamen ans Ziel. 930 Männer fanden den Tod in den Rachen der Leistenkrokodile, von denen der Sumpf verseucht war.

Mit einer Länge bis zu 7,50 Meter und 1.000 Kilogramm Gewicht ist dieser Menschenfresser das größte Krokodil der Welt. Allein sein Maul ist 95 Zentimeter lang und kann über einen Meter weit aufgerissen werden. Im Ansprung aus unsichtbarer Lauerstellung im Wasser umfasst es Bauch und Rücken einer trinkenden Kuh und zerrt sie unter Wasser. Dort vollführt der „Drache" die Todesrolle und schüttelt und reißt seine Beute in Stücke.

Auf dem Adelaide-River Nordaustraliens nahe der Stadt Darwin konnte ich einmal Folgendes beobachten: Von einem Motorschiff aus hielt ein Matrose an langer Stange, an dem oben ein meterlanges Seil befestigt war, ein Kilostück Fleisch 3,50 Meter hoch übers Wasser. Kurz darauf erschienen in der Nähe Nase und Augen eines Leistenkrodils, kamen näher und näher, verschwanden wieder, bis plötzlich das Wasser dieses Reptil buchstäblich senkrecht ausspuckte.

Ohne sich vom Grund abzustoßen kann es wie eine Unterwasser-Rakete bis zu 3,50 Meter hoch aus dem Wasser springen. Es biegt den muskulösen Schwanz unter den Leib und katapultiert sich in einer kaum vorstellbaren Kraftexplosion in die

Luft. Schon so mancher nordaustralische Angler, der sich am Ufer sicher wähnte, verschwand spurlos.

Das Leistenkrokodil, so genannt nach der Doppelreihe leistenartig angeordneter „Warzen" auf der Oberseite der Schnauze, verspeist alles Fleischliche, das es zu fassen kriegt: Wasservögel, Rinder, Pferde, in Indochina sogar Leoparden, wenn sie zur Tränke kommen, sowie Fische, auf hoher See sogar Haie. Diese Drachen halten sich nämlich nicht nur im Süßwasser der Flüsse und Seen auf, sondern schwimmen bis zu 230 Kilometer weit ins offene Meer hinaus. Daher auch der Name „Salzwasser-Krokodil".

Ich durfte einmal zuschauen, wie mehrere dieser Ungeheuer mit Enten und Hausgänsen gefüttert wurden. Aus fünf Metern Ferne warf der Wärter seinen Pfleglingen die toten Tiere zu. Mit weit aufgerissenen Rachen erwarteten die Riesenechsen ihre Kost und schnappten dann zu, dass es krachte, als würde man eine Holztür mit aller Gewalt zuschmettern.

Natürlich geht das arg auf die Zähne. Doch das Krokodil braucht keinen Zahnarzt. Ihm wachsen alle „Beißerchen", ob zerbrochen oder noch voll intakt, alle paar Wochen wieder nach. Wobei die neuen Zähne die alten von unten aus den Kieferknochen herausdrücken. Beneidenswert!

Eine „innere Wetterwarte" sagt ihm drei Tage im Voraus, wann mit dem Monsunregen kühlere Witterung zu erwarten ist. Dann stellt diese Fressmaschine sofort jegliche Nahrungsaufnahme ein. Andernfalls würde dieser „Kaltblüter" Verdauungsschwierigkeiten bekommen. Beutetiere würden ihm zu lange schwer im Magen liegen.

Doch auch heiße Dürrezeiten bergen etwa im Outback Australiens Gefahren für die Panzerechse. Doch sie weiß Notzeiten zu meistern. Kurz bevor ihr Gewässer austrocknet, gräbt sie sich tief in den Sumpf ein und hält ihren Dornröschen-Trockenschlaf, bis sie, Monate später, vom ersten Regenwasser, das wieder in die Erde sickert, zu neuem räuberischen Leben erweckt wird.

Zur Paarung suchen sich die Dinosaurier-Nachfolger seichte Stellen im Wasser aus. Erst umarmen sich Männchen und Weibchen, so gut es mit ihren kurzen und krummen Tatzen geht, drücken sich dabei mitunter in den zweibeinigen Stand hoch, verlieren die Balance und klatschen wild zurück ins Wasser.

Bald darauf baut die Krokodilin ihre „vollautomatischen Brutapparate". Das sind drei Me-

ter breite Hügel, die sie aus Wasserpflanzen 80 Zentimeter hoch aufschichtet. Die entstehende Verwesungswärme im „Heu" muss in der mit 60 bis 80 Eiern gefüllten Nesthöhle 2,5 Monate lang um die 31 Grad Celsius betragen. Ist es exakt 31 bis 33 Grad warm, entstehen in den Eiern nur Männchen, bei 28 bis 31 Grad Kühle nur Weibchen. Bei diesen Tieren ist es also allein die Bruttemperatur, die über die Geschlechtszugehörigkeit des Nachwuchses bestimmt!

Die Mutter testet die mittleren Werte im Zentrum der Brutkammer mehrmals täglich. Ihre Zunge erweist sich dabei als präzises Thermometer. Je nach der Situation spritzt sie Wasser darüber, häuft neue Kräuter darauf oder kratzt den Bau flach in die Breite.

Wenn die „Drachensaat" aufgeht, haben die 15 Zentimeter langen Jungen wahren Heißhunger und werden zuerst von der Mutter gefüttert. Wie kann sie so etwas zuwege bringen? Ganz einfach: Sie zerfetzt ein Beutetier in tausend kleine Stückchen. Diese treiben dann im Wasser umher, so dass die Kleinen sie sich schnappen können. Später jagen die Jungen Insekten, Krebse, Schlammspringer und Eidechsen.

Erst wachsen sie 30 Zentimeter pro Jahr, dann immer langsamer, aber doch ihr ganzes Leben lang bis kurz vor dem Alterstod, der mit etwa 90 Jahren eintritt.

Für seine Eier baut das Leistenkrokodil einen Bruthügel aus vermodernden Pflanzen. Verwesungsbakterien erzeugen Wärme. So kann auch dieser „Kaltblüter" seine Kinder ausbrüten.

## Das Streifenhörnchen oder der Chipmunk

# Heinzel-männchen als Lagerhalter

Beim Hamstern von Lebensmitteln lassen die niedlichen Streifenhörnchen Nordamerikas den viel größeren europäischen Feldhamster als armseliges Mäuschen aussehen. Der Kopf des würstchenkleinen Heinzelmännchens ist zwar nur so groß wie eine Walnuss, aber es kann darin bis zu fünf Walnüsse vom Ernteort zu seinen Lagerhallen transportieren.

Zwei Nüsse packt der kleine Kerl, auch Chipmunk genannt, in die linke Backentasche, deren Höhlung so groß ist, dass sie bis über die Schultern reicht. Dann steckt er die nächsten beiden hinter die rechte Wange. Schließlich verstaut er die fünfte Nuss in der Mitte seiner Schnabbelschnute und flitzt heim.

Dieser Transportraum übertrifft an Fassungsvermögen den des viel größeren Feldhamsters bei weitem. Das hat seinen Grund. Denn während der europäische Hamster beim Hamstern gleichsam nur ein Kurzstrecken-Transporter ist und kaum weiter als sechzig Meter läuft, befördert das einsiedlerisch lebende, 70 bis 140 Gramm leichte Streifenhörnchen sein „Fernschnellgut" über Entfernungen bis zu zwei Kilometern.

Daraus ergeben sich große Vorteile für den kleinen Schwerarbeiter: Während der Hamster mit jenen Feldfrüchten vorlieb nehmen muss, die er in der Nähe seines Erdbaues findet, in einem Rübenfeld nur Rüben, in einem Weizenfeld nur Körner, kann das Streifenhörnchen nach Art der Feinschmecker eine Auswahl innerhalb eines großen Gebietes treffen.

Hier sammelt der 18 Zentimeter lange Kobold mit seinem buschigen, elf Zentimeter langen Schwanz nicht nur Nüsse, Bucheckern, Getreidekörner, Grassamen, Tannen- und Kiefernzapfen, sondern auch alle möglichen Beeren und Wurzeln sowie Pilze! Diese trocknet er erst vor seiner Haustür und stapelt sie dann in einer seiner unterirdischen Kammern. Dies jedoch nur zum Überbrücken längerer Regenperioden im Sommer, nicht als Winterproviant.

Das possierliche Tierchen kann seine Speisekarte also recht abwechslungsreich gestalten. Im

Sommer muss es dafür hart arbeiten, als echter Klettermaxe hoch in die Büsche hineinsteigen und jede Nuss und jede Beere einzeln pflücken. Dafür ist die Ernte im Herbst umso leichter. Meist hilft ihm der Wind und bläst seine Nahrung, sobald sie reif ist, hinunter auf den Erdboden, wo er sie nur noch einzusammeln braucht.

Bemerkenswert ist, dass dies kleine Schnuppernäschen jede Sorte seiner Vorräte in einem separaten Lagerraum anhäuft. Sein unterirdischer Bau gleicht einem Labyrinth mit mehreren bis zu zehn Meter langen und fünfzig Zentimeter tiefen Gängen. Von den Hauptröhren zweigen links und rechts das mit Heu weich ausgepolsterte Schlafzimmer und zahlreiche Silo-Kammern ab, von denen die größten bis zu je zwei Kilogramm Futter fassen.

Darüber hinaus legt der Chipmunk auch eine spezielle Toilette an. Diese ist nahezu als WC zu bezeichnen, nur dass nicht mit Wasser nachgespült, sondern Erdreich auf die Hinterlassenschaft geschüttet wird. So reinlich ist der kleine Wicht!

An diesem riesigen und verzwickten „U-Bahn-Netz" arbeitet das Streifenhörnchen sein ganzes, bis zu acht Jahre währendes Leben lang. Je älter es wird, über desto mehr Lagerhallen verfügt es. Beim Tunnel- und Höhlenbau fallen erhebliche Mengen Erdreich an. Der Abraum darf jedoch keineswegs gleich vor den Eingang gescharrt werden. Denn dadurch würde sich der kleine Tunnelbaumeister an seine schlimmsten Feinde wie Kojoten, Wildkatzen, Wiesel und Marder verraten, sowie an Mungos, Falken und Eulen.

Um das zu verhindern, benutzt das Streifenhörnchen seine Backentaschen auch als „Container" zum Abtransport der ausgehobenen Erde und verstreut sie unauffällig in der Ferne oder kippt sie, besonders raffiniert, in einen Bach.

Seine schlimmsten Feinde sind Schlangen, weil sie in das unterirdische Labyrinth eindringen und das putzige Kerlchen im Schlaf überfallen. Doch in Regionen mit besonders großer Schlangengefahr hilft dem Hörnchen ein Trick: Es parfümiert sich, sofern vorhanden, mit dem Duft einer toten Schlange, wälzt sich in ihrem Kot und Urin. So tarnt es sich mit dem Duft seines toten Feindes und wird von den lebenden dann nicht verfolgt.

Jüngere Hörnchen, deren Erdbau noch klein ist, können in Jahren mit reichem Nahrungsangebot längst nicht die gesamte Ernte in großen Lagerhallen stapeln. Sie fallen, sobald die Scheunen und Silos gefüllt sind, in eine primitivere Form tierischer Vorratswirtschaft zurück: Sie verstecken ihre Ernte in zahlreichen kleinen, flink und nur oberflächlich gebuddelten Erdlöchern. Jedes dieser kleinen „Safes" hat nur Platz für eine einzige Doppelbacken-Ladung und wird mit darübergelegten Blättern getarnt. Ein ziemlicher Pfusch! Denn bei Sturm flattert die Abdeckung davon und gibt Dieben die Sicht aufs „Eingemachte" frei.

Diese Verstecke finden die „Schmalspur-Lageristen" während der Zeit der Dürre und des Hungers längst nicht alle wieder. Dennoch haben sie nicht umsonst gearbeitet. Alle nicht wieder ausgegrabenen Nüsse, Eckern und Zapfensamen keimen im nächsten Regen aus.

So bewährt sich das Streifenhörnchen obendrein noch als Forstarbeiter und pflanzt neue Büsche und Bäume an, von denen dereinst seine Kinder und Kindeskinder zehren werden. Tiere, die ihre Lebensgrundlage nicht vernichten, sondern die, wenngleich unbewusst, auch für die ferne Zukunft vorsorgen!

**Das Gelbbauch-Murmeltier ist im Yellowstone-Nationalpark der USA ein friedlicher Nachbar der Streifenhörnchen.**

## Die Meerechse

# Der Kampf der Drachen

Ein Bild wie aus längst vergangenen Sauriertagen: Auf scharfkantigem Lavafeld drängen sich Tausende von „Drachen", bedrohen sich schnaufend mit zackig aufgerichtetem Rückenkamm und bösartigem Nicken des mit Panzerplatten bewehrten Kopfes. Nur dass sie nicht wie die sagenhaften Lindwürmer Feuer speien, sondern Wasserdampf, und dass sie nur 1,75 Meter lange und maximal zwölf Kilogramm schwere Miniungeheuer sind: die Meerechsen auf den Galapagosinseln direkt unter dem Äquator im Pazifik, tausend Kilometer westlich der Küste Ecuadors gelegen.

Auf dem Wachturm einer erhöhten Klippe thront der Pascha, umgeben von dreißig bis vierzig seiner Harems-"Damen". Ein Männerpara-

dies? Von wegen! Da schleicht sich schon ein Rivale an. Beide spurten wutentbrannt aufeinander zu, prallen mit den schuppigen Köpfen zusammen, krallen sich am Lavaboden fest und versuchen, sich vom Kampfplatz in eine Schlucht zu schieben. Kurz vor dem Absturz wirft sich der Verlierer platt auf den Bauch und streckt alle viere von sich: das Zeichen der Unterwerfung. Tatsächlich wird er dann vom Sieger verschont. Ein erstes Aufblitzen sozial zuträglicher Verhaltensweisen in urweltlicher Echsenwelt!

Aggressionshemmung gegen Artgenossen bei so urweltlich anmutenden Wesen! Obwohl die Meerechse keine Zähne besitzt, kann ihr Biss vernichtend sein. Sie trägt im Rachen statt der Beißerchen oben und unten je eine scharfkantige Hornleiste. Erst die Abnutzung lässt zahnähnliche Gebilde daraus entstehen. Touristen, die sie am Kopf streicheln wollten, haben dabei schon so manchen Finger verloren.

Trotz des allgewaltigen Paschas kann auch ein kleineres Männchen in Sachen Liebe auf zweierlei Weise zum Zuge kommen. Es fängt als Wegelagerer ein Weibchen ab, wenn es vom Harem zum Meer fortspaziert, um dort Tang und Algen von der Klippe zu weiden. Allerdings muss die „Liebste", die sich übrigens nur einmal pro Jahr begatten lässt, mit dem Bewerber einverstanden sein. Andernfalls klemmt sie den langen Schwanz als eine Art Keuschheitsgürtel zwischen die Hinterbeine. Dann ist der „Herr" machtlos.

Oder, wenn der Usurpator ein besonders kleiner Kerl ist, tut er so, als wäre er ein unscheinbares Weibchen. Er macht sich klein, mischt sich unter die „Damen" und wartet einen Moment ab, an dem der Herrscher gerade einmal nicht aufpasst. Er ist also, so der Fachbegriff, ein Schleicher.

Vor lauter Duellen und steter Wachsamkeit kommt der Pascha kaum zum Fressen. Innerhalb der dreiwöchigen Paarungszeit verliert er bis zu 26 % seines Gewichts und ist in der Zwischenzeit nicht in der Lage, sich den Verlust wieder voll anzumästen. Er fällt immer mehr vom Fleisch, unterliegt bald einem Rivalen im Turnierkampf und wird bald zum Opfer eines Bussards. Oder er bleibt so erschöpft liegen, dass ihn die Roten Klippenkrabben verspeisen. Ein Paradies sind die Inseln für ihn nicht.

Auch die Weibchen haben es schwer. Zur Eiablage braucht es sandigen Boden, allerdings keinen Strand, da das Gelege nicht vom Meerwasser überflutet werden darf. Das Weibchen gräbt ein vierzig Zentimeter tiefes Loch, legt zwei Eier hinein, schüttet es wieder zu und hält Wache, um Konkurrentinnen zu hindern, es aufzugraben, auszuräumen und eigene Eier hineinzulegen.

Landein und in der Nähe der Echsen-Kolonien sind Sandkuhlen im Lavafeld jedoch äußerst knapp. So kommt es häufig unter den Müttern zu erbitterten Kämpfen. Anders als die Männer beim sportlich-fairen Turnier gehen die Weibchen ohne jede Beißhemmung rigoros aufeinander los. Mitunter bleibt eine Tote auf der Strecke.

Im Eifer des Gefechts bemerken die Meeresechsinnen auch sehr wohl, wenn Spottdrosseln in die Höhle eindringen, ein Ei herausziehen, es aufbrechen und den Inhalt verspeisen. Doch so vehement sie ihr Gelege gegen Artgenossinnen verteidigen, so hilflos sind sie dem kleinen Vöglein ausgeliefert. Sie unternehmen nicht einmal den Versuch, es zu vertreiben.

Die Kinder haben es auch sehr schwer. Brutpflege ist bei solch archaischen Wesen unbekannt. Gefüttert wird nicht. Da müssen die Kleinen schon selbst zum Ufersaum kriechen, um dort, wo die Lavafelsen bei Ebbe trockengefallen sind, Tang und Algen abzuweiden. Tauchen können sie noch nicht, da sie im kalten Humboldtstrom, der kaum wärmer als zwanzig Grad wird, zu schnell auskühlen und klamm werden. Am wohligsten fühlen sie sich bei 35 bis 37 Grad, obgleich sie noch zwischen 25 und 40 Grad Körpertemperatur Normalverhalten zeigen. Darunter fallen sie in die Kältestarre, darüber wartet der Hitzetod.

Beim Fressen im Ozean schlucken diese Reptilien zwangsläufig auch salziges Meerwasser. Damit sie nicht, wie Menschen in dieser Situation, wahnumnachtet zugrunde gehen, besitzen sie eine körpereigene Entsalzungsanlage: Eine Art Tränendrüse entzieht dem Blut auf osmotischem Wege überschüssiges Salz, das von Zeit zu Zeit ausgeniest wird.

Erst ab 1,8 Kilogramm Körpergewicht werden die Kinder zu Tauchkünstlern. Je älter sie werden, desto schöner das Leben! Beim Schwimmen bewegen sie sich nur mit Schlängelbewegungen des Ruderschwanzes mit einem Tempo von 1,5 km/h fort, während sie die Beine anlegen. Sobald sie tauchen, verlangsamt sich ihr Herzschlag auf die Hälfte, um Energie zu sparen.

Hernach müssen sie an Land stundenlang sonnenbaden, um sich wieder aufzuwärmen. Wird die Lava mittags an die 40 Grad heiß, drücken sie ihre Krummbeine durch, heben sich vom heißen „Grill" ab, so dass sie die kleinste Brise umfächelt. In kühler Nacht schichten sich die Meerechsen dicht neben- und übereinander, um sich gegenseitig zu wärmen. Erste Anfänge sozialen Verhaltens bei diesen Urwelt-Monstern!

**Die feuerroten Klippenkrabben „putzen" häufig die Meerechsen und entfernen Schmarotzer aus ihrer Haut.**

## Der Raubadler

# Der König unter Afrikas Dieben

Am frühen Morgen bin ich mit meinem Geländewagen in der ostafrikanischen Serengeti-Steppe auf Pirsch. Plötzlich zerreißt ein unheimlicher Schrei die friedliche Stille. Aus großer Höhe stürzt sich ein Raubadler auf einen tief unter ihm fliegenden anderen, noch größeren Vogel. Dieser rollt sich blitzschnell auf den Rücken und streckt die krallenbewehrten Beine nach oben. Beide verhaken sich mit den Füßen und wirbeln karussellartig wild umeinander. Das ist das Liebesspiel eines Raubadlerpärchens: fast ein Beutefang, jedoch das Zärtlichste, wozu diese Himmelsstürmer fähig sind.

Dieser gewaltige, achtzig Zentimeter große und drei Kilogramm schwere Aar ist mit seinen 1,80 Meter spannenden Flügeln ein wilder Jäger. Vom Ansitz auf einem Baum oder Felsen stürzt er sich auf einen Schakal, krallt sich auf seinem Rücken fest und erdolcht sein Opfer mit den acht messerscharfen Krallen. Er tötet bis zu 1,80 Meter lange, giftige Kobraschlangen und sogar junge Löwen, wenn deren Eltern nicht wachsam sind.

Er besitzt einen siebten Sinn für Bevölkerungsexplosionen bei seinen Beutetieren. Wenn kurz vor einem Regen in der Abenddämmerung Millionenschwärme von Termiten wie Rauchwolken aus den Kaminen ihrer Festungen steigen, landet er dort und futtert Tausende, bis sein Bauch so voll ist, dass er nicht mehr fliegen kann. Desgleichen sind die Milliardenschwärme der Wanderheuschrecken sein unerschöpfliches Schlaraffenland.

Die den Himmel verdunkelnden Schwärme der sperlingsgroßen Blutschnabelweber ernähren ihn wochenlang, indem er deren Beutelnester wie Äpfel von den Nistbäumen pflückt und hernach den Inhalt verzehrt. Die von Rattenmassen geplagten Dörfer Äthiopiens halten sich als Gesundheitspolizei ganze Adlergeschwader in Dauerpension. Auch tötet der große Greif kleine Antilopen sowie Hasen, Helmperlhühner, Frankoline und junge Warzenschweine.

Guinea-Tauben schnappt er sich im Fluge, desgleichen bei Tage hochfliegende Flamingos, dazu die nur vier Kilogramm leichten Dikdik-Antilopen, Gazellenkälber und Schwarzhals-Trappen. Nichts von der winzigen Termite bis zum Aas toter Elefanten ist vor ihm sicher.

Am besten versteht sich der König unter Afrikas Dieben aber auf die Piraterie. Er vertreibt Geier und Marabus von ihrem Aas und greift jedes Raubtier an, das gerade dabei ist, eine erlegte Beute zu verspeisen, sogar den größeren Kampfadler. Einmal stürzte sich ein Raubadler auf eine vier Meter lange Python-Riesenschlange, die gerade eine junge Impala-Antilope verschlungen hatte. Er traktierte sie mit Schnabelhieben und haute ihr seine Flügel so lange um den Kopf, bis sie ihre Beute wieder hervorwürgte. Dann zerhackte er den Kadaver und verleibte ihn sich selber ein.

Auch beraubt der nahe Verwandte des europäischen Steinadlers zahlreiche Stelzvögel wie Silber-, Grau- und Schwarzhals-Reiher. Ist so ein Stelzbein gerade dabei, einen gefangenen Fisch zu verschlucken, drückt er ihm den unteren Hals zu, so dass der Reiher den Fisch wieder „ausreihern" muss. Dabei tötet er ihn meistens nicht. Doch er wiederholt diese Prozedur bei jeder sich bietenden Gelegenheit. Er schlachtet also nicht das „Huhn, das ihm Eier legt". Bei Tage fliegende Flamingos erwürgt er und schleppt sie am Hals durch die Luft zu seinem Horst.

Wenn der mächtige Aar hoch über trockener Akazien-Savanne, über Buschland, Halbwüste und Wüste auf Kaperfahrt ist, bemerkt man das übrigens am Kriegsgeschrei, das er nur bei dieser Gelegenheit ausstößt: einem hohen, scharfen dackelartigen Bellen.

Sein Jagd- und Brutrevier erstreckt sich über 10 bis 55 Quadratkilometer. Zweimal täglich grenzen er und sein Weibchen es durch den so genannten Girlandenflug ab: Aus 800 Metern Höhe stürzen sich beide 200 Meter steil abwärts, schießen schwungvoll wieder hoch und wiederholen dieses Manöver 20 bis 60 mal. Jeder Rivale, aber auch jeder arglose Geier, der ihm dabei zu nahe kommt, wird wütend attackiert.

Bei den Gol-Bergen kam einmal ein Drachenflieger einem Raubadler in die Quere. Nicht einmal vor diesem großen Ding schreckte er zurück - leider, denn sein Rammstoß riss beide in den Tod.

Das Adlerpaar baut sein Knüppelnest auf einem hohen Baum. Liegt es tiefer als sechs Meter, haben es Elefanten beim Laubfressen schon öfter mit verspeist, vor allem im Tsavo-Nationalpark Kenias.

Einige dieser Könige der Lüfte Afrikas passen sich schon der Zivilisation an und errichten ihre Horste auf Stromleitungsmasten. Die Babywiege ist meist drei Jahre lang im Gebrauch und wird mit Heu und Laub gepolstert.

Das Weibchen, das etwas größer und stärker als das Männchen ist, legt gegen Ende der Regenzeit zwei Eier von je 115 Gramm. Sind die Küken nach 44 Bruttagen geschlüpft, werden sie von beiden Eltern geradezu liebevoll gehegt und gepflegt. Bei Regen dienen Mutter oder Vater als Regenschirm und bei großer Mittagshitze auch als Sonnenschirm.

Doch auch wenn es ihnen an nichts mangelt, beginnen die Jungen sogleich, sich ums Futter zu streiten, mit tödlichem Ausgang für das jüngere Geschwisterchen. Die Eltern schauen dem Mord im Kinderzimmer ungerührt zu. Das Nesthäkchen wird offenbar nur als Reserve gezeugt für den Fall, dass das erstgeschlüpfte Küken stirbt. So voller Angriffsgeist aufgeladen sind die Raubadler also schon von frühester Jugend an!

Zwergflamingos fallen, wenn sie bei Tage fliegen, leicht Raubadlern zum Opfer. Daher erheben sie sich, wenn keine Gefahr droht, nur zu Kurzstreckenflügen in die Lüfte.

## Der Serval

# Der Katzen-Super-Magier

Bereits unserer Hauskatze sagt man Übersinnliches, Geheimnisvolles, Hexenzauberhaftes nach. Doch das alles wird noch bei weitem in den Schatten gestellt von der Beutefang-Magie des Servals, einer meterlangen und 18 Kilogramm schweren Raubkatze Afrikas. Sie bringt das Kunststück fertig, zwischen all den Löwen, Leoparden, Geparden, Wildhunden, Hyänen und Schakalen mit großem Erfolg ein lustiges Jägerleben zu führen.

Bevorzugt der Gepard die Kurzgrassteppe, der Leopard die Baum-Savanne, der Löwe das Buschland, so hat sich der Serval auf die Hochgrassteppe spezialisiert. Trotz seiner hohen Beine ver-

schwindet er vollständig im windwogenden Halm-Meer. Hier geht er auf die Pirsch. Sehen kann er jedoch nicht weit.

Doch wendet er seine Riesen-Radar-Ohren nach allen Seiten. Nach rechts belauscht er beispielsweise das schwere Atmen eines ahnungslosen schlafenden Löwen in 300 Meter Ferne: keine Gefahr! Gleichzeitig hat er nach vorn im Abstand von 15 Metern eine Maulwurfsratte „im Ohr", ein Beutetier. Allein am Geräusch erkennt der Meisterjäger, ob sie am Bau gräbt oder gerade dabei ist, ihr Heim zu verlassen.

Im zweiten Fall springt der Serval nicht gleich zu. Er bezähmt sein Jagdfieber und wartet ab, bis sich seine künftige Beute weit genug von ihrem Bau entfernt hat. Sie könnte sonst von ihm Wind bekommen und blitzschnell wieder im Loch verschwinden. Kluge Geduld zeichnet ihn aus. Erst im richtigen Moment springt er im hohen Bogen zu, bis zu zwei Meter hoch und sechs Meter weit. Bis dahin hat er seine Beute noch nicht gesehen, nur gehört. Trotzdem landet der Weitspringer auf den Punkt genau, presst die Ratte mit den Vorderpfoten fest auf den Erdboden, fasst sie mit dem Maul, schüttelt sie tot und verspeist sie sogleich. Von drei Angriffssprüngen, nur mit dem Ohr gezielt, geht höchstens einer daneben. Eine erstaunlich hohe Erfolgsquote unter jagenden Tieren!

Seine „Magie" beruht auf einem so exorbitanten Horchsinn, dass wir Menschen es uns nicht vorstellen können. Die Ohren sagen dem im hohen Grasmeer unsichtbaren Serval nicht nur die exakte Richtung zur Beute, sondern auch die genaue Entfernung. Er besitzt also einen perfekten Stereo-Empfänger. Obendrein kann er zwei verschiedene „Sender" gleichzeitig hören, etwa ein Beutetier und in ganz anderer Richtung einen Feind. So lässt er sich nicht überraschen.

Doch ehe er einer Gefahr ausweicht, muss es schon ganz dicke kommen. Einmal hetzten in der Serengeti Massai-Krieger einen scharfen Schäferhund auf einen Serval. Doch dieser kämpfte wie ein wütender Löwe, wich blitzschnell jeder Attacke aus, sprang drei Meter hoch in die Luft, bekam einen Hund an der Kehle zu fassen und biss ihn tot. Der zweite floh.

Ein weiterer Serval-Service ist folgender: Statt sich anzuschleichen, rennt die kleine Raubkatze mit hohem Tempo aufs Geratewohl durchs hohe Gras und versucht auf gut Glück eine Beute zu überrumpeln, etwa ein Helmperlhuhn oder einen Frankolinhahn. Meist erkennen diese Vögel den Feind schon am Rascheln des Grases und knattern im Alarmstart hoch. Doch dann macht der Serval einen hohen Satz und fängt seine Beute im Flug.

Küstenbewohner unter den Servalen haben das große Los gezogen. Entweder spezialisieren sie sich auf das Fangen von Gespensterkrabben, oder sie finden in kinderreichen Bisamburgen ein unerschöpfliches Nahrungsreservoir. Die Krabben, die dort zu Tausenden krabbeln, bekamen ihren Namen, weil sie, flink wie Papierfetzen im Sturmwind, geradezu gespenstisch über den Sandstrand flitzen, um sich vor Feinden in Sicherheit zu bringen. Doch sie sind „Augentiere". Nachts können sie nur nach Aas tasten, aber nichts sehen. Und genau dann greifen die „Ohrentiere", also die Servale, an, um sich überfallartig ihre Krebsmahlzeit zu holen. Sie hören sogar das nahezu lautlose Krabbeln der Krabben auf dem weichen Sand. Sie sind die eigentlichen Schreckgespenster der Gespensterkrabben!

Für eine Bisamratten-Kolonie, die einen Deich unterwühlt hat, ist der Serval in etwa das, was einst die Jungfrauen fressenden Drachen unserer Sagenwelt für den Menschen waren. Doch die Bisams sind recht gewitzte Burschen, und „ihr" Serval muss schon alle Register seiner List und Tücke ziehen, um sie zu übertölpeln.

Täglich lauert er zu anderen Zeiten und an anderen Orten im Hinterhalt. Oder sein Weibchen spielt Attrappe, lenkt die Aufmerksamkeit der Beute auf sich, bis das Männchen wie der Blitz aus heiterem Himmel zuschlägt.

„Herr" Serval lässt es sogar zu, dass sein Weibchen in seinen Jagdgründen wildert. Er setzt auf seiner Fährte duftende Stop-Signale, die der Fähe zu folgen verbieten. Doch bald verdunstet das Parfüm, das Signal geht auf „freie Fahrt", der nächste Beutezug kann folgen - genauso wie bei der Bundesbahn.

Die Servalin bringt nach 74 Tagen Tragzeit ein bis drei Junge zur Welt und das zweimal im Jahr. Sie versteckt ihre Babys unter Haufen getrockneter Gräser. Kurz vor der nächsten Geburt jagt sie die älteren Kinder davon. Sie sind zu diesem Zeitpunkt auch schon selbstständig. Wenn sie Glück haben, können sie in freier Wildbahn 17 Jahre alt werden, während sie im Zoo ein Alter bis zu 23 Jahren erreichen können.

Vorerst steht der Serval noch nicht, wie viele andere Tiere, vor dem Aussterben. Im Gegenteil, derzeit dringt er sogar in einen Lebensraum ein, den er zuvor noch nie besiedelte: in den Regenwald des Kongo. Zunächst arbeitet er sich längs der neuen Autostraßen vor und stößt von dort in den Dschungel hinein. Hier sieht er derzeit einer rosigen Zukunft entgegen.

**Gespenstkrabben verspeisen an der Skelettküste Namibias einen toten Fisch. Sie selbst fallen leicht den blitzflinken Ginsterkatzen zum Opfer.**

## Die Gabelracke

# Ameisen als Spraydosen

In der Serengetisteppe Ostafrikas sitzen Braut und Bräutigam mit sieben Metern Abstand einander gegenüber und starren sich an, den Kopf aggressiv nach vorn gestreckt, die Federkrone gespreizt wie beim Kakadu. Plötzlich attackiert das Gabelracken-Männchen seine Liebste im Höllentempo. Sie wuchtet ihm mit gellendem Schrei entgegen. So prallen beide in der Luft Brust gegen Brust zusammen, schlagen wild mit den Flügeln, fallen zu Boden und zappeln im Staub.

Doch gleich starten sie wieder mit Jubelschrei, steigen senkrecht zwölf Meter hoch, lassen sich mit angelegten Flügeln wie Steine fallen, fangen sich handbreit über dem Boden wieder auf, schießen in Höhe meines Kopfes geradeaus und rollen wie Kunstflieger mal links, mal rechts herum um die eigene Achse. Daher der englische Name „Roller".

Dann vollführen beide dieses äußerst schwierige Flugmanöver immer und immer wieder und kurbeln wild umher. Dabei blitzen und schillern beide in höchster Ekstase farbensprühend im Sonnenlicht. Das prächtige Lila der Brüste funkelt zwischen dem Grün der Köpfe, dem Blau der Bäuche und dem Braun der Rücken wie ein Feuerwerk bei Tage.

Wie flau wirkt doch das Liebesspiel der Menschen dagegen! Die Flugakrobaten, bis zu 45 Zentimeter lange und 127 Gramm wiegende kunterbunte Vögel mit 25 Zentimeter langen „Frackschößen", der „Gabel", die ihnen den deutschen Namen verlieh und mit deren Hilfe sie sich in so exorbitanten Kurven herumreißen können.

Eine im Grunde genommen sinnlose Schau und Energieverschwendung? Keineswegs! Vielmehr beweisen sich beide in lebenslanger Einehe verbundene Partner damit gegenseitig, welch furiose Kampfkraft in ihnen steckt. Wollen Ginsterkatzen, Mungos oder Falken das Nest mit ihren drei Küken angreifen, können sie was erleben! Im kühnen Ungestüm wirbeln beide Eltern um den Feind herum, hacken ihn hier, kratzen ihn dort, als verteidige sich ein ganzer Schwarm. Zu ebener Erde schrecken die Schönlingsvögel nicht einmal vor Wildhunden, Schakalen und Hyänen zurück. Ein Forscher, der den Küken zu nahe kam, musste sich im Krankenhaus von Arusha behandeln lassen.

Die Federpracht der Racken, die bisweilen „rak-rak-rak" rufen, was ihnen den Namen verlieh, ist also eine Warnfarbe: „Wer uns fressen will, wird das bitter bereuen!" Märchenhafte Schönheit als Trumpf im Lebenskampf!

Die höchsten aller Gefühle werden frei, wenn noch unverpaarte Jung-Erwachsene zum großen Heiratsmarkt zusammenkommen. In ihrer Gemeinschaftsbalz wirbeln bis zu sechs Eheaspiranten im „Brillant-Feuerwerk" gleichzeitig umeinander. Das schillert in allen Farben des Regenbogens, jubelt gen Himmel bis zur totalen Erschöpfung aller.

Die „Dame" probiert den Reigen mit allen verfügbaren „Herren" nacheinander durch und entscheidet sich schließlich für jenen, mit dem der Tanz am graziösesten klappte. Das ist die Garantie auch für eine harmonische, lebenslange Einehe!

Es versteht sich, dass jedes dieser fliegenden Ölgemälde sein Federkleid nach allen Regeln der Kunst pflegt. Geradezu legendär ist die Technik der Gabelracke, sich mit „Spraydosen" einzusprühen. Dieses kosmetische Mittel findet sie überall am Erdboden. Es sind Ameisen. Blitzschnell pickt der Vogel zu, pinzettiert ein Krabbeltier, sträubt sein Gefieder und steckt die Ameise ins Gefieder bis auf die Haut. Im gleichen Moment versprüht diese ihr Sekret, ihre Ameisensäure, deren Heilkraft der Vogel als Naturmedizin auszunutzen weiß.

Nach der Paarung geht der Tanz in den Lüften weiter, nun allerdings allein vom Männchen dargeboten. So gaukelt es rasant um seine Frau herum und zeigt ihr beiläufig, wo er gedenkt, das Nest anzulegen. Denn die Beschaffung von Wohnraum ist Sache des Männchens. Als Heim bevorzugt es das Loch in einem Affenbrotbaum oder einer abge-

storbenen Kokospalme. Da der „Herr" zu faul ist, selbst eine Höhle in einen Baumstamm zu meißeln, enteignet er kurzerhand einen Specht. Das klappt meistens, da der „Zimmermann" trotz des Schnitzmesser-Schnabels dem Eroberer an Kampf-Temperament weit unterlegen ist. Oder er bezieht eine Höhle in einem Termitenhügel oder in einer lehmigen Steilwand neben den Höhlen der Bienenfresser.

Frau Racke rackert sich für ihre Kinder redlich ab. Die zwei oder drei Eier legt sie auf den blanken Boden der nicht ausgepolsterten Nisthöhle. Beide Eltern bebrüten sie 17 bis 18 Tage lang. Wenn die Küken 35 Tage alt sind können sie fliegen, verlassen das Nest und werden noch zehn Tage lang gefüttert, bis sie selbstständig sind.

In diesen 35 Tagen lernen sie, wie gejagt wird: Vom Ansitz eines Zaunpfahls, eines Telefon-Drahtes oder Zweiges hält man Ausschau nach Krabbeltieren auf dem Erdboden: Großinsekten, haarigen Raupen, Skorpionen, Taranteln, Vogelspinnen, mausgroßen, rasselnden Zikaden und giftigen Hundertfüßern. Sogar Frösche fangen die wackeren Racken, wenngleich es acht Minuten dauert, bis sie einen heruntergewürgt haben.

Das Hauptrezept ihres Erfolges ist jedoch die märchenhafte Flugakrobatik. Damit er sie im Ehealltag nicht verlernt, tanzt er auch noch nach der Paarungszeit des öfteren vor seinem Weibchen nach allen Regeln höchster Kunst. Galanterie auch noch im späteren Eheleben als Training für den Kampf gegen körperlich weit überlegene Feinde!

**So flink und wendig die Ginsterkatze auch ist, in der Gabelracke findet sie ihren Meister, sofern sie sich an ihr vergreifen will.**

### Der Trompeterschwan

# Das hohe Lied der Unsterblichkeit

Schwäne sind schweigsam, so geht die Legende. Nur im Angesicht ihres Todes würden diese „verwunschenen Prinzen" einen Gesang von überirdischer Schönheit anstimmen. Gilt das für alle Schwäne? Nun, still ruht der Schwanensee eigentlich nur bei den mitteleuropäischen Höckerschwänen, will man vom giftigen Anzischen von Hunden und unliebsamen Spaziergängern einmal absehen.

Dafür gibt es in anderen Regionen der Welt überaus lautstarke Verwandtschaft. Während sich beim Höckerschwan, der über Mitteleuropa und das Baltikum verbreitet ist, Männchen und Weibchen im Liebesspiel mit stolz aufgefalteten Flügeln stumm, aber tief in die Augen schauen, mit den Hälsen ein Herz formen und mit dem Kopf wippen, stimmen die sibirischen Singschwäne weithin schallende Gesänge an.

Es sind aber Songs, die eher an den Gesangsverein „Verrostete Kehle" erinnern: ein monotones Tuten wie auf der Kindertrompete, im Duett vorgetragen. Bei jedem Ton stößt der Kopf am langen Hals aggressiv wie eine Giftschlange auf den Liebespartner zu. Von Lohengrin-Lyrik keine Spur.

Beim Pfeifschwan an den Eismeerküsten Alaskas und Kanadas ist gar nur ein keuchendes Fiepen zu hören, als pfiffe er in der Tat auf dem letzten Loch. Doch für die stolzen Vögel selbst intoniert das asthmatische Geräusch das höchste aller Gefühle. Das Schönheitsempfinden ist bei vielen Tieren ganz anders gelagert als bei uns Menschen.

Die schwänische Hitparade wird, will man die Lautstärke als Kriterium wählen, vom Trompeterschwan angeführt, der im Westen Kanadas zu Hause ist. Er, der mit 13,5 Kilogramm schwerste Vogel seiner Sippschaft, posaunt seine Liebessehnsucht mit einer Stimmgewalt aus sich heraus, als wolle er die Mauern von Jericho zum Einsturz bringen. Der Grund des lauten Getöns liegt im Geschmack der Weibchen: Nicht der schönste Mann, sondern die lauteste Trompete hat auf dem Heiratsmarkt die besten Chancen.

Was für eine Weise der Vogel anstimmt, hängt dabei allein von seinem körpereigenen Instrumentarium ab. Der Höckerschwan verfügt nur über eine vergleichsweise kurze und breite Luftröhre wie bei einer gespaltenen Flöte. Auf ihr kann er allenfalls röcheln.

Im Hals des Pfeifschwans ist der Atemschlauch schon etwas länger und windet sich im Halsinneren in einer kleinen Schleife, so dass der Vogel auf ihm im höchsten Sopran pfeifen kann. Beim Singschwan ist das angeborene Blasinstrument noch etwas länger. Somit lassen sich tiefere Töne herauspressen. Allerdings nur unisono. Tonleitern und Melodienreigen lassen sich nicht daraus hervorzaubern.

Der Lautstärke-Rekordhalter unter den Schneeweißchen ist der Trompeterschwan. Bei ihm ist die Luftröhre, also das „Blasinstrument", im Hals mehrmals auf- und abgeschlungen. So lassen sich ihm nur recht tiefe Töne entlocken, allerdings nur dann, wenn mit aller Macht angeblasen wird. Folglich ist er der Bassist unter diesen Vögeln und zugleich ungewollt auch der lauteste Schreihals.

Das gereichte dem Trompeterschwan in den 30er Jahren zu unverhofftem Überlebensglück. Wegen seiner schönen Bettfedern, den weichen Brustdaunen, war er fast ausgerottet worden. 1932 lebten nur noch 69 dieser Tiere auf Erden und wurden unter Schutz gestellt. Die Vermehrung wollte jedoch erst nicht so recht in Gang kommen. Die wenigen Überlebenden konnten sich in der Weite des Landes nicht finden.

Doch dann unternahmen sie weite Überlandflüge, prusteten mit ihren weit schallenden Liebesposaunen lauthals, bis sie sich schließlich doch noch zum Stelldichein trafen. Bis 1999 haben sie sich auf 14.000 Vögel in den Rocky Mountains plus 2.500 Stück im amerikanischen Mittelwesten vermehrt.

Unter anderem wurden nahe Washington D.C. zehn Jungschwäne von Menschen aufgezogen. Doch wie sollten diese ihr 4.000 Kilometer fernes Brutgebiet erreichen? Wer sollte ihnen den Flugweg dorthin zeigen? Der Biologe William Sladen erinnerte sich, wie einst Konrad Lorenz zur Gänse-"Mutter" wurde, und variierte dies Verfahren ein wenig. Als die Schwäne aus den Eiern schlüpf-

ten, piepte er ihnen den Lockruf vor und ließ dazu einen Flugzeugmotor summen. Da dachten die Küken, alles, was so klingt, wären ihre Eltern und folgten ihnen, auch späterhin, brav auf allen Wegen.

Als sie groß waren und fliegen konnten, begann im Frühjahr das große Experiment. Der Forscher startete sein Ultraleicht-Flugzeug. Schnatternd und mit Fanfarenstößen erhoben sich auch die Trompeterschwäne in die Luft und folgten in exakter Keilformation getreulich ihrer so seltsamen, knatternden „Mutter". Nun kam es darauf an, ihnen die Rastplätze zu zeigen, die alle Vorfahren dieser Zugvögel einst zu Zwischenlandungen benutzt hatten.

Vergilbte Landkarten mit den alten Reisewegen wurden aus den Archiven geholt: Die erste Station lag am Westufer des Michigan-Sees, die zweite in North Dakota und die dritte im kanadischen Alberta kurz vor dem Überfliegen des Felsengebirges. In ihrer Urheimat angekommen, brüteten die Trompeterschwäne und kehrten im Herbst alle aus eigenem Antrieb wieder in die Nähe Washingtons zurück, einschließlich einer lustigen Schar eigener Kinder.

**Im Gegensatz zum Trompeterschwan Alaskas ist der europäische Höckerschwan ein großer Schweiger. Seine Gössel achten nur auf Mutters Gebärdenspiel.**

## Der Wapiti

# Ein Hirsch als Zivilisations-Don-Quichotte

Es ist Anfang Oktober, die Zeit der Hochbrunft. Majestätisch tritt ein Wapitihirsch aus dem Bergwald auf die Schienen der Canadian-Pacific-Eisenbahn in den Rocky Mountains. Diese Burschen sind mit bis zu 550 Kilogramm gut doppelt so schwer wie die kapitalsten europäischen Rothirsche, ihre Vettern. Die Länge ihrer maximal zwölfendigen Geweihstangen erreicht 1,60 Meter bei einem Horngewicht bis zu 25 Kilogramm - eine gewaltige Waffe!

Auf den Gleisen stellt sich der Riesenhirsch in Positur und lässt seinen Brunftruf erschallen. Doch statt des erwarteten Super-Röhrens entweicht der Kehle nur ein asthmatisches Röcheln und Pfeifen wie auf dem letzten Loch, gefolgt von ein paar Grunzern. Kein Fall von Heiserkeit, sondern der arttypische Liebesgesang, der allerdings nur für artgleiche Weibchen verlockend klingt.

In diesem Augenblick kommt eine Diesellok mit etlichen Personenwagen die Steigungsstrecke bergauf. Der Lokführer erblickt den Wapiti und handelt prompt, aber verderblich: Er tutet mit dem Pressluft-Signalhorn einen ächzenden Pfeifton. Zufälligerweise ähnelt er dem Brunftschrei des Hirsches in täuschender Weise.

Dieses akustische Rivalensignal löst instinktiv das Aggressionsverhalten des Hirsches aus. Er senkt sein Geweih und stürmt blindwütig auf die pausenlos pfeifende Lokomotive los, obgleich diese vom Aussehen her nicht die geringste Ähnlichkeit mit einem Wapiti hat. Eine Donquichotterie im Tierreich, die im Kampf mit „Windmühlenflügeln" nur tödlich enden kann.

1948, im Jahr der Einführung der neuen Dieselloks, kam es in Kanada zu 121 solchen Zusammenstößen. Daraufhin wurden neue Pfeifen eingebaut, die nicht mehr auf der „Wapiti-Welle" sendeten. Seither versucht kein Hirsch mehr, eine Lok auf die Hörner zu nehmen.

Auf dem Columbia-Hochplateau im US-Staat Washington machen sich die Wapitis sogar eine gefährliche Errungenschaft der Zivilisation zunutze. Hier wurden die Hirsche von Indianern aus ihren angestammten Äsungsgründen vertrieben, weil sie in ihrem Reservat nur Weidevieh duldeten. Die Nachbarzone wurde zum Truppenübungsplatz für Panzer- und Raketentruppen eingerichtet. Deren Schießerei vergrämte die Tiere. Sie zogen in die letzte Zone des Plateaus.

Dort, in einem 80.000 Quadratkilometer großen Gebiet, richtete die US Energy Research and Development Administration eine Aufbereitungsanlage für Kernbrennstoffe und eine Atommüll-Deponie ein und sperrte sie hermetisch ab. Trotzdem erschienen hier Eindringlinge: ein Rudel männlicher und eines weiblicher Wapitihirsche, insgesamt 14 Tiere. Seither vermehrten sie sich auf über 180 Exemplare. Ein Tierparadies in der atomaren Sperrzone!

Und mehr noch: Hier in der baumlosen Gebirgssteppe gefiel es den Hirschen so gut, dass sie es unterließen, zur Setzzeit im Sommer den Schutz dichter Bergwälder aufzusuchen, wie sie es sonst zu tun pflegten. Somit erhält die alte Streitfrage neue Nahrung: Sind Hirsche von Natur aus Waldbewohner oder lebten sie ursprünglich in freier Steppe, aus der sie sich nur aus Angst vor Menschen in den Wald zurückgezogen haben? Die neuen Beobachtungen sprechen für die Steppenbewohner-These.

Dem Leitwolf genügt ein kurzer Blick, um zu ergründen, ob die gesichteten Wapitis unangreifbar gesund sind, oder ob ein krankes Tier darunter ist.

Das Paradies dieser Riesenhirsche liegt gegenwärtig im Yellowstone-Nationalpark des US-Staates Wyoming. Freilich ist es auch ein Eden für Wolfsrudel, Kojoten, Pumas, Grizzlybären und Luchse, die alle gerne diese Hirsche fressen. Vor allem im Herbst, wenn bei den Grizzlys der Fleischhunger erwacht, müssen die Hirsche äußerst vorsichtig sein. Hinter jedem Busch kann ein Petz stecken, der seinem Opfer mit einem einzigen Prankenschlag das Genick zu brechen vermag.

Gegen kleinere Feinde wie Kojoten und Luchse setzt der Hirsch sein mächtiges Geweih ein. Es ist nicht nur, wie beim europäischen Rothirsch, eine Turnierwaffe zum Bekämpfen artgleicher Rivalen auf der Brautschau, sondern auch ein Abwehrmittel gegen kleinere Raubtiere. Deshalb trägt der Wapiti, in Amerika auch Elk genannt, seine Stirnwaffen einen vollen Monat länger als unser Rothirsch, der sich Anfang März durch Abwurf der Stangen schon wieder selbst entwaffnet.

Solange das Geweih wächst, ist es mit stark durchblutetem „Samt", dem so genannten Bast, überzogen. Jede Berührung mit dem kleinsten Zweig schmerzt sehr, und es ist überraschend zu sehen, mit welch millimetergenauem Augenmaß der Hirsch im Wald umherläuft, ohne mit seinen weit ausladenden Stangen auch nur einen Gegenstand zu berühren.

Natürlich können die männlichen Wapitis in diesem Zustand nicht miteinander Hornduelle ausfechten. Sie würden sich selbst stärkere Schmerzen zufügen als dem Konkurrenten. Sind sie dann alle nur noch lieb zueinander? Keineswegs! Geraten zwei in Streit, machen sie es wie die geweihlosen Weibchen in gleicher Lage: Sie steigen hoch auf die Hinterbeine und betrommeln wie Boxer ihre Brüste mit den Vorderhufen, dass es weithin durch den Wald dröhnt.

Die fünf bis acht Kilogramm schweren Kälber kommen nach 256 Tagen Tragzeit Anfang Juni zur Welt, und zwar alle so ziemlich zur gleichen Zeit. Auch das ist ein Trick zur Abwehr von Babyräubern ähnlich wie bei den Gnus in Afrika: An den Geburtsplätzen können die wenigen Feinde, die sich zufällig gerade dort befinden, nicht annähernd so viele Neugeborene fressen, wie schlagartig auf der Welt erschienen sind. So überleben die weitaus meisten Wapiti-Babys. Ein besonders raffiniertes Erfolgsrezept dieser stolzen Tiere!

### Der Edelfasan

# Wenn Prunk familien-gefährlich ist

Schon seit Tagen irrt der Edelfasanen-Hahn über sein 500 Meter durchmessendes Feldrevier auf der Suche nach Weibchen. Wie Goldplatten eines Inkafürsten blinken seine Schmuckfedern weithin in der Sonne. Alle paar Minuten reckt er seinen Kopf hoch und kräht wie eine rostige Autohupe. Dazu schwirrt er prahlerisch mit den Flügeln. Doch weit und breit lässt sich keine Braut blicken.

Stattdessen springt plötzlich ein fremder Fasanenhahn aus dem Busch. Auch ihm schwellen die glühend roten Gesichtslappen, die so genannten Rosen. Dazu richtet er die Federohren steil auf, dass sie aussehen wie der Kopfputz eines Indianers. Ein theatralisches Vorspiel zum Turnierkampf nach harten Karate-Regeln. Beide Widersacher nähern sich im Zeitlupen-Stechschritt, krähen aus verrosteten Kehlen, klatschen mit den Flügeln und stehen sich dann mit weit vorgestreckten Köpfen giftig gegenüber.

Wie Sumo-Ringer beim Startzeichen des Schiedsrichters, so springen beide 1,2 Kilogramm-Brocken zugleich aneinander hoch, prallen in der Luft dumpf zusammen. Die Wirkung verpufft. Runde eins ist beendet. Nach kurzem Atemschöpfen beginnt die zweite. Im fünften Gang sind beide Kampfhähne schon außer Puste. Ächzend ringen sie nach Luft. Damit kommt das Gefecht in die entscheidende Phase. Wer nun zu spät oder nicht hoch genug springt, den kann der Gegner von oben her packen, hacken, mit Flügeln prügeln und mit den zehn Zentimeter langen Sporen schmerzhaft bearbeiten.

Doch der „Lahme" weicht meist blitzflink aus. Dann wuchtet der Feind ins Leere, taumelt und fällt auf den Rücken. Eine Blamage, die seine Kampfmoral erheblich demontiert. Einen weniger gewaltigen Sprung kann der Verteidiger auch abdecken, indem er beide Flügel wie Schutzschilde vor den Kopf hält.

Schließlich gibt der Verlierer das Zeichen zur Kapitulation, indem er seinen Kopf demütig in einen Grasbüschel, in ein Kaninchenloch oder in eine Erdkuhle steckt. Dann wird er vom Sieger zwar verschont, doch mit dem amourösen Abenteuer wird es dann nichts mehr.

Der Gewinner kräht nun weiter längs der Acker-furchen oder unsichtbar im hohen Gras und kann nach etlichen Tagen zwei Weibchen, die er einge-sammelt hat, sein eigen nennen. Mehr Hennen unter seine Fuchtel zu bringen, gelingt ihm nie, weil die Bräute recht „böse" aufeinander sind, sich immerzu streiten und zu vertreiben versuchen. Große Harems sind nur bei Tierarten möglich, de-ren Weibchen friedvoll wie Schäfchen sind.

Nun geht der stolze Herr mit seinem Minima-rem spazieren und bedient sich zwecks Paarung einer seltsamen List. Zu seiner Prachtentfaltung allein scheint er kein Zutrauen zu haben, denn er stelzt so lange des Weges, bis er schöne Futterbrocken findet. Dann lockt er mit „kutj-kutj" eines seiner im schlichten, tarnfarbenen Arbeitsge-wand umhertrippelnden Aschenputtel herbei und vollzieht den Akt, während die Braut die von ihm vorgelegten Leckerbissen pickt.

Erst danach tut der Fasanenhahn das, was fast alle anderen Tiere vor der Paarung unterneh-men: Er fängt an zu balzen! Er paradiert um die soeben heiß geliebte Henne herum, senkt sein stolzes Haupt mit tiefem Diener zu Boden und spreizt den vor Erregung vibrierenden Schwanz (das „Spiel", wie die Jäger sagen) steil hoch wie ein Pfau. Allerdings wirkt das längst nicht so im-posant, weil er nur zwei lange, schmale Schwanzfedern aufbieten kann. Dann grüßt er die Liebste mit auf dem Boden schleifenden Flü-geln und zischt wie eine Schlange: „Ich gratu-liere dir. Du hattest eine gute Wahl getroffen!"

Das höfische Zeremoniell wiederholt sich noch einige Male. Während der Balz ist der Hahn äußerst aggressiv. Wird er im Gehege gehalten, wo er seine Kampfeswut nicht austoben kann, fällt er schließlich sogar über seine eigenen Hennen her und tötet sie mitunter durch Schnabel- und Spornhiebe in Hals und Kopf. Kenner beugen dem vor, indem sie die Kampfhähne in benachbarte Gehege bringen. Dann fechten sie furios durch den Maschendraht hindurch, wobei keiner zu Schaden kommt. Aber sie können ihre gefährliche Rauflust abreagie-ren. Ohne Hiebe keine Liebe!

Zwei Wochen später, wenn die Hennen ihre je 18 bis 20 Eier in eine Erdkuhle als Nest legen, bricht der Mini-Harem schon wieder auseinander. Die Weibchen verbannen den goldglänzenden Feder-Ritter von ihren Nestern, weil „Goldfingers" weit-hin leuchtende Gefiederpracht bei Feinden einen Goldrausch auslösen und Weib und Kinder an Todfeinde verraten könnte.

Und Feinde haben die aus China bei uns ein-geführten Federfürsten mehr als genug: Fuchs, Waschbär, Marder, Habicht, Milan und Waldkauz, Raben, Krähen und Elstern. Da hilft nur zweierlei: sich im Schattendickicht zu verstecken oder im Alarmstart steil himmelwärts zu purren und zu knattern, und zwar mit einem Tempo, das man dem Schönling kaum zutraut: knapp 100 km/h!

Die zahlreiche Kükenschar, das so genannte „Gesperre", schlüpft nach 22 bis 27 Tagen Brut-zeit. Dann wimmeln die wonnigen Federbällchen immerzu um ihre Mutter herum und picken nach allem, was ihnen die Alte mit dem Schna-bel zeigt. So lernen sie, Genießbares von Giftigem zu unterscheiden.

Es ist die gefährlichste Zeit ihres Lebens, weil sie noch nicht fliegen können. Alles, was die Mut-ter zu ihrer Rettung tun kann, ist, den Feind an der Nase herumzuführen, also zu verleiten. Doch schon nach zwei Wochen können die Kleinen in die Lüfte flattern. Damit hat die schlimmste Not ihr Ende. Und wenn es ihr Geschick so will, kön-nen sie ein Alter bis zu zwölf Jahren erreichen.

**Die Fressgier der Waschbären, die erst vor wenigen Jahrzehnten in Europa einge-schleppt wurden, macht auch vor Fasanen nicht halt.**

## Der Ährenträger-Pfau

# Die Schönsten sind die Stärksten

„Ich liebe nur dich allein!" schien der Ährenträger-Pfau zur Elefanten-Schildkröte zu sagen und fächerte ein fast drei Meter durchmessendes Prunkrad vor ihr auf. Den Panzerriesen beeindruckte das natürlich nicht im mindesten. Doch das tat dem Liebeswerben des schönsten aller Pfauen keinen Abbruch. Lebenslang und stets vergebens himmelte er nur Schildkröten an. Die zauberhaftesten Pfauenhennen waren für ihn hingegen nur Luft. So musste der Prachtprotz zeitlebens Junggeselle bleiben.

Bei Tieren wandelt die Liebe mitunter auf grotesken Pfaden. In diesem Fall hatte Folgendes die Sinne verwirrt: In jener Frühlingsnacht, in der das Pfauenküken „Pavo" im Tierpark von Wien-Schönbrunn aus dem Ei schlüpfte, war Frost hereingebrochen. Seine Geschwister erfroren alle. Nur ihn hatte ein Tierpfleger gerettet und ins warme Tropenhaus zu den Elefantenschildkröten gebracht.

Seither war der Super-Ziervogel nicht von der Zwangsvorstellung abzubringen, er sei auch eine Schildkröte und dürfe als Erwachsener nur Schildkröten lieben. Natürlich blieb er kinderlos. Verhaltensforscher bezeichnen diesen skurrilen Vorgang als Fehlprägung.

Die Geschichte zeigt auch, weshalb der Ährenträger, der größte und schönste aller Pfauen, in Zoos so selten zu sehen ist: Was der allbekannte Blaue Pfau für Indien, ist der Ährenträger-Pfau für die feuchtheißen Dschungel Hinterindiens, Malakkas und Javas. Er kann nur in tropischer Schwüle überleben. Europäische Kühle tötet ihn. Auch in unseren Parks kann er nicht überleben, weil er nicht winterfest ist. Seinen Namen bekam er übrigens nach dem Ährenstrauß auf seinem Kopf, den er wie eine Jungfrau zum Erntedankfest trägt.

Wer seine Federpracht als Zeichen eines schwächlichen Zimtstengels missdeutet, den schon die Last seiner Zier im Streit entscheidend behindert und kampfschwach macht, kann sein blaues Wunder erleben. Der 2,40 Meter lange Schönling trägt eine 1,60 Meter lange Schleppe von etwa 200 Zierfedern, wovon nicht weniger als 150 mit märchenhaften „Augengemälden" verziert sind. Ein Superschmuck zur Faszination der Weibchen, deren Federkleid dem des Männchens ähnelt, nur dass es keine Schleppe trägt.

Dennoch lässt sich der Hahn im Kampf nicht im mindesten von seiner schweren und hinderlichen Schleppe von scharfen Attacken abhalten. Er geht drauf wie Blücher, sogar gegen große Hunde. Ein Jäger, der in freier Wildbahn so einen Superpfau mit bloßen Händen fangen wollte, musste erfolglos und arg zerkratzt ein Spital aufsuchen. Als Ziervogel in unseren Parks würde er auch arglose Spaziergänger blutig kratzen. Vor allem wenn er glaubt, seine Küken verteidigen zu müssen.

Das Weibchen scheint zu wissen: Wer als Schönster prunkt, ist zugleich auch der Stärkste und Begehrenswerteste. Forscher fanden die Auswahl-Kriterien heraus: Es ist die exakte Zahl der Augengemälde. Wer 151 dieser Faszinationsgebilde besitzt, wird einem Rivalen mit nur 150 „Augen" vorgezogen. Zwar können die „Damen" nicht zählen, aber sie lassen sich vom Gesamteindruck beeinflussen, wobei sie schon minimale Unterschiede wahrzunehmen vermögen.

Bis zu fünfzehn Eier brütet die Henne gleichzeitig aus. Die kleinen Wonneflausche üben sich schon im Alter von wenigen Tagen im Radschlagen... mit ihren nur einen Zentimeter kurzen Federstummeln! Jung übt sich im Angeben, was ein echter Prahlhans werden will! Doch bei der geringsten Gefahr huscht die Kükenschar flink und kleinlaut unter Mamas Schwanz. So ist sie wenigstens als Schutzbunker von realem Wert. Die prächtige, volle Federschleppe wächst den Jungen übrigens erst im Alter von drei Jahren.

Im Dschungel Thailands gilt der Ährenträger als Tiger-Alarmsirene. Die große Raubkatze ist sein gefährlichster Feind. Von Zeit zu Zeit startet der Vogel von einem Baum aus zum Anti-Tiger-Aufklärungsflug. Im Sonnenschein glänzt und glitzert er dann wie ein diamantenübersähter fliegender Teppich aus 1001 Nacht.

Hat er den Feind entdeckt, miaut er nicht wie der Blaue Pfau, sondern trompetet frenetische Fanfarenstöße gen Him-

mel. Sie dringen kilometerweit durch den Dschungel und mahnen auch alle anderen Tiere wie Antilopen und Wildschweine zu äußerster Vorsicht. Er kann seinem Feind die ganze Freude an der Jagd verleiden.

Doch der Tiger nimmt dafür Rache und verhält sich dabei äußerst schlau. Schnell versteckt er sich vor dem ihm verhassten Vogeltrompeter im dichten Busch und beobachtet, wo sein Vorzugsgeflügel landet. Dann schleicht er sich an und spurtet los. Der Pfau erstarrt eine Schrecksekunde lang und startet einen lebensentscheidenden Augenblick zu spät. So erwischt ihn der Tiger oft im vier Meter hohen Luftsprung. Die Verluste unter den Ährenträgern sind hoch. Doch die große Kinderzahl gleicht das wieder aus.

Entdeckt der Tiger eine Kobra oder eine andere Giftschlange, schlägt er einen großen Bogen um sie. Er hat berechtigte Angst vor ihr. Doch ausgerechnet dieser Tigerschreck ist die Lieblingsspeise des Ährenträger-Pfaus.

Mit blitzartiger Reaktion weicht er dem Vorstoß der lebenden Giftspritze aus, führt einen Indianertanz um sie aus, bis sie erlahmt und überwältigt sie dann. Ebenso alle anderen Schlangen wie auch Echsen, Ratten und Mäuse stehen auf seiner Speisekarte. Unter diesen Umständen dreißig Jahre alt zu werden, ist tatsächlich ein Kunststück.

Der Tiger vermag es, Ährenträger-Pfaue in vier Meter hohen Sprüngen aus der Luft zu fangen.

## Der Singhabicht

# Der fröhliche Räuber-Musikus

Adler, Habichte, Bussarde und Falken bestechen nicht gerade durch die Kunst ihres Gesanges. Sie sind eben keine Singvögel. Nur eine Ausnahme gibt es: den Singhabicht in Afrika. Allerdings flötet er seine Liebesserenaden nur zur Balzzeit in den höchsten Tönen. An grauen Arbeitstagen im übrigen Jahr schweigt auch dieser wilde Jäger, wie ich 1994 in der Kalahari-Halbwüste Botswanas und an der Skelettküste Namibias beobachten konnte:

Gegen 10 Uhr morgens hebt sich der dichte, wabernde Nebel. Die Sonne bricht sich Bahn. Da ertönen von der Höhe eines Felsens schrille Pfiffe. Als hätte ein Seemann ein hübsches Mädchen entdeckt? Nein! Viel sublimer noch: Die Melodie gleicht eher einer Pfeifschnulze. Ins Anfangs-Fortissimo mischen sich bald wehmütig-klagende Töne. Das Pfeifen wird zum Flöten und schließlich zum neckisch-teenieartigen Quieken.

Flugs eilt das Weibchen herbei, landet neben dem Liebsten und fällt voll musikalischer Harmonie in die Sangesweisen des Männchens mit ein. Er flötet in A-Dur und sie in C-Moll.

Plötzlich startet der gefiederte Caruso steil nach oben, geht in 200 Metern Höhe in pendelnden Segelflug über, die Flügel v-förmig gespreizt. Seine Callas wuchtet voller Elan hinterher. Beide gehen in den Formationsflug über: er hält sich nur eine Handbreit über ihr. Da dreht sie sich auf den Rücken und zeigt ihm die Krallen. Das heißt so viel wie: „Ich liebe dich. Doch lasst uns endlich etwas Vernünftiges tun!"

Der Nestbau im Stacheldrahtverhau einer Dornakazie oder Euphorbie beginnt. Erst schaffen beide handfeste Knüppel heran, verflechten und verankern sie in festen Zweigen. Der Bau muss künftig jedem Sandsturm trotzen. Dann wird die Horstmulde ausgepolstert. In der Halbwüste so viel Heu heranzuschaffen, ist viel zu mühselig. Das überlassen die 45 Zentimeter großen Greife lieber den spatzenkleinen Blutschnabelwebern, die in der Nähe ihre nach Hunderttausenden zählende Brutkolonie unterhalten.

Die Singhabichte greifen sich im Vorbeiflug eines dieser Hängebeutel-Nester, reißen es vom Zweig, verspeisen flink die darin liegenden Eier und benutzen nacheinander an die fünfzig Webernester, fein auseinandergekämmt, als Polstermaterial. 28 Tage dauert das Errichten dieser Luxuswohnung.

Bald liegen ein oder zwei Eier zu je 52 bis 57 Gramm im Horst. Die Brut beginnt. Doch wie vollbringen das diese eleganten, 45 Zentimeter langen Greifvögel in der Gluthitze der Kalahari? Tagsüber von 10 bis 17 Uhr nicht etwa durch Sich-drauf-setzen, sondern im Stehen. Vater oder Mutter breiten dabei die Flügel weit aus und spenden Schatten. Nicht wärmen, sondern kühlen ist angesagt. Für beide Eltern bedeutet das eine Tortur. Sie dauert 36 bis 38 Tage. Hierbei ist es ein Wunder, dass sie nicht zu gebratenen „Gänsen" schmoren. Doch sie ertragen standhaft das Martyrium, obwohl meist nur ein einziges Küken schlüpft.

Den kleinen Wonneflausch zu pflegen ist noch anstrengender als das Brüten. Tag und Nacht müssen Mutter oder Vater bei ihrem Kind wachen, ohne an Schlaf zu denken. Sie ventilieren ihm mit sanftem Flügelschlag Kühle zu. Nur nachts und in frischer Morgenfrühe wärmen sie es unter ihren Fittichen. Wenn dem kleinen Wicht etwas nicht passt, kann er nur schreien. Und die Eltern müssen dann rätseln, was sie tun sollen. Sie unternehmen dieses oder jenes - so lange, bis ihr Kind nicht mehr piept. Dann ist die Welt wieder in Ordnung.

Auch in punkto Futter ist der Erdenneuling höchst anspruchsvoll. Er verabscheut Schlangenfleisch, Ratten und Mäuse. Es darf nur junges, zartes Geflügel sein: Tauben, Wachteln, Frankoline und Perlhühner. Und auch diese Delikatessen müssen von den Eltern wie im Fünf-Sterne-Restaurant zubereitet werden: Sie trennen den Kopf ab, rupfen den Vogel und servieren ihn schnabelgerecht in kleinen Portionen. Falls der Singhabicht einmal zwei Junge im Nest zu pflegen hat, entsteht unter diesen kein Geschwisterstreit wie bei vielen anderen Greifvögeln. Vielmehr vertragen sich die Kleinen recht gut.

Im Alter von 49 bis 56 Tagen kann das Kind schon fliegen. Dann begleitet es seine Eltern beim Beutefang, um ihre Taktik zu erlernen: Erst muss ein hoher Baum oder Felsen als Aussichtspunkt und Jagdwarte gewählt werden. Sieht der Schüler etwas mit seinem „Falken"-Auge, rast er im Explosivstart mit purrend schnellem Flügelschlag los. Ist etwa das Erdhörnchen im Loch verschwunden, gibt sich der Singhabicht noch lange nicht verlo-

ren. Er stampft mit den kräftigen Füßen so lange neben dem Loch herum, bis das Opfer in Panik herausflitzt und erhascht werden kann.

Zu seinen Festtagsbissen gehören Siedler-Agamen, Singvögel, die er im Flug schnappt, Frankoline, Wachteln und Tauben sowie Mistkäfer, kleine Schlangen und große Heuschrecken. Ferner folgt der Singhabicht auch dem Honigdachs oder dem Schakal, um von deren Jagdbeute etwas abzustauben. Auch beschattet er die großen Hornraben, um ihnen die Beute vor der Nase wegzuschnappen.

Noch weitere 14 Tage nach dem Flüggewerden kehrt das Kind allabendlich zum Schlafen in den Horst seiner Eltern zurück. Dort sitzt es dann im Abendrot und übt fleißig Singen, damit es später im Leben auf der Brautschau gute Chancen hat.

**Das Erdhörnchen übt sich keineswegs im Tangoschritt. Die gespreizte Beinhaltung dient vielmehr dem schnellstmöglichen Fluchtstart.**

## Der Schneeleopard

# Das Phantom des Himalaya

Der Januar ist die fürchterlichste Jahreszeit in den Gipfelregionen des Himalaya. Schneestürme unvorstellbaren Ausmaßes fegen über die Steilhänge des 7.144 Meter hohen Gaurisankar. Lawinen donnern zu Tal. Frost bis minus 50 Grad panzert die Bergriesen mit einem Eisharnisch. Die Bergsteiger-Touristen sind längst wieder in ihren warmen Städten. Doch für den Schneeleoparden, auch Irbis genannt, heißt es gerade jetzt: Auf zur Jagd!

Nach stundenlanger Pirsch auf halber Hanghöhe zuckt er plötzlich zusammen. Unter meterdicker Schneedecke wittert er einen einzelgängerischen Wild-Yak-Bullen. Die Yak-Senioren flüchten sich im hohen Alter von 25 Jahren aus Angst vor Wölfen und Bären allein in die Einsamkeit der Gipfelregionen um 5000 Meter Höhe, wohin ihnen diese Feinde nicht folgen können. Dort hat sich der Einzelgänger einschneien lassen, um im Sichtschutz der weißen Decke als „U-Bahn" trockenes Gras freizuscharren und abzuweiden. Allein der Schneeleopard ist dazu fähig, ihm dorthin zu folgen und ihn zu wittern.

Dieser Hochgebirgsjäger ist mit einer Länge von 1,30 Meter und höchstens 50 Kilogramm Gewicht viel kleiner und leichter als ein „richtiger" Leopard. Er ähnelt mehr dem Puma als dem Leoparden. Seine Vorderbeine sind kurz, aber sehr muskulös und ideal zum Klettern in zerklüfteten Bergschluchten. Das Fell ist das dickste und dichteste aller vierzig Katzenarten der Welt und hält ihn so warm wie drei Pelzmäntel übereinander gezogen einen Menschen.

Zudem besitzt er riesige Nasenhöhlen als Vorwärmer der Atemluft. Sogar beim Dauersprint die Steilwand aufwärts, wenn Menschen schon nach wenigen Minuten nach Luft schnappen, atmet der Irbis noch immer durch die Nase, damit er sich keine Erkältung zuzieht.

Der Fährte folgend erreicht der Jäger ein Hochtal, das vom Dauersturm schneefrei gefegt ist. Hier weidet der Yak-Greis Moos und Flechten ab. Wenn der Schneesturm losbricht, dreht er sich mit dem Hinterteil gegen den Wind, steht stunden- oder tagelang mit unendlicher Ausdauer starr da und übt sich im geduldigen Ertragen der Widerwärtigkeiten dieser Welt.

Das dicke, dicht verfilzte Fell, das in halbmeterlangen wolligen Zotten wie Vorhänge zu beiden Seiten des Yak-Körpers fast bis auf den Erdboden herabhängt, schützt ihn zweifach: als Panzerplatte vor Wolfs- und Bärenbissen sowie als Pelzmantel vor Frost bis minus 40 Grad. Wenn sich der Yak zum Schlafen auf Eis oder Schnee niederlässt, dient es ihm als Matratze und Bettdecke zugleich.

Um dieses 3,25 Meter lange und fast 1000 Kilogramm schwere Wildrind zu erlegen, ohne Gefahr zu laufen, mit den fast einen Meter langen Hörnern Bekanntschaft zu machen, kommt dem Schneeleoparden der Schneesturm zum Angriff gerade recht. Er geht absolut lautlos zu Werke.

Das „Phantom des Himalaya", wie die tibetischen Sherpas die Raubkatze nennen, weil sie so sehr im Verborgenen lebt, dass sie bisher kaum ein Tierfotograf ablichten konnte, kann im Gegensatz zu den „richtigen" Leoparden, Löwen und Tigern überhaupt nicht brüllen. Es ist „der große Schweigsame". Allenfalls im Liebesspiel schnurrt es wie ein Hauskätzchen vor Behagen.

Beim Angriff auf Beutetiere, zu denen im Winter auch Steinböcke, Blau- und Marco-Polo-Schafe, Moschustiere, Bergziegen, Fasane und Schneehühner gehören, stellt die geschmeidige Raubkatze einen Weltrekord im Weitsprung auf: 16 Meter wurden von Wissenschaftlern gemessen. Mit einem Satz federt er sich also so weit wie ein Olympiasieger im Dreisprung.

Der Jagdbezirk eines einzigen Tieres erstreckt sich über 500 Quadratkilometer, also über eine Fläche von 25 Kilometern Durchmesser. Forscher haben das mit Hilfe von Radiohalsbändern herausgefunden, die sie einigen Irbissen nach Betäubung mit einem Narkosegewehr umschnallten. Damit ist der Schneeleopard der größte „Landbesitzer" der gesamten Tierwelt.

Durch sein Reich legt er regelrechte Wanderwege an: von Gipfel zu Gipfel durch Täler, bizarre Schluchten, durch die ihm niemand zu folgen vermag, durch Steppen und Wüsten, über Gletscher und Schneefelder. Er kennzeichnet sie mit kleinen Sand- oder Steinhaufen oder parfümiert markante Felskanten und Grasbüschel mit Urinspritzern.

So vermeiden die Irbisse Interessenüberschneidungen mit Artgenossen und sinnlose Kämpfe. Überdies sind sie selten genug. Forscher schätzen, dass es derzeit höchstens noch 4.000 Tiere auf der Welt gibt, genauer: im Trans-Altai-Gobi-Nationalpark, in der Südmongolei, im Himalaya von Afghanistan über Nepal bis nach Bhutan und ins südliche Sibirien. Doch überall dort, wohin der Mensch vordringt, zieht er sich zurück.

Auf seinen Gebirgspfaden ist der Schneeleopard vor allem frühmorgens und spätabends auf Tour. Hat er Jagdglück gehabt und sich satt gefuttert, leistet er sich gern den Luxus eines Sonnenbades in windgeschützten Mulden.

Das Weibchen bringt nach 98 bis 103 Tagen Tragzeit meist zwei 600 Gramm leichte Junge zur Welt. Im Alter von zwei Jahren erlangen sie die Reife, und, wenn alles gut geht, können sie 18 Jahre alt werden.

**Nur in friedlicher Abendstimmung, wenn Raubtiere satt oder ermattet sind, kommen die Steinböcke aus steilen Felswänden zum Äsen auf die Wiesen.**

## Der Vari-Halbaffe

# Bei den Nacht-gespenstern Madagaskars

Neumondnacht im gebirgigen Regendschungel Nordost-Madagaskars. Die Sterne funkeln in diamantener Pracht. Im Schein der Taschenlampen pirschen wir auf holperigem Pfad an stacheligen Kaktus- und gespenstischen Krakenbäumen vorbei, die in linder Luft ihre Zweige wie Fangarme eines Polypen nach uns zu schwingen scheinen.

Da zerreißen schaurig-schrille Schreie die Finsternis. Wie hunderttausend Ameisen läuft es mir über den Rücken. Im Strahl meiner Taschenlampe glimmen große Augenpaare wie glühende Kohlen auf: Tiere, die Forscher einst gruselig nach den

Geistern der Seelen Verstorbener im antiken Rom „Lemuren" nannten. Sie sollten, so ging die Mär, nachts als Unheil bringende Gespenster umherirren.

Es sind Vari-Halbaffen: sechzig Zentimeter groß und fünf Kilogramm schwer. Sie gelten als Vorfahren der Affen, quasi als Ahnen unserer Ahnen in der Entwicklungsreihe Halbaffe, Affe, Menschenaffe, Mensch.

Am nächsten Morgen schließe ich Freundschaft mit ihnen. Als sie aus dem Schlaf erwachen, wenden sie sich in den Baumkronen über meinem Zeltplatz der aufgehenden Sonne zu, breiten Beine und Arme wie zum Empfang göttlichen Segens, der wärmenden Strahlen, weit aus.

Früher glaubten die Einheimischen, diese seltsamen Wesen würden ein Ritual der Sonnenanbetung vollziehen und stünden mit den Göttern im Bunde. So galten sie ihnen als heilig und tabu. Niemand wagte es, sich an ihnen zu vergreifen. Seit die Zivilisation der Weißen samt Gewehren und Schlageisenfallen auf der viertgrößten Insel der Welt Einzug hielt, ging dieser Glaube jedoch verloren und eine Menschenahnen-Fresserei ohnegleichen brachte diese „Heiligen" an den Rand des Aussterbens.

Gegenüber den noch ursprünglicheren Halbaffen, den ebenfalls auf Madagaskar lebenden Maus- und Katzenmakis, haben die Varis schon große Fortschritte in Richtung Mensch aufzuweisen. Die kleinen Maus- und Katzenmakis leben als Einsiedler in Baumhöhlen. Allenfalls kommen sie in kalten Nächten zu Schlafgemeinschaften zusammen, um sich gegenseitig zu wärmen. Immerhin ein erster Schritt zum Bilden sozialer Gemeinschaften.

Die Varis haben einen weiteren Schritt vollzogen, den zum Familienleben: Mutter und Vater halten in Einehe zusammen und dulden zwei oder drei ihrer älteren Kinder in ihrer Nähe. Doch wenn sie drei Jahren alt geworden sind, werden sie aus dem Familienkreis verjagt. Die Bildung größerer Horden wie bei vielen „Vollaffen" ist somit unmöglich. Das ist erst auf der nächsten Sozialisierungsstufe erreicht worden, etwa bei den Katta-Lemuren oder den Mohrenmakis.

Die Kinderstube der Varis, ganz gleich ob bei der schwarzweißen oder rotbraunen Form, ähnelt jedoch noch mehr einem Vogelnest als einem Festklammern in Mutters Fell: Unmittelbar vor der Geburt ihrer zwei oder drei 100-Gramm-Babys baut die Mutter in der Astgabel eines Baumes ein Blätternest. Wie ein Vogel setzt sie sich auf ihre Kinder, um sie zu wärmen und vor den fürchterlichen Regengüssen im Regenwald zu schützen. Niemals versuchen die Kleinen, sich in Mutters Fell festzuklammern oder auf ihr zu reiten, wie es etwa schon bei den Katta-Lemuren der Fall ist. Müssen die Kinder aus Sicherheitsgründen umgebettet werden, nimmt sie die Mutter wie eine Katze einzeln ins Maul und trägt sie ins neue Nest.

Obgleich die Geschwister dort in engem Hautkontakt beisammenliegen, entwickelt sich kaum eine soziale Bindung daraus. Sobald sie nicht mehr gewärmt werden müssen, kümmert sich sogar die Mutter nur noch wenig um ihre Kinderstube. Zur sprichwörtlichen Affenliebe ist es entwicklungsgeschichtlich noch ein sehr weiter Weg.

Wenn die Kleinen im Alter von sieben bis acht Wochen in den Bäumen frei umherklettern können, spielen sie seltsamerweise nicht miteinander. Kontakte versuchen sie nur zu fremden, erwachsenen Varis aufzunehmen. Diese bleiben jedoch recht locker. Dennoch beschleunigen sie die körperliche Entwicklung ein wenig, wie in zoo-logischen Gärten nachgewiesen wurde. Bei Kontakten der Geschwister untereinander ist das merkwürdigerweise überhaupt nicht der Fall.

Daran erkennen wir, aus welch enorm schwierigen Anfängen sich soziales Verhalten bei den Halbaffen erst ganz langsam aus dem Nichts stufenweise emporentwickelt hat.

Andere Halbaffen wie die Katta-Lemuren sind auch auf diesem Gebiet schon ein Stück weiter. Bei ihnen klammern sich die Babys gleich nach der Geburt im Fell der Mutter fest. Aber sie reiten nicht in der Längsachse, sondern quer dazu. Also sogar auch mit dem Reitersitz hat die Schöpfung erst lange herumexperimentiert, ehe die günstigste Form gefunden wurde.

Sogar das Baby-Tabu ist beim Vari variiert. Während beim Katta alle Hordenmitglieder das Neugeborene berühren dürfen, ist das beim Schwarzkopfmaki nur dem Vater erlaubt und beim Vari außer der Mutter niemand anderem.

Auf der Speisekarte der Varis stehen Früchte und Blätter. Die Mutter füttert ihre Kinder mit einem Brei aus diesen Zutaten nur dreimal täglich. Nach dem Füttern sind die Jungen von oben bis unten bekleckert. Die Mutter leckt sie nach jeder Mahlzeit am ganzen Körper sauber - und kommt auf diese seltsame Weise zu ihrem „Menü". In Menschenobhut erreichen die Varis ein Alter bis zu 19 Jahren.

**Anders als die einzelgängerischen Varis leben ihre Halbaffen-Verwandten, die Katta-Lemuren, in quicklebendigen Horden.**

## Der Fidji-Goldregenpfeifer

# Gemeinsam reisen, allein fressen

Wenn alljährlich im Herbst kleine Zugvögel von Europa nach Südafrika reisen und im Frühjahr wieder zurückkehren, können wir nur ehrfürchtig staunen: Sie überqueren 400 Kilometer Mittelmeer, dann 600 Kilometer Sahara und die riesigen Urwälder Zentralafrikas. Doch das alles wird noch von einem 200 Gramm leichten Vöglein bei weitem übertroffen: dem Fidji-Goldregenpfeifer.

Als „Süßwassermatrose", also als zumeist ans Land gebundener Vogel, fliegt er allherbstlich von seinen Brutgebieten auf der Tundra Alaskas über 9.250 Kilometer weit nonstop über drei Viertel des Pazifischen Ozeans bis zu den Fidji-Inseln in der Südsee, um dort zu überwintern. Und im Frühling reist er die gleiche Strecke wieder zurück.

Zunächst fliegt der kleine Interkontinental-Vogel 1.500 Kilometer weit über das von eisigen Stürmen gepeitschte Beringmeer zwischen Alaska und Sibirien. Nach kurzem Picknick auf einer Aleuten-Insel startet er wieder, findet jedoch über 2.500 Kilometer Pazifischen Ozeans keine Insel, keinen einzigen Landeplatz. Zwar kann er schwimmen und sich bei ruhiger See auch einmal auf dem Meer ausruhen, aber dabei Fische zu fangen vermag er nicht. Da ist es schon besser, die Riesenstrecke im Super-Marathon-Flug ohne Nahrungsaufnahme zurückzulegen.

Endlich kommt die 2.600 Kilometer lange Hawaii-Midway-Inselkette in Sicht. Ein Teil der Weltreisenden, die auf den großen Inseln wie Big Island, Maui, Molokaii oder Oahu landen, finden bereits dort ihr ersehntes Winterquartier und bleiben hier bis zum April.

Die weiter westlich Fliegenden stoßen aber nur auf winzige Korallenatolle. Diese können lediglich Zwischenstationen sein, denn nur allzu schnell sind dort die wenigen Würmer und Insekten, Blätterspitzen und Blüten aufgepickt. Sobald das der Fall ist, erheben sich die Geschwader erneut in die Lüfte, um eine 5.250 Kilometer lange Strecke über den Pazifischen Ozean non-stop zurückzulegen.

Eigentlich dürften sie ihr fernes Reiseziel gar nicht erreichen. Siebzig Gramm des 200 Gramm leichten Vögleins mit den goldigen Federspitzen bestehen aus Fettpölsterchen unter der Brust. Sie sind gleichsam die Treibstofftanks des gefiederten Zwerges. Flöge jeder Federball für sich allein, würde der Vorrat nicht ausreichen, der Vogel nie ans Ziel gelangen. Dass er trotzdem in so weiter Ferne wohlbehalten landet, verdankt er einer genialen Energie-Sparmaßnahme: dem Gemeinschaftsflug in Keilformation!

In gestaffelter Fluganordnung ziehen die vorn fliegenden „Goldis" die nachfolgenden Kumpane gleichsam wie am Gummiseil hinter sich her. Der schlagende Flügel erzeugt Luftwirbel, die den Hintermann nach vorn reißen. Der Sog erleichtert ihm das Vorankommen sehr.

Insgesamt kann eine Flugstaffel auf diese Weise bis zu 23 Prozent Energie einsparen. Je größer der Verband, desto leichter haben es alle. So bemühen sich die Vögel, möglichst große Fluggemeinschaften bis zu sechzig Teilnehmern zu bilden. Allein die Schwierigkeit, den Zusammenhalt im Flugkeil zu wahren, führt leicht zum Abreißen, wenn es ihrer zu viele sind.

Diese vorbildliche Zusammenarbeit in der Gemeinschaft sorgt dafür, dass die Goldregenpfeifer die Fidji-Inseln wohlbehalten erreichen.

Doch kaum sind sie sicher am Ziel gelandet, wird jedes Vöglein gegen alle seine Mitreisenden giftig. Sie pfeifen sich, daher der Name Regen-"Pfeifer", mit Rollern und Trillern an: „Hau ab! Dies ist mein Platz! " Der eine beansprucht die Liegewiese eines Hotels für sich allein, der andere einen Golfplatz-Abschnitt oder auch nur einen karg bewachsenen Steilhang an der Flanke eines Vulkans.

Während der Reise sind sie alle miteinander gut Freund, beim Fressen aber werden sie zu unverträglichen Einzelgängern. Auch dies ist ein Anfangsstadium zur Vergesellschaftung!

Genaue Untersuchungen haben gezeigt, dass jeder Vogel jedes Jahr wieder exakt seinen alten „Schrebergarten" aufsucht und gegen die Kon-

Fernreisende Zugvögel ziehen in Keilformen. Das spart bis zu 23 Prozent Energie. So können sie Entfernungen zurücklegen, die sie ohne diese Sparmaßnahme unmöglich erreichen könnten.

kurrenz behauptet. Bei einem Höchstalter von zwölf Jahren besucht er in seinem Leben also zwölfmal denselben „Ferienort". Wie so manche menschliche Urlauber auch, die gern immer wieder dasselbe Reiseziel aufsuchen und dort stets das gleiche Hotel und möglichst auch noch das gewohnte Zimmer. Altgewohntes ängstigt weniger als eine neuere, fremde Umgebung. Timesharing gibt es bei den Vögeln nicht.

Ein weiteres Rätsel, das uns der fliegende Goldklumpen aufgibt: Die erwachsenen Vögel starten in Alaska zur weiten Reise alljährlich im August. Aber sie nehmen ihre Kinder, die sie gerade aufgezogen haben, nicht mit. Diese bummeln noch etwa vier Wochen lang in ihrer Brutheimat umher und üben den Flug in Keilformation. Doch dann starten auch sie und gelangen ebenfalls ans selbe Ziel - obwohl ihnen niemand den weiten Weg übers Meer bis dorthin gezeigt hat!

Die Goldregenpfeifer Mittelsibiriens ziehen übrigens überwiegend über Land. Dafür aber noch viel weitere Strecken: über die Mongolei, China und Indonesien bis nach Südaustralien und Neuseeland. Das sind 18.000 Kilometer für eine Strecke, die sie mit Tempo 90 hiner sich bringen.

Die Europäischen Flussregenpfeifer ziehen von ihren Brutgebieten an der Nord- und Ostsee bis zum Senegal. Diejenigen aber, die an der Eismeerküste gebrütet haben, fliegen noch viel weiter bis ins tropische Afrika. Das gilt auch für die meisten Zugvögel ganz allgemein: Je weiter im Norden ihre Brutheimat liegt, desto weiter nach Süden ziehen sie, um dort im Warmen zu überwintern.

## Der Beutelteufel

# Der Satan und sein Weib

„Der Teufel und sein Weib", so könnte man die kleine Geschichte nennen, mit der ich Charakteristisches über die Saison-Einehe berichten möchte, also über jene Form der Einehe, die nur kurze Zeit den Belastungen der Umwelt und der Partner-Animositäten standhält.

Die Geschichte handelt vom Beutelteufel, den man auch den Tasmanischen Teufel nennt, weil er auf der Insel Tasmanien südlich von Australien lebt. Er ist ein etwa 75 Zentimeter langes Beutel-Raubtier, das alles Fleischliche, das es überwältigen kann, verschlingt, tot oder lebendig. Im Buschland der Insel geht der kleine Belzebub als Einzelgänger auf die Jagd. Er duldet keine Konkurrenz in seinem weiten Revier und vertreibt artgleiche Männchen wie auch Weibchen.

Nur kurz vor der Paarungszeit, also im April, gegen Ende des tasmanischen Sommers, ändert sich das. Dann hastet das Männchen in hellen Mondnächten weit über die hügelige Steppe, bis es ein Weibchen findet. Dann benimmt es sich jedoch gar nicht wie ein Kavalier, sondern eher wie ein Hirtenhund, der ein verirrtes Schaf weitab der Herde aufgestöbert und gestellt hat. Mit Knurren, Zähnefletschen und Bissen treibt der „Teufel" die weibliche Beute vor sich her in sein Revier und schließlich in seine Felsenhöhle hinein.

Obwohl er von nun an noch vierzehn Tage lang warten muss, bis er sich mit dem Weibchen paaren kann, lässt es der Super-Eifersüchtige die ganze Zeit über nicht ein einziges Mal aus der Höhle heraus. Er bewacht die Liebste wie die Polizei einen Schwerverbrecher. Immer wenn sie einen Ausbruchsversuch machen will und zum Ausgang drängelt, krümmt er den Rücken, spuckt, knurrt, beißt und schäumt vor Wut und macht seinem Namen alle Ehre.

Die zweiwöchige enthaltsame Brautzeit ist damit zu erklären, dass die Leibeigene vor Ablauf dieser Frist physisch noch nicht empfängnisbereit ist. Erst unter dem Eindruck der Angst und durch das Eingesperrtsein entwickeln sich beim Weibchen die Geschlechtsorgane zur vollen Reife. Ohne Zoff keine Liebe!

Nun, auch das ist eine Methode zur Synchronisation der Fortpflanzungstriebe bei Männchen und Weibchen.

Kurze Zeit nach der Paarung aber kehrt das körperlich kleinere und schwächere Weibchen den Spieß um. Wenn ihm jetzt der Zerberus zu nahe kommt, knurrt und beißt es und macht ihm die Hölle in der Höhle heiß.

Aus der anfangs so ängstlich-schüchternen Braut wird ein leibhaftiges Teufelsweib, das sich zum „Herrn im Hause" aufschwingt.

In der werdenden Mutter wachsen die Aggressions-Energien und übertreffen sogar noch die des Männchens. Die Rangordnung in der Ehe kehrt sich um. Aber das Paar bleibt vorerst noch beisammen.

Ende Mai, Anfang Juni werden die Jungen geboren, im Höchstfall vier. Wie bei allen Beuteltieren sind sie unwahrscheinlich winzig: kaum zwölf Millimeter groß. Ein jedes hat sich an einer Zitze innerhalb des mütterlichen Beutels festgesaugt. Der Beutel hat bei diesen Tieren übrigens seine Öffnung hinten, nicht vorne wie beim Känguruh. Beim Kriechen durch Erdröhren würde der Beutel sonst wie eine Baggerschaufel wirken, und dieser Dreck wäre nicht gut für die Kinderstube.

Zudem ist der Schlitz so fest geschlossen, dass man den Beutel samt Inhalt meist gar nicht bemerkt. Erst wenn die Kinder fünfzehn Wochen alt sind, schaut gelegentlich ein Schwanz, ein Bein oder ein Köpfchen aus dem Schlitz hervor.

Dann ist es Zeit, in der Höhle für die Jungen eine extra Kammer zu graben und diese mit Heu auszupolstern. Und zwar ist das eine Arbeit für beide Eltern. Fünf weitere Monate lang säugt und füttert die Mutter ihre Kinder noch. Während sie auf die Jagd geht, hält Vater Beutelteufel bei den Jungen Wache.

Das ist seine Hauptaufgabe, und aus diesem Kinderhüte-Zwang ergibt sich für ihn die biologische Notwendigkeit, wenigstens neuneinhalb Monate lang eine Ehe zu führen. Denn es sind der Feinde viel, die sonst in den unbewachten Bau eindringen und die Kinder fressen würden.

Anfang Februar sind die Jungen endlich so weit entwickelt, dass sie sich selbstständig machen können. In diesem Halbstarkenstadium (geschlechtsreif werden sie erst im Alter von zwei Jahren) erlischt auch ihre instinktive Bindung an die Eltern und untereinander, also das familiäre Zusammengehörigkeitsgefühl. Jeder begibt sich allein und auf eigene Faust in die große, gefährliche Welt.

Und im selben Moment ist es auch mit dem Bindetrieb vorbei, der die beiden Ehepartner zusammenhielt. Mit großem Ehekrach trennen sich Teufel und weiblicher Satansbraten und gehen

wieder ihre eigenen Wege - zweieinhalb Monate lang. Dann naht wieder die Zeit der nächsten Brunst, und das Männchen geht erneut auf die Jagd nach einem Weibchen.

Dabei erwischt es meist nicht seine letztjährige Frau - das wäre reiner Zufall -, sondern eine andere, und dasselbe Drama mit vierzehntägigem Einsperren im Gefängnis und dergleichen geht wieder von vorn los.

Bei den Beutelteufeln ist also die Dauer der ehelichen Bindung genau mit der Zeit abgestimmt, in der das väterliche Tier bei der Aufzucht der Jungen unbedingt gebraucht wird.

Je länger die Kinderentwicklung bei einer Tierart dauert und je länger die Mithilfe des Vaters dabei unbedingt notwendig ist, desto längeren Bestand hat auch die Ehe.

**Der Wombat ist im Süden Australiens im krassen Gegensatz zum Beutelteufel das geruhsame Phlegma und die Friedfertigkeit in Person.**

## Der Nasenbär

# Das Regiment der Amazonen

Noch ahnt niemand in der quirligen Bande der vierzig Nasenbärinnen, dass sich ein Jaguarundi, eine nicht ganz jaguargroße Raubkatze, im Dschungel näher schleicht. Die 66 Zentimeter langen Kleinbären schnüffeln überall in Baumhöhlen, Erdlöchern, Spalten und Ritzen nach Delikatessen wie Vogelspinnen, Tausendfüßern, Landkrabben, Eidechsen und Früchten, wobei sie ihre lange Nase rüsselartig nach allen Seiten biegen und in jeden Quark stecken.

Plötzlich wird der Dschungel Costa Ricas zum Tollhaus. Brüllaffen orgeln, Kapuziner-Affen kreischen. Kein Zweifel: ein Jaguarundi ist in der Nähe. Als er in das Revier der Nasenbären eindringt, gehen diese Sechs-Kilo-Leichtgewichte, auch Coati-

mundis genannt, tollkühn zum Gegenangriff über. Sie kesseln die große Raubkatze ein, springen sie aus allen Richtungen jeweils von hinten an, versetzen ihr Bisse in den Allerwertesten und bringen sich mit einem Sprung gleich wieder in Sicherheit. Bis der Jaguar total entnervt das Weite sucht.

Die tapferen Verteidiger sind ausnahmslos Nasenbären-Weibchen. Die Männer versagen hierbei total, obgleich sie größer und stärker sind. Das schwache Geschlecht allein schließt sich zu Amazonen-Banden zusammen. Nur sie leben in sozialen Gemeinschaften bis zu vierzig Mitgliedern.

Die Männchen sind hingegen asoziale und ungenießbare Einzelgänger. Nur während der kurzen Paarungszeit sind sie im „Damenkränzchen" zugelassen und werden danach gleich wieder vertrieben. Im Zoo beißen die Amazonen das Männchen mit ihren dolchartigen Eckzähnen tot, sofern es der Wärter nicht in Sicherheit bringt.

Eine Tierart mit zwei konträren Sozialordnungen! Die Weibchen als Gemeinschaftswesen, die Männchen als mürrische Einsiedler! Letztere, die übrigens zu den echten Bären gehören, zu den

126

Kleinbären wie die Waschbären, bekriegen sich während der Paarungszeit bis aufs Blut. Sie bedrohen sich bei hochgebogener Nase mit gefletschten Zähnen und beißen dann ohne Hemmungen wild drauflos.

Und die Weibchen tun gut daran, sich nicht von den ewig mürrischen, bissigen Männchen terrorisieren und ihr Gemeinschaftsparadies vermiesen zu lassen. In jeder Futterpause lausen sie sich wie die Affen. Nur putzen sie sich nicht mit den Pfoten, sondern benibbeln sich mit ihren kammartigen Zähnen: Freundschaftsdienste, die den Zusammenhalt in der Rasselbande stärken.

Beim Fressen auf dem Waldboden richtet jede Bärin ihren 68 Zentimeter langen Schwanz steil nach oben. Diese „Fahnenstange" soll anzeigen: „Hier bin ich!" Geht doch mal eine verloren, zwitschert sie wie ein Vöglein. Und die Bande tiriliert zurück, bis die Verlorene wechselrufend zu ihr heimgefunden hat.

Oft spalten sie sich zwecks Arbeitsteilung auf. Eine Gruppe erntet im Baum Feigen, wilde Bananen, Mango- oder Papaya-Früchte und wirft sie auf den Boden, wo die andere Gruppe auf den Schmaus wartet. Danach werden die Rollen getauscht. Tit for tat. Gleiches Recht für alle!

Gegen Ende der 77-tägigen Tragzeit sondert sich die werdende Mutter von der Bande ab, baut ein Plattform-Nest in einer Astgabel und bringt dort in der Einsamkeit drei bis sechs Junge zur Welt. Dieser Rückfall des sozial lebenden Weibchens in das Einsiedler-Dasein wird vom starken Feinddruck verursacht. Hätten die Nasenbärinnen alle ihre Babywiegen dicht beisammen, könnten sie diese zwar in Gemeinschaftsaktion verteidigen. Aber gegen einen Jaguar oder Harpyen-Adler wären sie machtlos. Hilflos müssten sie es geschehen lassen, dass der allmächtige Feind alle ihre Babys, eins nach dem anderen, fräße. Da ist die Aufteilung vorteilhafter. Nur ein oder zwei Nester würden geplündert. Die anderen Kinder überleben.

Die 150-Gramm-Jungen sind Nesthocker wie kleine Vögel. Die Mama säugt sie im Sitzen wie eine Menschenmutter. Die Sprösslinge hopsen dabei erst auf ihrem Schoß auf und ab. Dann, während sie eifrig nuckeln, umarmt sie das Bündel der Babys wie einen dicken Blumenstrauß.

Im Alter von fünf Wochen werden die Kleinen schon abenteuerlustig und stromern auf eigene Faust im Dschungel umher. Prompt findet der allzu wagemutige Winzling nicht mehr heim, fühlt sich verlassen, und fiept zum Gotterbarmen, bis die Mutter herbeieilt, um den Ausreißer mit innigem Schmusen zu beruhigen. Die Mutter-Kind-Bindung überdauert zwölf Monate, bis der nächste Jahrgang das Licht der Welt erblickt.

Nachts schläft die quirlige Gesellschaft in Felsspalten oder auf Bäumen, wo sie Äste zur Hängematte verflechtet. Dann kuschelt sich die ganze Mutterfamilie mollig hinein. Jeder wärmt jeden. Zudem wickeln sie sich in ihre sechzig Zentimeter langen Plüsch-Schwänze ein und träumen hinüber ins Tierparadies. Sie können übrigens im Zoo bis zu 17 Jahre alt werden, im Freileben jedoch nur bis zu 14 Jahre.

Unglücklicherweise sind in Costa Rica anno 1994 unerwartet neue Feinde aufgetaucht: Kapuziner-Affen. Diese eigentlich ganz harmlosen Gemischtköstler rauben den Raubtieren, also den Nasenbärinnen, die Babys und fressen sie. Gegen die angreifende Affenhorde ist eine einzelne Bärin völlig machtlos. Sie müssten sich nun doch wieder zur Kolonie zusammenschließen, um sich gemeinsam gegen die Affen verteidigen zu können. Aber ob die Evolution diese Resozialisierung irgendwann zuwege bringen wird, steht noch in den Sternen.

Der Harpyen-Adler, der gewaltigste Greif der Welt, entführt als „Vogel Rock" Nasenbären durch die Luft zu seinen Kindern im Urwald-Horst.

## Der Zebramungo

# Was Chefinnen besser machen

Verschworener kann eine Tiergemeinschaft gar nicht sein als die der Zebramungos auf den Steppen Afrikas. Was die Chefin unternimmt, tun sogleich alle anderen der bis zu vierzig Tiere starken Rotte auch. Kommt die Anführerin in Hitze, fallen auch alle anderen Weibchen in einen Liebesrausch. So bringen sie auch alle ihre je drei bis fünf Babys nach einer Tragzeit von acht Wochen am gleichen Tag zur Welt.

Mit einem Schlag wimmelt und wuselt es überall im heimatlichen Termitenbau, in dessen Lüftungsschächten sie wohnen, von wonnigen Zwanzig-Gramm-Winzlingen mit Riesen-Milchdurst. Die Suche nach dem Quell im dichten Volksgewühl ist kein Problem. Jedes Muttertier säugt jedes Baby, das es anbettelt, ganz gleich, ob es ein leibliches oder ein fremdes Kind ist. Auch spielen alle Rudelmitglieder mit allen Kindern, vor allem die Männchen. Nur die Chefin des Matriarchats ist darauf bedacht, ihre Würde zu wahren.

Aber sie wacht allgegenwärtig darüber, dass sich alle ihre Rudelmitglieder echt sozial verhalten und auch den Kindern kein Leid zufügen. Wer gegen die Gemeinschaftsregeln verstößt, wird abgemahnt: Die Chefin bläkt den Störenfried an, fletscht die Zähne und, wenn das nichts nützt, „kämmt" sie mit schnellen Scharrbewegungen der Vorderfüße ein Grasbüschel, dass die Fetzen fliegen: „So werde ich dich gleich zerzausen, wenn du dich nicht fügst!" Auf echte Prügelstrafe aber verzichtet sie fast immer.

Das ist das, was Zebramungo-Weibchen als Chefinnen besser machen als die Männchen bei anderen Tierarten, wenn sie zu Leittieren avanciert sind.

Wenn die Kinder im Alter von drei bis vier Wochen ihre ersten Ausflüge in die nähere Umgebung ihres Termitenhügels auf afrikanischer Steppe unternehmen, sorgt die Chefin dafür, dass die Männchen die Kinder schützen und pflegen.

Die Weibchen gehen derweil weit hinaus auf die Steppe zur Jagd nach Käfern, Heuschrecken, Würmern und Spinnen. Sogar vor Skorpionen schrecken sie nicht zurück. Gegen deren Giftspritze sind sie weitgehend immun. Die Männer als Babysitter im sicheren Heim, die Frauen als Jägerinnen und Krieger!

Begegnen sie einer Schlange, etwa einer meterlangen Speikobra, rotten sie sich zusammen, um das Reptil gemeinsam zu bekämpfen. Blitzschnell weichen sie dem zwei Meter langen Giftstrahl aus, den die Schlange in Richtung ihrer Augen zielt. Dann kreisen die nur bis zu 1,5 Kilogramm wiegenden, mit Schwanz sechzig Zentimeter langen Zebramungos den gefährlichen Feind ein und tragen von allen Seiten blitzschnelle Angriffe gegen ihn vor. Bis ein Weibchen die Schlange am Genick packt und totschüttelt. Danach teilen sich alle Jägerinnen die Beute und tragen sie in Form von Milch zu ihren Kindern im heimatlichen Bau.

Im Alter von fünf Wochen folgt die Schar der Kinder schon den Müttern, um jagen zu lernen. Rings um sie herum ein dichter Kordon von Männchen als Leibwache. Denn der Feinde gibt es nur allzu viele: jede Menge Greifvögel, vor allem Singhabichte und Raubadler, aber auch Hyänen und Schakale sowie Schwarzhalsreiher und Python-Riesenschlangen.

Andererseits haben sie auch gute Freunde in der Tierwelt: die Gelbschnabel- und Rotschnabel-Tokos. Solch ein Nashornvogel-Verwandter könnte mit einem Happs ein Mungobaby verschlingen. Doch er tut es nicht, weil er auf den Wachdienst der Streifenanzug-Horde angewiesen ist. Mit äußerst scharfem Auge erspähen die Vierbeiner am Himmel kreisende Raubvögel.

Auf dem Steppenboden anschleichende Feinde entdeckt hingegen der Partner aus der Vogelperspektive besser. Zudem verstehen beide ihre Alarmrufe. Was dem Toko umso leichter fällt, als sich die Mungos in einer dem Vogelgezwitscher ähnelnden Sprache unterhalten.

Zudem stellen die Mungos regelrechte Wachposten auf, zumeist Jungmännchen. Für den aufopferungsvollen Dienst an der Gemeinschaft finden sich stets Freiwillige. Während der zwanzigminütigen Wachzeit müssen sie hungern. Zudem

sind sie am meisten gefährdet, da sie auf der Spitze eines Termitenhügels oder dem höchsten Ast eines Baumes postiert sind.

Wenn ein Singhabicht im Tiefflug angreift, bleiben nur wenige Sekunden für die Flucht. Dann kann selbst der Alarmruf, der nur im Stand ausgestoßen wird, für des Wächters Flucht eine tödliche Verzögerung bedeuten. 64 Prozent aller von Feinden geschnappten Zebramungos hat es erwischt, als sie Wache schoben.

Dennoch sterben diejenigen, die sich für die Gemeinschaft aufzuopfern bereit sind, nicht aus. Wäre das nicht der Fall, müsste der kleine Staat bald untergehen. Jeden Tag wird im Schnitt viermal vor einer tödlichen Gefahr gewarnt. Vier Rudelmitglieder wären pro Tag des Todes. Und, so haben Forscher ausgerechnet, sinkt die Anzahl der Mitglieder eines Rudels unter sechs, wäre das der Untergang der Gemeinschaft.

Um das zu verhindern, hat die Schöpfung diesen Gemeinschaftswesen gleichsam ein „altruistisches Gen" eingegeben, das durch Verluste nicht herausgemendelt werden kann.

Es sorgt auch dafür, dass insbesondere die Kinder der Horde gut behütet werden. Das ist die Hauptaufgabe der Väter in dieser von den Müttern beherrschten Gemeinschaft.

**Der Gelbschnabel-Toko verbündet sich oftmals mit den Zebramungos, die ihn als Wachtposten und Alarmkrächzer sehr schätzen.**

### Die Büffelkopfente

# Gattenbummelei als Scheidungsgrund

Es gibt im Tierreich Weibchen, die ihren Ehepartnern so viele und obendrein noch meist sinnlose „Hausarbeiten" aufbürden, dass jeder Scheidungsrichter von einer hoffnungslos zerrütteten Ehe sprechen würde. Die Tiermänner plagen sich jedoch ohne Murren und Protest nach Leibeskräften redlich ab, weil sie ohne die Akkordarbeit nicht die geringsten Heirats-Chancen bei den Weibchen hätten.

Doch auch schon jahrelang verpaarte Ehegatten müssen unter dieser Fron schuften. Begännen sie zu bummeln, wäre das ein Scheidungsgrund. Diese Versklavung der Männer unter das Joch überaus anspruchsvoller Frauen ist bei den Büffelkopfenten im hohen Norden Alaskas und Kanadas allgemein geübte Praxis.

Nach dem üblichen Brautwerbezeremoniell des Erpels, billigem Schöntun, Kopfnicken und Wasserspritzen, geht der Tanz erst richtig los. Ganz gleich, ob er ein langjähriger Ehepartner ist oder ein frisch Verlobter, in jedem Fall muss er vor der ersten Paarung Ende Mai Unmengen von Nahrung für die Braut heranschaffen, wenn er sie bei der Stange halten will.

Die Fütterfron dauert jeweils bis zu 45 Minuten, und muss mehrmals am Tag wiederholt werden. In kurzen Abständen taucht Herr Büffelkopf im nur vier Grad eiskalten Wasser bis zu acht Meter tief und jeweils fünfzig Sekunden lang. Dabei rupft er unter großer Anstrengung ganze Büschel von Wasserpflanzen vom See- oder Flussgrund ab und legt die Ernte seiner Angetrauten mit höflicher Verbeugung direkt vor den Schnabel.

Die Fleischfresserin tut indessen so, als hätte sie Wichtigeres zu tun, schnappt mehr nebenbei nach ein paar Insektenlarven am Grün und wirft den großen Haufen fort oder lässt ihn achtlos treiben. Dessen ungeachtet ist Herr Tauchenterich nun schon wieder mit einer neuen Ladung auf der Bildfläche erschienen. Er schuftet sogar noch dann dienstbeflissen weiter, wenn das Weibchen schon längst übersatt ist und kein einziges Blatt mehr anrührt.

Doch wehe, der Erpel täuscht sich einmal, beginnt zu früh sich auszuruhen, aber die sich so lustlos gebende Ente hat doch noch etwas Appetit, dann lässt ihn die Umworbene schnöde im Stich, und zwar für immer.

Zu eben dieser aufopferungsvollen Schufterei braucht der Herr das, was ihm den Namen eingetragen hat: seinen Büffelkopf. Mit nur 36 Zentimetern Länge zählt er zu den kleinsten Enten der Welt. Aber sein Kopf ist einer der größten: eine verhältnismäßig riesige Plüschkugel.

Startet der Erpel zum Flug, verkleinert sich der Büffelkopf plötzlich zur entennormalen Stromlinienform. Das bedeutet: Was der „Großkopferte" hatte, war nur Federflausch, also gleichsam ein weiches Wärmekissen zum Mollighalten von Haupt und Hirn während der so überaus vielen Tauchabstiege ins eiskalte Wasser. Das Nervenzentrum darf dabei ja nicht auskühlen. Das Weibchen hingegen, das sich so gern bedienen lässt und kaum längere Zeiten unter Wasser verbringt, trägt ein viel kleineres und dünner gepolstertes Köpfchen.

Dem Männchen bereitet die Wärmehaltepackung des Kopfes jedoch auch Probleme: Durch große Lufteinschlüsse ist der Luft-Muff federleicht wie ein Rettungsring. Wie kann der Schnatterich mit diesem starken Kopfauftrieb überhaupt tauchen? Er macht, an der Wasseroberfläche schwimmend, einen „Kopfstand" und stößt dann senkrecht nach unten. Das ist übrigens dieselbe Methode, mit der auch ein Mensch, der eine Schwimmweste angelegt hat, nach Ertrinkenden tauchen kann.

Die Tauchenten-Verwandten des Büffelkopfs nisten gern hoch in Bäumen, weil sie dort vor Feinden ziemlich sicher sind. Nur die Büffelkopfenten selbst leben in so weit nördlich gelegenen subarktischen Regionen, dass sie dort in der Tundra keine Bäume mehr vorfinden. So sind sie zu Erd- oder Felshöhlenbrütern geworden. Und prompt findet sich hier ein listiger Feind ein: der blütenweiße Polar- oder Eisfuchs. Er würde alle Bodennester ausräumen. Doch die „Eskimo-Ente" ist noch schlauer und baut ihr Nest in Höhlen steiler Felswände, die für den Fuchs unzugänglich sind.

Wenn dann die sechs bis elf Küken nach 31 Tagen Brutzeit schlüpfen, müssen die kleinen Nestflüchter im Inneren der oft metertief nach unten führenden Höhle wie kleine Bergsteiger im Kamin aufwärts kraxeln und dann gleich, meist in der Nacht, den Sprung in den Abgrund wagen. Dieser kann mehrere hundert Meter tief sein. Doch mit ihrem Federgewicht und dem hoch elastischen Knorpelskelett überstehen sie das halsbrecherisch anmutende Wagestück völlig unbeschadet.

Nur acht Tage lang behütet meist die Mutter allein ihre Kinderschar. Der Vater muss indessen pausenlos Futter für die ganze Familie heranschaffen. Dafür, ob er diese gewaltige Leistung zu erbringen vermag, ist die Fütterorgie zur Zeit der Brautschau ein zuverlässiger Test. Im Alter von einer Woche entlassen die Eltern ihre noch nicht flügge gewordenen kleinen Fußgänger in die Selbstständigkeit.

Im Winter zieht die Büffelkopfente, mit einer Länge von 36 Zentimetern die kleinste aller Tauchenten, von ihrer Brutheimat im Nordwesten Alaskas, auf den Aleuten-Inseln und im mittleren Kanada um den Großen Sklavensee herum weit nach Süden bis an die Küsten des Golfs von Mexiko, Baja Californias und Floridas. Dort verleben sie dann ihren verdienten Erholungsurlaub nach der Schufterei während der Brut.

Der Eisfuchs, nicht minder listig als der europäische Rotrock, plündert gern die Nester der Büffelkopfenten. Beide Seiten versuchen, sich auszutricksen.

## Der Bison

# Das Duell der Dampframmen

Anfang August kulminiert die Brunft der Bisons im Yellowstone-Nationalpark zum Höhepunkt. Die Kleinherden der Weibchen schließen sich zu Großverbänden von 350 bis 400 Tieren zusammen. Die Bullen bilden zum Schutz gegen Wölfe einen Kordon um sie herum und veranstalten Brüllkonzerte, die bis zu acht Kilometer weit über die Prärie dröhnen.

Ein Tourist hatte sich kürzlich vom Sanftmut der Weibchen einlullen lassen, verließ seinen Wagen, um die Stirnlocken eines Bullen zu kraulen. Sekunden später hing er zappelnd und schreiend vier Meter hoch im Geäst eines Baumes. Etwa zwölf solcher Opfer falsch verstandener Tierliebe werden alljährlich in den Akten des Naturschutzgebietes verzeichnet.

Plötzlich geschieht Unfassbares: Ein Bulle hat ein Weibchen bezirzt. Dieses beugt sich willig zur Paarung nieder. Doch im gleichen Moment entdeckt der „Herr" in der Ferne seinen Lieblingsfeind und Boxkameraden. Sofort ist der Sex vergessen. Im 50 km/h-Tempo spurtet er auf ihn zu. Mit dumpfem Donnern prallen die Köpfe beider „Dampframmen" zusammen. Ein Schieben und Drängen beginnt. Die stemmenden Hufe pressen sich zehn Zentimeter tief in den harten Prärieboden ein. Die gewaltigen Nackenmuskeln sind zum Zerreißen gespannt.

Doch nach vierzig Sekunden ist alles schon wieder vorbei. Der Verlierer wendet den Kopf zur Seite. Zwar nur für eine Sekunde und nur um fünf Zentimeter, doch dieser Wink genügt bereits als Zeichen der Kapitulation. Der Unterlegene darf entweichen, ohne auf die Hörner genommen zu werden.

Schon Minuten später haben beide Raufkumpane neue Gegner gefunden. Weitere Duelle flammen ohne ersichtlichen Grund auf. In einer Herde zählte ich pro Stunde nicht weniger als sechzig Kämpfe. Um eine Rangordnung festzulegen sind die Bullen im Eifer der Gefechte jedoch viel zu vergesslich. Wozu soll dann also die ständige Prügelei gut sein?

Die Bisons, auch Indianerbüffel genannt, betreiben das Hornturnier als immerwährenden Sport, um ihre Kampfkraft gegen wirkliche Feinde, also gegen Wolfsrudel zu trainieren. Doch gleichzeitig darf der Zusammenhalt in der Herde durch die dauernde Streiterei nicht zerstört werden. Deshalb diese außergewöhnliche Fairness und Freundschaft unter Rivalen. Das Duell ist mehr Sport, Spiel und Spaß und kein tierischer Ernst.

Da es unter Bisons keine feste Herdenordnung gibt, kann jedes Tier seine „Vereinszugehörigkeit" jederzeit nach Belieben wechseln. Und doch halten alle Mitglieder in unverbrüchlicher Treue zusammen, wenn es hart auf hart geht. Auch üben tote Artgenossen eine unwiderstehliche Anziehungskraft aus. Die Überlebenden beschnüffeln die Leiche und stoßen sie sanft mit den Hörnern, als wollten sie sagen: „Aufstehen, du alter Schläfer! Wir marschieren weiter!"

Ende Mai kommen die 30-Kilogramm-Kälber nach 270 bis 300 Tagen Tragzeit zur Welt. Bei Wolfs- oder Bärengefahr bleibt die Gebärende in der Mitte ihrer Herde, von ihren Kumpaninnen gut gedeckt und beschützt. In ruhigen Zeiten sucht die werdende Mutter jedoch, von zwei Freundinnen als „Hebammen" begleitet, die Einsamkeit auf, weil inmitten der Masse fatale Irrtümer auftreten können.

Gerät die Herde zum Beispiel während der Geburt in Aufregung und quirlt wild durcheinander, kann es geschehen, dass Mutter und Kind auseinandergerissen werden. Das Kleine sucht Milch und Liebe bei einer Fremden, wird von ihr verstoßen, weil jede Mutter nur ihr eigenes Kind säugt und niemals ein fremdes. So irrt es zum Gotterbarmen blökend umher, bis es elend verendet.

Ein glückliches Kalb ist unmittelbar nach der Geburt durch Beschnüffeln mit der Nase für seine gesamte Jugendzeit mit der Mutter unauflösbar verbunden. Im Alter von dreißig Minuten kann es bereits laufen. Am zweiten Lebenstag kehrt die Mutter mit ihrem Kind in den Schutzkreis der Herde zurück.

Weibchen erlangen mit zwei, Männchen mit drei Jahren die Reife, warten aber bis zu fünf Jahre lang bis zur ersten Paarung, weil sie dann erst stark genug sind, sich mit den älteren, kampferprobten Männern herumzurangeln. Ihr Höchstalter beträgt 25 Jahre.

Einst lebten 60 Millionen Bisons auf den weiten Prärien von den Rocky Mountains bis fast zum Atlantik. Wie Zugvögel wanderten sie alljährlich im Herbst und Frühling über Tausende von Kilometern umher, wobei sie seit Äonen angestammte Pässe über die Berge benutzten.

Doch damit sollten sie ihren eigenen Untergang bereiten. Denn als die Eisenbahnlinien vom Osten bis an den Pazifik gebaut wurden, verzichteten die Gleisbautrupps auf eine Vermessung der Streckenführung und folgten einfach nur den Trampelpfaden der Bisons. Und mit den schnaufenden Zügen kamen die Schützen. Um 1870 wurden jährlich 2,5 Millionen dieser kraftvollen Tiere abgeschossen. 1989 lebten in den USA nur noch 835 Bisons. Seither stehen sie unter Schutz und haben sich derzeit wieder auf etwa 50.000 Tiere vermehrt.

Die Massenjagd auf Bisons ist übrigens schon 8.500 Jahre alt. Damals errichteten Urindianer im heutigen Colorado mehrere hundert Meter lange Steinwälle. Diese trichterten die wandernden Herden am Rand eines zehn Meter tiefen Steilhangs zusammen. In Panik versetzt, stürzten sich die Bisons dort zu Tode und wurden von den Indianern verarbeitet wie Rinder heutzutage im Schlachthof.

Die großen Herden der Bisons, auch Indianerbüffel genannt, sind gegenwärtig nur noch im Yellowstone-Nationalpark zu bewundern.

### Der Mähnenspringer

# König der Saharagebirge

Auf der Suche nach einem Weibchen durchkraxelt der Mähnenspringer-Widder die für Menschen unzugänglichen Gipfelregionen des 4.000 Meter steil aufragenden Jebel Ighil im Hohen Atlas Marokkos. Doch stattdessen trifft er knapp unterhalb der Schneegrenze auf einen männlichen Rivalen.

Zunächst bedrohen sich beide mit nach vorn geneigten Hörnern. Dann nehmen beide Anlauf, rasen aufeinander zu und donnern mit den Hörnern zusammen, dass es aus den Tälern widerhallt. Sie richten sich übrigens nie zweibeinig auf den Hinterläufen auf, wie Steinböcke es tun.

Als dies Geplänkel keine Entscheidung bringt, gehen beide Widder zum Ringkampf über. Wie in einem Zeremoniell der Judokas stellen sie sich in Fellberührung parallel nebeneinander auf. Jeder hakt sich mit einer Drehbewegung des Kopfes mit nur einem Horn in die nach hinten gebogene Stirnwaffe des Gegners ein und hebelt, zerrt und schiebt ihn aus Leibeskräften, so er kann, hin und her, um ihn von seiner Überlegenheit zu überzeugen.

Auch versucht jeder, den Rivalen auf den Fels niederzudrücken und über den „Tisch zu ziehen", wie Bayern beim Fingerhakeln. Ein unblutiges, sportlich faires Kräftemessen, bei dem jeder darauf achtet, den Rivalen nicht in den Abgrund zu stürzen. Doch diese altruistische Verschonung des Feindes ist aus egoistischem Grund entstanden. Denn, aneinander festgehakelt, wäre der Absturz in eine Schlucht der sichere Tod für beide Raufbolde.

Der Lohn für den 1,65 Meter langen und 145 Kilogramm schweren Sieger ist der Zugang zu nur einem einzigen etwa halb so schweren Weibchen.

Mähnenspringer leben nicht wie Steinböcke oder Gemsen in kopfstarken Rudeln, sondern als Einzelgänger. Sie sind gleichsam die einsamen Könige der Wüstenberge. Größere Gruppen dieser

Hochalpinisten gibt es irreführenderweise nur in Zoos, wo sie nur deshalb in Gemeinschaften existieren können, weil sie stets reichlich gefüttert werden.

Die Nahrungsknappheit im Wüstengebirge ist der Grund für das Eremitendasein der Mähnenspringer. In einer Region findet nur ein einziges Tier hinreichend Nahrung: halbtrockene Büsche, vereinzelte dürre Gräser und stachelige Akazien, die es meist nur in der Morgen- und Abenddämmerung abweidet, wenn es bei Tage zu heiß ist. Da der nächste Quell in unerreichbarer Ferne liegt, können die Mähnenspringer auch monatelang existieren, ohne einen Tropfen Wasser zu trinken. Allenfalls nibbeln sie ein wenig am Frühtau.

Entgegen allgemein vermutetem Naturgesetz bevorzugt die Schöpfung bei der Paarung die älteren Böcke. Während die jüngeren Klettermaxen nur von September bis November zeugungsfähig sind, dauert bei den älteren Herrn die Zeit der Liebe das ganze Jahr hindurch.

Nach 154 bis 161 Tagen Tragzeit bringt die Geiß meist nur ein Kind von 4,5 Kilogramm zur Welt, da bei der kargen Ernährung nur für ein Junges Milch vorhanden ist. Schon wenige Stunden nach der Geburt springt das Kleine vergnügt auf steilem Grat über Schwindel erregenden Abgründen spielerisch umher, ohne abzustürzen. Die Mutter säugt es sechs Monate lang. Trotzdem schnuppert und nibbelt der Winzling schon im Alter von einer Woche zusätzlich an den wenigen dürren Gräsern.

Die Kletterkünste scheinen ihm angeboren zu sein. Er könnte im reinsten Kinderparadies leben... wenn nur die Leoparden nicht wären! In anderen Gebirgen der Sahara, etwa im Tassili und Ahaggar Algeriens oder im Tibesti des Tschad kommt noch der Wüstenluchs, auch Karakal genannt, als Feind hinzu.

Das Überleben ist dann eine Frage der rechtzeitigen Entdeckung der Raubkatzen. Ein Überfall aus dem Hinterhalt eines Felsens verläuft meist tödlich. Bei früher Sichtung des mit Wüstengelb gut getarnten Feindes beginnt ein Wettrennen mit dem Tod steil bergauf. Im ersten Spurt sind die Räuber meist schneller als ihre Opfer. Doch auf längerer Steigungsstrecke bleibt ihnen die Puste eher weg als den Gehörnten.

Wie hoch können die Mähnenspringer eigentlich jumpen? Als Tierpfleger sie in einem Zoogehege einfangen wollte, um sie umzuquartieren, setzten sie mit spielerischer Leichtigkeit aus dem Stand über den 2,30 Meter hohen Zaun. Und als die Fänger sich wieder entfernt hatten, sprangen die Leichtathletik-Rekordler ebenso graziös wieder in ihr gewohntes Gehege zurück!

Diese Könige der Wüstengebirge gehören zu den reinlichsten Wesen der Tierwelt. Doch da sie sich in den extrem dürren Regionen nicht waschen können, säubern sie sich, indem sie mit den Hörnern Sand auf ihren Rücken schaufeln und das Fell dann mit ihren Klauen, Lippen und Zähnen bearbeiten.

Im Zoo erreichen sie übrigens ein Alter bis zu zwanzig Jahren, während im Freileben schon zehn Jahre als uralt gelten. Die Ursache des frühen Todes liegt jedoch nicht, wie bei vielen anderen Wildtieren, im Stress des täglichen Lebenskampfes, sondern in abgewetzten Zähnen. Die dürren Gräser sind meist so stark verholzt und mit feinem Sand durchsetzt, dass die letzte Zahngarnitur schnell abgewetzt wird und der Tod durch Verhungern eintritt.

In Zoos bekommen die Tiere deshalb seit einigen Jahren nur solches Heu zu fressen, das zuvor in einem Gebläse von Sand und Erdreich gesäubert wurde. Seither werden dort die Mähnenspringer zu den reinsten Methusalems.

Ein Mähnenspringer-Bock zeigt einem Kitz, wie steile Felswände zu durchklettern sind, ohne sich in die Gefahr abzustürzen zu begeben.

## Der Steller'sche Seelöwe

# Kinder spielen mit Delphinen und Walen

Unter den Robben gibt es ganz üble Haremsherrscher, etwa bei den riesigen See-Elefanten. Sie halten ihren Frauenzirkus mit Terror, Bissen, Flossenklitsche und Plattwalzen in Zucht und Ordnung. Umso herzerfrischender erscheinen uns die Steller'sche Seelöwen an den Gestaden subarktischer Inseln, etwa der Aleuten in der Inside-Passage Alaskas und auf den Pribilow-Inseln im Beringmeer zwischen Sibirien und Alaska, wo ich sie einen Monat lang beobachten konnte:

seinen zehn bis zwanzig Haremsdamen erlaubt der Ein-Tonnen-Pascha allzeit zu kommen und wieder baden zu gehen, um nach Dorsch, Heilbutt, Hering und Lachs zu jagen. Sie dürfen sogar in der Strandkolonie zu benachbarten Mannsbildern watscheln. Letzteres gehört geradezu zum Paarungszeremoniell.

Im Juni kommen die Weibchen etwa zwei bis drei Wochen nach den Bullen an Land, wenn deren Kämpfe um die besten Liegeplätze abgeklungen sind. Dann suchen sie sich ein schönes Männchen so von drei Metern Länge und einer Tonne Gewicht aus, bringen in seiner Nähe erst einmal ihr ein Meter langes und zwanzig Kilogramm schweres Baby zur Welt, legen vier bis fünf Tage Kinderpflege-Urlaub ein und wandeln dann erst auf Liebespfaden.

Die Heiratslustige hoppelt nacheinander zu vier oder fünf, manchmal sogar bis zu acht, nahebei in Stolzhaltung residierenden Männchen, übrigens den größten Seelöwen der Welt. Als echter Kavalier nimmt der Pascha das der Intrigantin nicht übel, sondern dem Herrn Nachbarn. Und schon ist die schönste Keilerei der Fettleiber im Gange.

Indessen beobachtet „sie" haarscharf, welcher Koloss sich am engagiertesten für sie schlägt. Die mit nur 300 Kilogramm relativ leichtgewichtige Braut robbt zu ihm hin, schiebt sich auf seinen Rücken, beißt ihn in den Hals und reißt gleich wieder aus. Das ist ihre Liebeserklärung. Er hoppelt hinterher, was das Wabbelfell hält, versucht seiner Schönen den Weg abzuschneiden, und manchmal gelingt ihm sogar auch die Paarung.

Wozu die Tändelei? Die Seelöwin muss den gutmütigen Phlegmatiker erst in Liebesrage und Kampfeslust versetzen, damit der tranige Pascha seinen Harem künftig besser verteidigt und auch schlichtend eingreift, wenn sich zwei Weiber streiten.

Das ist wichtig fürs Überleben der Babys. Denn nur zu oft vergessen kampfbesessene Robbinnen in der Hitze des Gefechts die eigenen Kinder und quetschen sie im Schlachtgetümmel unwillentlich tot. Der Herr greift dann meist friedenstiftend ein, indem er eine der beiden Kämpferinnen an der Schwanzflosse packt und von der Gegnerin fortschleift.

Oft wirkt der Weibchen-Knatsch mehr als Spielerei. Auch als Erwachsene sind diese Flossenfüßer sehr verspielt. Der Fisch- und Tintenfischfang in Gruppen zu mehreren hundert Tieren gleicht mehr einem Wettspiel: Wer schnappt dem anderen die meiste Beute vor der Nase weg. In Fresspausen jonglieren Steller's Seelöwen unter Wasser mit selbst produzierten Luftblasen und spielen mit ihnen wie mit Ballons.

Andere Spielfreunde sind Delphine und Dall's Schweinswale, Angehörige einer kleinen Delphinart. Sie spielen miteinander Verstecken und Haschen im Riff oder in Seegtangfeldern und vollführen Luftsprünge, dass es spritzt und klatscht. Die Delphine revanchieren sich mitunter, indem sie ihre Seelöwen-Freunde vor Schwertwalen retten.

Einmal wurde beobachtet, wie zwölf Delphine immerzu mit Höchsttempo im Kreis um eine Gruppe von drei Steller's Seelöwen herumschwammen und sie gegen einen „neugierigen" Schwertwal abschirmten. Eine höchst riskante Hilfsaktion, denn mitunter verschwinden auch Robben im Orca-Magen.

Im August 1998 wurde ich Augenzeuge, wie sich in der Inside-Passage Alaskas bei Admirality-Island ein Rudel von zwölf Seelöwen auf ein fünf Monate altes Buckelwal-Baby stürzte. Sie wirbelten wie ein Tornado um das riesige Kind, und stupsten es mit dem Kopf an. Dieses verstand es sofort als Spielaufforderung und tauchte ab zum 40 Meter tiefen Meeresgrund, die ganze Horde wie wild hinterher.

Die Walmutter verharrte indessen seelenruhig zehn Meter neben ihrem Kind. Hätte sie Gefahr befürchtet, wäre sie mit Schlägen ihrer riesigen Schwanzflosse dazwischengefahren. Doch sie wusste, dass dies alles nur wilde Spiele guter Freunde waren, und so ließ sie ihrem Kind das Vergnügen.

Der schlimmste Feind der Seelöwen-Kinder ist der Sturm. Leider nur zu oft erfassen gewaltige Wogen die Unerfahrenen und zerschmettern sie auf den Klippen, etwa jener Inseln oder Küstenstriche, auf denen diese Meeressäugetiere ihre Ruhelager bezogen haben. Offenbar ist das der Grund für die Verspieltheit auch bei den Erwachsenen: Es ist für die Wasserballetteusen überlebenswichtig, ihre Schwimmgeschicklichkeit und ihr Reaktionsvermögen immer wieder im Spiel zu trainieren.

Die Seelöwenmutter säugt ihr Einzelkind so lange, bis sie den nächsten Spross zur Welt bringt. Da sie nach einer Geburt eine Pause von zwei Jahren einlegt, tritt dies nur alle drei Jahre ein, und der Nachwuchs lebt solange im Milchparadies. Die Reife erlangt er mit drei bis fünf Jahren. Ist es ein Männchen, erreicht er mit acht Jahren die nötige Kraft, um Pascha zu werden. Reibt er sich in den Kämpfen nicht allzu sehr auf, erreicht er sogar ein Alter bis zu 23 Jahren.

Unter den Steller`schen Seelöwen besitzt jedes Tier einen höchst privaten Ruheplatz in den eisigen Gewässern Alaskas.

### Der Stelzenläufer

# Eine Arche Noah für die Babys

Zum Schutz der Eier und der Küken hat die Natur ihren Geschöpfen geniale Tricks und Erfindungen verliehen. Während die meisten am Boden brütenden Wasservögel, etwa die Möwen, als Nest nur eine flache Mulde in den Sand scharren, konstruieren die Stelzenläufer ihre Brutstätte im Deichvorland von vornherein auf einer Art Rettungsfloß oder Mini-Arche-Noah. Sie bauen vor für den Fall einer Überschwemmung durch Regengüsse oder Springfluten.

Zunächst flechten sie einen sechs Zentimeter hohen, suppentellergroßen Unterbau aus umherliegenden Ästchen und Schilfhalmen. Erst hierauf formen sie aus Binsenblättern oder Gras das gemütliche Körbchen der Nistmulde und polstern es weich aus.

Setzt nun eine Überschwemmung ein, ist das für die „Störchlein", wie die Spanier diesen Vogel nennen, keine Katastrophe. Während alle Bruten der Austernfischer, Lerchen und Bachstelzen verloren gehen, überlebt der Stelzenläufer-Nachwuchs das Unheil. Das Nest hebt vom Boden ab, schwimmt davon und treibt als Floß samt den vier Eiern auf den Wellen wie einst laut Altem Testament das Körbchen mit Moses auf dem Nil.

Die Eltern stoßen dann die kleine Arche Noah mit den Schnäbeln wie einen Kinderwagen vor sich her bis zu einem kleinen Hügel „Ararat" und brüten dort fröhlich weiter. Sobald die Küken nach 26-tägiger Brutzeit schlüpfen, ist solch eine Rettungsaktion nicht mehr nötig. Die Kleinen sind Nestflüchter und können schon vom ersten Lebenstag an schwimmen. Zwar nur mehr wie Sektkorken, aber das genügt, um dem nassen Tod zu entrinnen.

Nicht minder staunenswert ist die Verteidigung gegen Feinde. Um die Abwehrmaßnahmen zu optimieren, schließen sich die „Daddy Langbeine" zu lockeren Brutkolonien von etwa einem Dutzend Pärchen zusammen. Attackieren ein, zwei, oder drei Krähen, Elstern oder kleinere Greifvögel als Eier- oder Kükendiebe die Kolonie, starten sogleich alle Elternvögel im Kollektiv und umkreisen im dichten Schwarm so laut zeternd die Feinde, dass diese, total entnervt, das Weite suchen. Damit sind die Küken gerettet.

Einen Fuchs, Marder oder Waschbären können die Hochstelzigen damit natürlich kaum beeindrucken. Gegen sie hilft nur die geeignete Nistplatzwahl, eben inmitten eines Sees oder Morastes auf einem Inselchen trockenen Gebietes. Dorthin können die wasserscheuen, räuberischen Vierbeiner nicht vordringen.

Doch hat dies auch eine Kehrseite. Trockenheit und lang anhaltende Sonnenscheinperioden sind für diese Watvögel das schlechteste Wetter im Kampf ums Überleben. Flachwasserseen und Moore trocknen aus, die Eiräuber und Fleischfresser dringen in die Brutkolonie ein, plündern die Nester und schnappen mitunter auch die Eltern, wenn sie des Nachts beim Brüten eingeschlafen sind.

Eine Frage nebenbei: Was fängt man mit seinen Beinen an, wenn man so ein nur taubenkleines Vöglein von 36 Zentimetern Länge ist, als Gehwerkzeuge aber 40 Zentimeter lange Stelzen besitzt, eben wie der Stelzenläufer?

Bereits die Paarung ist ein artistisches Balance-Kunststück. Ist der Braut der Stelzerich nicht genehm, schwankt sie nur ein wenig hin und her, und schon stürzt er ab - so auch alljährlich im Frühling in den Flachwasserseen der Hawaii-Insel Oahu, wo ich sie beobachten konnte oder auch in Südfrankreich und Spanien sowie neuerdings auch in Norddeutschland an den Küsten von Nord- und Ostsee.

Sind die überlangen Stakser nicht beim Brutgeschäft hinderlich? Die grazilen Vögel machen aus der Not eine Tugend: Beim Sich-Niedersetzen umranden Mutter oder Vater das Gelege mit den Beinen in einer Art Lotossitz. Dann können die vier Eier nicht zur Seite rollen. Erst wenn das sichergestellt ist, lässt sich die 160 Gramm leichte Schönheitskönigin sanft auf dem Gelege nieder: eine Knickebeinstellung, aus der sie nur mit Flügelschlag schnell wieder hochkommen kann.

Bei zunehmend trockenerem Klima litten die Stelzenläufer in jüngster Vergangenheit auch in Südfrankreich und Spanien in extremer Weise. Daraufhin verließen sie dort ihre angestammten Brutgebiete, suchten in ausgedehnten Aufklärungsflügen über ganz Europa nach Ausweichquartieren und gelangten so seit 1949 auch ins regenfeuchte Norddeutschland, wo sie sich prompt dauerhaft ansiedelten. Zuzug einer neuen Brutvogelart aus Gründen höchster Not!

Weite Wanderungen sind für sie jedenfalls nichts Besonderes. Schon seit Urzeiten erscheinen sie Ende April in ihren Brutgebieten, erledigen in höchster Eile ihr Brutgeschäft und verlassen uns schon Anfang August bereits wieder in Richtung des fernen Südafrika.

Es bleibt noch anzumerken, dass die überlangen Stelzen eine besonders subtile Form der Nahrungsaufnahme ermöglichen. Statt im Schlick zu stochern, können sie so tief ins Wasser hineinwaten wie kein anderer Vogel ihrer Größe. Sie sondieren dann, oft bis zum Bauch im Wasser stehend, mit der hochsensiblen, von zahlreichen Tast- und Geschmacks-Sinneszellen bestückten Schnabelspitze den Grund nach Würmern, Schnecken und Insekten durch, schnappen sich aber auch Kaulquappen, Wasserwanzen, Mückenlarven und Schwimmkäfer von der Wasseroberfläche.

**Schlaue Austernfischer nisten neuerdings in den Wattenwiesen hinter dem Deich, damit Gelege und Küken nicht unter Überschwemmungen leiden.**

## Der Bartkauz

# Eulenküken fürchten sich vor Mäusen

Mutter Bartkauz beschloss, heute mit dem Jagdunterricht für ihre gerade fünf Wochen alten Kinder zu beginnen. Wie auf einer Schulbank aufgereiht, saßen sie zu viert auf einem vierzig Zenti-

meter niedrigen Ast in der Taiga Nordfinnlands und schauten den Lemming an, der aus Mamas Schnabel baumelte.

Nach einer Weile ließ sie mit heiserem Krächzer die Beute zu Füßen der Kinder fallen. Bisher hatten die grauen Wattebausche solche Leckerbissen zum sofortigen Verzehr ins Nest gelegt bekommen. Deshalb kapierten die etwas begriffsstutzigen Wollwuschel nicht sofort, was das zu bedeuten hatte. Sie zwinkerten mit den Augen, verdrehten ihre Köpfe nach beiden Seiten um jeweils 280 Grad und miauten wie junge Kätzchen.

Da sprang die Mutter hinab, hob den Lemming wieder auf, hielt ihn den Kindern dicht vor die Augen und ließ ihn wieder fallen. Da kapierten sie es endlich und stürzten sich flatternd auf das Futter. Der Beutefangtrieb war geweckt. Anderntags konnten die Zielübungen beginnen.

Diese führen nur im Einzelunterricht zum Erfolg. Ein Kind muss einen Lemming im Sprung von oben treffen. Im „Seminar" verfehlt der Lehrling die Beute aus einem Meter Höhe erst um einen halben Meter. Nach drei Tagen Training schafft er es schon auf dreißig, in der folgenden Woche auf zwanzig und dann auf zehn Zentimeter genau.

Sogar das letzte Ergebnis ist noch ein lebensbedrohender Fehler. Denn wenn die junge Eule bei einem lebenden Lemming sogar nur um einen Zentimeter danebengreift, kommt dies einer „Niete" gleich. Ein Beutetier, das nicht sofort voll gegriffen wird, entkommt unweigerlich im Pflanzenwuchs am Erdboden und dann in einem seiner Löcher.

Nach zehn Tagen Zielunterricht landeten die Jungen ihre ersten Treffer. Da erhöhte die Mutter den Schwierigkeitsgrad: erst die Sprunghöhe - bis auf fünf Meter -, dann brachte sie, gleichsam als Lehrmittel, den ersten lebenden Lemming.

Das Kind landete schon beim ersten Mal einen Volltreffer. Im gleichen Augenblick fiepte der

Lemming schrill. Doch nun durchzuckte es den jungen Bartkauz, so benannt nach dem schwarzen Kinnbärtchen. Der schon recht stattliche graue Plüschkerl erschrak vor dem winzigen Wühlmäuschen wie ein junges Mädchen und ließ es - igittigitt! - gleich wieder los.

Von den toten Tierchen, mit denen er bislang gefüttert worden war, kannte er den Todesschrei noch nicht. Sogar ein so großer Jäger muss also erst lernen, seine Angst vor lebender Beute zu überwinden, und wenn sie auch noch so klein ist.

Die nächste Lektion lautete: Lemmingfang bei Nacht. Die Dunkelzeit ist im äußersten Norden Europas im Sommer nur extrem kurz. Deshalb jagen die Bartkäuze nicht nur, wie unsere Eulen, in der Nacht, sondern auch bei Tage, wenn sie satt werden wollen.

Oder, besser gesagt: Weil sie auch die Kunst der Tagjagd beherrschen, stand ihnen die Möglichkeit offen, Gebiete zu besiedeln, die so weit nördlich liegen, dass reine Nachteulen wie Uhu oder

Der Uhu ist nur geringfügig größer als der Bartkauz. Doch während der Uhu nur nachts jagt, ist der Bartkautz auch tagsüber auf Beutefang.

Waldkauz dort nicht mehr existieren und mit ihnen konkurrieren können.

Seltsamerweise beginnt der Jagdunterricht für die Bartkauzkinder jedoch mit optischen Zielübungen. Die hierbei erworbenen Erfahrungen übertragen sie kurz danach auf akustische Peilungen. Das ist nicht sonderlich schwer, denn Augen und Gehör sind starr miteinander gekoppelt. Was der Vogel gerade mit seinen Augen fixiert, dorthin richtet er automatisch auch den Horch-Parabolspiegel seines Gesichts. Auch starren die Augen stur geradeaus. Eulen können nicht mit ihren Augäpfeln rollen.

Erst lernen die Jungen das Zielen auf die Beute mit den Augen. Dann übertragen sie ihre Fertigkeit auf das Gehör. Schließlich bevorzugen sie dieses. Und wenn sie einmal ganz genau hinhören wollen, ob irgendwo ein Lemming raschelt, schließen sie sinnig die Augen, um sich voll zu konzentrieren.

Überdies sind die Bartkauz-Augen so nachttüchtig, dass sie bei Sternenschein oder wenn Nordlichter über den Himmel geistern ebenso viel erkennen können wie Menschenaugen bei Vollmond.

Der Bartkauz ist mit 65 Zentimetern Größe, 1,50 Metern Flügelspannweite und einem Kilogramm Gewicht fast so groß wie ein Uhu. Mit seinen Krallen könnte er ein Rentier erdolchen. Doch er ernährt sich zu 80 Prozent nur von mauskleinen Lemmingen. Von ihnen ist er, anders als der Waldkauz, sogar so stark abhängig, dass seine Kopfzahl direkt proportional der Menge der Lemminge ist.

Solange die Küken noch auf hohen, alten Bäumen im Nest hocken, werden sie oft von den Eltern allein gelassen, weil Mutter und Vater Futter für die hungrigen Schnäbel heranschaffen müssen. Dann ist es Aufgabe der Jungen, sich selber gegen Feinde zu verteidigen. Sie vollbringen das mit der Hitchcock-Methode und versuchen, ihnen das Gruseln zu lehren:

Erst schnalzen sie mit der Zunge, dass es klingt wie knackende Zweige. Wenn das nichts nützt, erzeugen sie im Rachen schnarchende Geräusche oder seltsame Töne, die sich so anhören, als würden sie ein Messer schleifen. Dazu strecken sie den Hals und vollführen mit dem Kopf Bewegungen, als wären sie eine Schlange, die zum giftigen Biss ansetzt. Das bringt in vielen Fällen die Rettung. Doch hier sind es nicht die Eltern, sondern Tricks der Schöpfung, denen sie ihr Leben verdanken.

## Der Gepard

# Der Jagdunterricht der Mütter

In der Kurzgrassteppe bei den Gol-Kopjes im Nordosten der Serengeti entdecke ich am frühen Morgen eine Gepardin, die auf einem Termiten-hügel Ausschau hält. Weit in der Ferne grasen kopfstarke Herden von Thomson-Gazellen.

Da stößt mich mein schwarzer Fahrer an: In einem kleinen Feld hohen Grases liegt eine Gepar-denmutter mit fünf Kindern. Sie sind etwa sechs Monate alt. Alle reißen ihre Mäuler weit auf und gähnen. Haben sie Langeweile? Nein. Es ist ein bei Raubtieren häufig zu beobachtendes Hungergäh-nen. Plötzlich ist die Mutter wie vom Steppengras verschluckt. Die Hochgeschwindigkeitsjagd be-ginnt.

Mit einem Tempo von 117 km/h rast die Mut-ter los. „Sie geht einkaufen," meint mein Fahrer. „Geht" ist gut, denke ich. Schließlich handelt es sich um die schnellste Raubkatze der Welt. Die Tommys zucken hoch und rasen im gleichen Au-genblick davon. Tempo 80 ist bei ihnen das Fluchttempo.

Ich warte bei den Gepardenkindern ab, was ge-schehen wird. Die Tommys schlagen scharfe Ha-ken, wollen ihren Feind ins Leere laufen lassen. Aber ebenso wendig folgt ihnen die Gepardin. Mit einem Mal eine kleine Staubwolke: Der Jäger hat seiner Beute die Hinterbeine zur Seite ge-schlagen. Sie stürzt über ihre eigenen Füße, fällt zu Boden. Und im gleichen Augenblick fasst der Geschwindigkeits-Weltrekordler sein Opfer mit dem Maul an der Kehle. Zehn Minuten lang muss er es würgen, ehe es erstickt.

Doch so lange können die Gepardenkinder mit ihrem Riesenhunger nicht warten. Sie stürzen sich auf die Beute, reißen ihr mit Krallen und Zähnen die Bauchdecke auf, zerren am Gedärm, verschlingen die Leber und andere Innereien.

Bei solchen Erlebnissen schlagen immer zwei Herzen in meiner Brust. Einmal bekomme ich himmelschreiendes Mitleid mit dem niedlichen Gazellenbaby. Zum anderen sagt mir der Ver-stand, dass die Gepardenmutter ihre eigenen Kinder füttern muss, wenn diese nicht verhungern sollen. Ohnehin muss schon jedes dritte Gepardenkind sterben, bevor es erwachsen wird: von Löwen oder Hyänen gefressen, verhungert, oder an einer Krankheit eingegangen.

Ein anderes Mal geschah Unerwartetes. Die Gepardenkinder drängten hoffnungsfroh zur Beute heran. In diesem Augenblick ließ die Mutter das erjagte Kitz fallen. Und nun zeigte sich, dass es noch springlebendig war und einen Fluchtspurt vollführte. Gleich war auch für die Gepardenkinder alles klar: Sie sollten am praktischen Beispiel jagen und töten lernen.

Das Kitz floh. Die Gepardenkinder hinterher. Das Gazellenbaby schlug einen Haken. Die Jagdschüler sausten ins Leere. Schon bestand die Gefahr, dass die Beute verloren ging. Doch die Mutter hatte das offenbar vorhergesehen. Sie verstellte dem Kitz den Weg und trieb es wieder auf ihre Kinder zu. Dann zeigte sie ihnen, wie man eine Beute stoppt, indem man ihr mit einem Prankenhieb die Hinterbeine zur Seite schlägt. Die Kinder sollten es gleich nachmachen, aber keines schaffte es auf Anhieb, die mit Höchsttempo fliehenden Beine zu treffen.

Hinter der Beute herjagen, sie anspringen und irgendwo hineinbeißen, das alles ist den jungen Geparden angeboren. Doch die Geschicklichkeit muss noch trainiert werden. Das Schwierigste ist das Töten mit blitzschnellem Würgebiss in die Kehle.

In den Monaten zuvor haben die Jungen nach Beobachtungen von Bernhard Grzimek schon einiges an Geschicklichkeit im Spiel erworben, et-

Löwen sind im Vergleich zu Geparden schneckenlangsam. Doch wenn sie Beute geschlagen haben, stehlen ihnen die Schwergewichtler das Fleisch.

wa beim Erhaschen von Heuschrecken, Käfern, Mäusen und Ratten. Beliebte Schulungsobjekte sind immer Mutters Schwanzquaste und der Überfall auf die Geschwister. Auch Wettrennen werden schon eifrig geübt, wobei die Mutter allerdings höllisch aufpassen muss, damit nicht plötzlich eine Hyäne, ein Löwe oder ein Leopard das Kind schnappt. Es ist pädagogisch interessant zu beobachten, wie die Mutter, sobald ihre Kinder ganz junge Thomson-Kitze fangen können, zu Beutearten übergeht, die immer schwieriger zu jagen sind. Andererseits aber verlangt sie auch nichts Unmögliches von ihrem Nachwuchs, indem sie ihre Jungen an zu gefährliche Beutetiere heranführt und dadurch in Gefahr bringt.

Wenn sie ihnen etwas bringt, maunzt sie mit Lockrufen, sofern es sich um tote oder ungefährliche Beutetiere handelt. Lebt das „Futter" aber noch, stößt die Mutter etwas höhere Warnlaute aus. Als extrem gefährlich stuft sie eine lebende Ratte ein. Diese könnte sich an der Kehle der Kinder festbeißen. Hier tönt ihre Vorwarnung besonders schrill. Sie weiß also sowohl die Gefährlichkeit der Ratte als auch die Fähigkeiten, die sich ihre Kinder inzwischen erworben haben, richtig einzuschätzen. Eine großartige pädagogische Leistung.

Sind Tiere so gute Lehrmeister, weil sie klüger sind als unsere Pädagogen? Nein! Der Grund ist im Gegenteil die viel geringere Intelligenz der Tierkinder. Sie sind nur dann imstande, etwas zu lernen, wenn es ihnen äußerst „allgemeinverständlich" beigebracht wird, also gleichsam auf primitivstem Niveau.

Die erbittertsten Feinde der Geparden sind die Löwen. Auf dem Gipfel einer der Gol-Kopjes haust zum Beispiel ein ganzes Rudel. Während die meisten „Tierkönige" schlafen, halten immer zwei oder drei nach allen Seiten Wache. Vor allem halten sie in der Abenddämmerung Ausschau, ob und wo in der Nähe zu ihren Füßen Wild von den gefleckten Konkurrenten erlegt wurde. Dann schleichen sie sich in der Dunkelheit auf die Ebene hernieder und greifen überfallartig an. Meist können die Geparden noch fliehen. Aber dann durchleiden sie die folgende Nacht mit knurrendem Magen.

Die dortigen Löwen sind übrigens die ältesten, die es weltweit in freier Wildbahn gibt. Sie kennen sich so gut im Irrgarten der stacheligen Büsche, Felshöhlen, Schluchten und Sackgassen der Kopje aus, dass kein Rudel fremder Artgenossen, die ihr Terrain erobern wollen, auch nur die geringste Chance besitzt, zum Erfolg zu kommen.

## Zebras und Gnus

# Das Tiermassenwunder der Serengeti

In der Serengeti-Steppe des ostafrikanischen Tansania leben derzeit wieder, Bernhard Grzimek sei Dank, an die 1,6 Millionen Gnus und 200.000 Zebras. Auf ihrer viele hundert Kilometer weiten Kreis-Wanderung erreichen die unübersehbaren Massen alljährlich im Februar die Grasebenen am Ndutu-See im Süden der Schutzgebiete, um dort alle am gleichen Tag ihre Babys zur Welt zu bringen: eines der sieben Natur-Weltwunder.

Das musste ich mit eigenen Augen sehen! Nach elf Stunden Flug von Amsterdam zum Kilimandscharo-Airport und acht Stunden Fahrt mit einem Geländewagen auf maßlos holpriger und verschlammter Straße erreiche ich termingerecht das Gebiet. Doch von Horizont zu Horizont ist nichts zu sehen, kein einziges Huftier, nur im Winde wogendes Gras.

Ein Rudel von fünfzehn Löwen räkelt sich hungergähnend am Boden. Auch sie warten ebenso planmäßig wie vergebens auf die Massen wandernder Fleischbrocken. Die Natur spielt in diesem Jahr, 1998, verrückt. Obwohl die Regenzeit längst vorüber sein soll, schüttet es sintflutartig. Seen und Flüsse treten über die Ufer, schwemmen Brücken, Pisten und ganze Dörfer fort. Alle Termitenhügel sind zu Lehm-Matsch zusammengeschmolzen.

Sind die Gnus und Zebras im Morast stecken geblieben? Oder hat der reiche Regen so viel Gras wachsen lassen, dass die Huftiere gar nicht bis hierher zu wandern brauchen? Niemand weiß es. Mir bleibt nichts übrig, als geduldig zu warten - wie die Löwen auch.

Auf Pirschfahrt stöbere ich zufällig einen Leoparden auf. Mit ein paar Sätzen springt er in eine Schirmakazie mit besonders dichtem „Dach". Seine Vorratskammer! Denn dort hat der 70 Kilogramm schwere Jäger eine 80-Kilogramm-Grant-Gazelle in einer Astgabel löwen-, hyänen- und geiersicher festgeklemmt und verspeist sie nun ungeachtet meines Blitzlicht-Gewitters in aller Seelenruhe.

Bald darauf erlebe ich die zweite Sensation: ein 1,30 Meter großer und 22 Kilogramm schwerer Riesentrappen-Hahn prahlt in voller Balz. Die Halsfedern zur „Flaschenbürste" gesträubt, krempelt der Verwandlungskünstler das grelle Weiß des Untergefieders über sein graues Tarnkleid und wird zum weithin blitzenden Ansteuerungs-Leuchtturm für Weibchen. Lockt er statt dessen Feinde an, verwandelt er sich im Handumdrehen wieder in ein unscheinbares, fast unsichtbares Nichts zurück.

Etwas weiter kreisen Geier in der Luft und gehen rasanten Gleitfluges nieder. An solchen Stellen ist stets Dramatisches zu beobachten. Mein schwarzer Fahrer-Guide Mbisi lenkt den Wagen zur Landestelle. Da liegt ein totes Zebrakind mutterseelenallein im Gras. Keiner weiß, wie es dorthin gelangt ist. Ein Vorbote der großen Herden? Die Geier stürzen sich mit röhrendem Hunger darauf, fetzen das Gedärm heraus, packen sich gegenseitig am Kragen, schleudern sich fort, prügeln sich um jeden Bissen. Eine Fressorgie ohnegleichen beginnt!

Abends übernachte ich in der Ndutu-Safari-Lodge am Ufer des gleichnamigen Sees. Nach dem Abendessen will ich, die Nacht ist schon längst hereingebrochen, vom Speisesaal zu meinem Bungalow gehen. Da entdecke ich im Schein der Taschenlampe zwischen zwei Wohnhütten drei schon fast erwachsene Junglöwen keine zwölf Meter von mir entfernt. Noch immer haben sie keine Gnus im Magen. Sie trollen spielerisch umeinander, sind nicht in Jagdstimmung. Als Gewohnheitstiere benötigen sie meist geraume Zeit, ehe sie sich auf eine neue Situation eingestellt haben, sofern man sie nicht reizt. Also: jetzt nur nicht rennen! Und schon gar nicht schreien! Ungeschoren erreiche ich mein Domizil. Auf jeder Naturreise zu großen Tieren erlebe ich kritische Momente. Doch richtiges Verhalten und eine gute Portion Glück gehören auch zum Überleben.

Anderntags fahre ich wieder auf die Suche nach den großen Herden. Vier Stunden lang nichts, nichts, nichts. Da stutze ich: Hat es in der Ferne geschneit? Überall funkelt und blitzt es weiß! Auch der Blick durchs Fernglas gibt noch keine Auskunft. Als ich näher komme, entpuppt sich der „Schnee" als Geschwader von Zehntausenden europäischer Weißstörche! Ende Februar versammeln sich die „Babybringer" aus allen Teilen Süd- und Ostafrikas im Süden der Serengeti und im Ngorongoro-Krater, um sich den Bauch mit Insekten voll zu schlagen und dann gemeinsam die Heimreise nach Europa anzutreten. Hyänen und Schakale unternehmen hin und wieder Versuche, sie sich zu schnappen. Doch mit lässigem Flügelschlag entziehen sie sich ihren Feinden.

Am nächsten Tag wiederum Stunden vergeblicher Suche. Da treffe ich auf so viele kinderreiche Giraffengruppen wie noch nie zuvor auf meinen zehn Afrikareisen. Die Ursache liegt in der Tragik der Löwen. Im Dezember 1993 brach unter ihnen eine Seuche aus, ähnlich der Hundestaupe. Von den 3000 Serengeti-Löwen starben etwa 1000 einen qualvollen Tod. Nutzniesser waren alle Beutetiere der großen Raubkatzen, insbesondere die Giraffen, die sich seither stark vermehrt haben. Gegenwärtig ist die Löwenpest abgeklugen. Den „Königen der Tiere" geht es wieder gut. Die Giraffen werden es zu spüren bekommen.

Ein weiterer Abstecher führt mich in den Ngorongoro-Krater. Er durchmisst 22 Kilometer und weist mit achtzig Löwen die größte Dichte dieser Raubtiere in der Welt auf. Fünf Jahre zuvor konnte ich sie noch gut beobachten. Oft ruhten sie mit ihren Babys im Schatten meines Wagens. Doch inzwischen hat die Anzahl der Touristenautos so stark zugenommen, dass sich die Löwen belästigt fühlen und sich bei Tage in die dichten Hangwälder des Kraterrandes zurückziehen. Der Reisende bekommt derzeit keinen einzigen mehr zu Gesicht.

Doch wo bleiben die Gnu- und Zebramassen am Ndutusee? Wieder fahre ich über die unendliche Ebene. Da reibe ich mir die Augen: Am Horizont, winzig klein, nur mit dem Fernglas andeutungsweise zu entdecken, zieht sich eine Kette schwarzer Pünktchen dahin. Endlich kommen sie! Wie ein Heerwurm zur Landsknechtszeit strömen die 1,6 Millionen Huftiere als Staubsturm heran, meist im Laufschritt, vermischt mit 200.000 Zebras, die sich in der anonymen Masse der Gnus in Familienverbände zu je einem Hengst und bis zu zwölf Stuten mit ihren Fohlen aufteilen.

Noch bevor die Gnus mit dem Fressen beginnen, legen sich viele Hengste total erschöpft nieder. Die Weibchen bringen derweil ihre Jungen zur Welt. Alle am gleichen Tag. Noch sind nur wenige Löwen- und Hyänenrudel zur Stelle. Eine einmalige Überlebens-Chance für die Gnumütter und ihre Kinder!

Mit dem Geländewagen fahre ich mitten in die Tiermasse hinein. Nur unwillig machen sie mir etwas Platz. Doch sobald ich anhalte, entfernen sie sich ganz allmählich, Schritt für Schritt, von dem Auto, und bald bin ich von einem 200 Meter breiten Ring Niemandsland umgeben. Fahre ich ein Stück weiter, beginnt der Akt der Mißachtung von neuem.

Ich sehe den Sinn nicht ganz ein, denn, wäre ich ein Raubtier oder ein Jäger, würde mir das Erlegen einer Beute trotz des Von-mir-Weichens der Tiere keine Schwierigkeit bereiten. So kann ich nur staunen über eines der gigantischsten Massenwunder der Tierwelt.

## Der Weißstorch

# Sich verirren ist „tierlich"

Dass Freund Adebar alljährlich bis Südafrika wandert, wissen wir schon seit hundert Jahren durch die Beringung der Vögel. Doch was erleben sie auf der weiten Reise im Einzelnen? Das erzählen sie uns erst jetzt durch 45-Gramm-Funksender, die ihnen Forscher wie Peter Berthold von der Max-Planck-Vogelwarte in Radolfzell in Mini-Rucksäcken auf den Rücken schnallen, und die uns über einen Satelliten alle zwei Tage genaue Nachricht über den Aufenthaltsort der Vögel geben. Hier einige Beispiele:

Das Storchen-Weibchen namens „Prinzesschen" startete am 23. September 1994 zusammen mit sei-

nem Männchen „Chefkoch" im anhaltischen Dorf Loburg, überquerte die Hohe Tatra und die Karpathen in Richtung Türkei. Bei Ankara gab es Ehekrach. „Er" bummelte missmutig hinter ihr her. „Sie" strebte zielbewusst über Israel nach Ägypten, flog den Nil entlang bis in den Sudan und bewältigte die Gesamtstrecke von 3.730 Kilometern in nur zwölf Tagen, was einem Tagesdurchschnitt von 311 Kilometern entspricht.

In einem Sumpfgebiet des Sudan, dem Sudd, verweilte Prinzesschen Frösche fressend sieben Wochen lang. Die Forscher dachten schon, dort sei sie am Endpunkt ihrer Afrikareise angelangt. Doch am 21. November 1994 startete Prinzesschen erneut und flog stracks in die zentrale Serengeti, landete zwischen Löwen, Zebras und Gnus, fraß Heuschrecken und fand das so schön, dass sie erst am 17. März in Richtung Deutschland aufbrach. Knapp zwei Monate später landete sie am 25. Mai wohlbehalten auf ihrem heimatlichen Horst in Sachsen-Anhalt. Insgesamt war sie 269

Tage unterwegs gewesen und hatte eine Gesamtstrecke von 16.074 Kilometern zurückgelegt.

Höchst ungewöhnlich und tragisch verlief die Reise für den Storch „Konrad". Bis zum Sudan geschah nichts Aufregendes. Doch dort flog er plötzlich nicht mehr nach Süden, sondern stracks nach Westen über den Tschadsee bis nach Nigeria. Dort traf er mit den so genannten West-Störchen, die von Europa über Gibraltar nach Westafrika fliegen, in deren angestammtem Winterquartier zusammen. Als Ost-Storch hatte Konrad dort eigentlich gar nichts zu suchen. Doch er fand Sümpfe mit leckeren Fröschen und verweilte dort, bis er am 2. März die Heimreise antrat: erst mit Kurs Nordost bis zum Nil und diesen dann nordwärts von Assuan bis Kairo. Dann wollte er mit Kurs Ost den Suez-Kanal überqueren, wurde jedoch von Wilderern abgeschossen.

Auch der 14 Jahre alte Adebar namens „Augustin" wurde zum Irrläufer. Er versäumte es, von Israel und Sinai her kommend, den Golf von Suez nach Afrika zu überqueren, sondern flog viel zu weit östlich über die syrische und jordanische Wüste. So gelangte er nach Saudi-Arabien, hielt sich entlang der Küste des Roten Meeres und gelangte in den Norden des Jemen, eines sehr mageren Landes.

Dort erinnerte sich Augustin, vor kurzem eine Region überflogen zu haben, in der gerade eine Heuschrecken-Plage herrschte. Er flog 320 Kilometer weit zurück und fraß sich dort den Bauch voll, ohne zu wissen, dass die Insekten mit Gift bekämpft worden waren. So starb er einen qualvollen Tod.

Bis 1997 wurden 55 Störche mit Funksendern ausgerüstet und ihre Schicksale verfolgt. Es zeigte sich, dass die gefiederten Globetrotter als Oststörche zunächst einem angeborenen Kompasskurs nach Südosten folgen. Die Elternvögel fliegen nämlich seltsamerweise als erste los, ohne ihren etwas später nachfolgenden Kindern zu verraten wohin. Ein unergründlicher Instinkt leitet die Jungen. Dann aber prägen sie sich ein, welchen Flussläufen, etwa dem Nil, sie folgen müssen, welche Meere, etwa das Mittelmeer, und welche Gebirge unter anderem den Sinai, sie umfliegen müssen und wo in Abständen von etwa 300 Kilometern, auf ihrer Tagesstrecke, geeignete Rastplätze liegen, an denen sie Nahrung finden, von Feinden nicht behelligt und von Menschen nicht beschossen werden.

Die weltreisenden Vögel müssen also ein phantastisches Ortsgedächtnis besitzen. Doch irren ist nicht nur menschlich, sondern auch „tierlich". Und die Folgen können tödlich sein. Dieser im einzelnen zu erforschen ist für den Fortbestand der Störche überlebenswichtig. Ihr Schutz ist nicht länger ein deutsches, polnisches oder türkisches Problem. Vielmehr muss Artenschutz heutzutage global gesehen werden. Dazu dienen jetzt die Radiosender im Rucksack der Vögel.

Seltsames kam auch über der Sahara ans Licht: Die West-Störche, die von Spanien über Trafalgar und die Wüste nach Westafrika fliegen, taten das bisher wie alle Störche nur bei Tage, weil nachts die zum Segeln nötigen thermischen Aufwinde fehlen.

Vor einigen Jahren entdeckten die Langbeine jedoch die Ölfelder Algeriens, in deren Raffinerien Gase mit gewaltigen Flammen abgefackelt werden. Sie dienen den Störchen jetzt als nächtliche Wegweiser und als Erzeuger heißer Aufwinde. Das spart Kräfte und verkürzt die Reisedauer. Zuerst verbrannten jedoch einige „Ikarus"-Vögel, die den Flammen zu nahe kamen. Jetzt aber sind sie vorsichtig geworden und genießen die neue Errungenschaft des Nachtfluges.

**Weißstörche rasten nach der Futtersuche auf einem abgestorbenen Baum im Serengeti-Nationalpark Tansanias.**

## Die Nonnengans

# Flug ins Unbekannte

Zahlreiche Räuber lieben Gänsebraten, vor allem das Fleisch flauschiger Gössel. Dagegen haben diese Vögel jedoch raffinierte Strategien, also Verhaltens-"Pakete", entwickelt, um ihre Kinder vor dem Gefressenwerden zu schützen.

Ein Teil davon ist zur Brutzeit die Flucht in den hohen Norden der Arktis. Die Nonnen- oder Weißwangengänse, die in Geschwadern zu Zehntausenden an der Nordseeküste oder auf den Wiesen an der Unterelbe überwintern, fliegen zum Brüten 2.900 Kilometer weit übers Eismeer an die Fjordküsten Nordost-Grönlands, Spitzbergens und Nowaja Semljas, das vor der Küste Sibiriens liegt.

Um die Kunst des Brütens in so kalten, regenverhangenen und oft von Stürmen gepeitschten Regionen zu vollbringen, müssen die Nonnen je-

doch nicht nur weit reisen, sondern auch außerordentliche Anpassungskünste an das raue Klima hervorzaubern.

Zwar gibt es in arktischen Regionen viel weniger Kükenfeinde, einige sind aber doch vorhanden: Polarfüchse und Raubmöwen. Also greifen die keineswegs dummen Gänse zur Abwehrstrategie Nummer zwei: Die sich in Einehe lebenslang treuen Eltern bauen ein einzigartiges Nest auf steilen Klippen oder im unzugänglichen Geröll.

Damit es für die Küken nicht zu hart ist, rupfen sie sich weichen, wärmenden Daunenflausch aus dem Untergefieder der eigenen Brust und polstern die steinige Unterlage zusätzlich mit Moos und Flechten aus. Den Nestrand mauern sie in einmaliger Weise aus dem eigenen Kot. Langsam wächst er höher und höher. Im nächsten Jahr sprießt dort ein gut gedüngter grüner Grasring.

Er bietet guten Sichtschutz gegen Feinde und wird von den Eltern nicht abgefressen. Das kostbare Grün inmitten grauen Gesteins ist den zwei oder drei Gösseln als erste Nahrung vorbehalten, wenn sie nach 25 Bruttagen aus den Eiern schlüpfen und sich, bequem im Nest sitzend, noch für das ihnen nun bevorstehende Abenteuer stärken müssen: den Absprung von der Steilküste.

Die Eltern rufen die zögerlichen Kleinen mit Futterlocklauten aus dem Nest. Einige Küken stürzen sich daraufhin brav und todesmutig den Steilhang hinab, was sie dank ihres Federgewichts, des elastischen, knorpeligen Skeletts und des Federflauschs als Fallschirm heil überstehen. Andere Geschwisterchen bleiben jedoch ängstlich im Nest hocken oder verfangen sich, umhertrippelnd und erbärmlich piepend, in einer Felsspalte.

Dann greifen die Eltern zu einer weiteren ungewöhnlichen Maßnahme. Bei ruhigem Wetter landen sie neben dem „verlorenen" Küken, lassen es auf ihren Rücken krabbeln und schweben mit ihm im Gleitflug wie ein fliegender Teppich an den Strand.

Bei Sturm würden sie den kleinen Passagier verlieren. Deshalb schnappen sie ihn dann mit dem Schnabel und befördern ihn so, wie der Storch in der Legende die Kinder bringt.

Nach der Landung wandern sie im Gänsemarsch, Mutter vorn und Vater hinten, zu grünen Wiesen. Doch die Gefahr durch Polarfüchse ist damit noch nicht vorbei. Deshalb schließen sich nun drei oder vier Familien zu Kinder-Verteidigungs-Gruppen zusammen.

Wenn Raubmöwen angreifen, nimmt die Hälfte der Eltern alle Küken schützend unter die Fittiche. Die anderen bilden um sie einen Kreis und stoßen mit Schlangenzischen langhalsig zu. Falls sie einen Feind erwischen, lassen sie ihn nicht wieder los und ertränken ihn im nahen Wasser.

Gegen einen angreifenden Polarfuchs geht die Elternschar laut trompetend und flügelschlagend in geschlossener Formation vor. Daraufhin sucht der Feind meist das Weite. Gans, du hast den Fuchs gestohlen!

In dieser Zeit sind Frosteinbrüche und Schneeschauer häufig. Akute Gefahr des Erfrierens für die Küken, aber auch für die Eltern. Hiergegen haben die Arktisbesucher ebenfalls ein großartiges Gegenmittel gefunden: Am Ufer grönländischer, in die Fjorde mündender Flüsse verschnabulieren sie sehr viel Moose und Flechten statt des Tundragrases. Nun haben aber sieben Kilogramm Moos den gleichen Nährwert wie 0,5 Kilogramm Gras.

Doch Moose enthalten eine wunderbare Naturmedizin. Sie bewirkt nach neuesten Forschungen, dass die Körperzellen auch noch bei großer Kälte einwandfrei arbeiten. Sie liefern gleichsam ein Frostschutzmittel, das Erfrierungen verhindert. Wenn die Gänse nach Grönland ziehen, fressen sie gleich nach der Landung Unmengen dieser Moose. Dann sind sie vor jedem Frost gefeit. Erst danach leisten sie sich den Luxus, auch Krabben, Schnecken, Würmer und Gras zu verspeisen.

Von all diesen Naturwundern wusste man vor neunzig Jahren noch gar nichts. Und weil man an der Nordseeküste nie Liebesspiele, Paarungen und Küken beobachtet hatte, nannte man die vermeintlich so keuschen Vögel „Nonnengänse". Woher kam dann der Nachwuchs? Von einer Jungfernzeugung?

Die Legende sagt: Diese Tiere entstammen dem Meer. Sie entstehen in den Seepocken und Entenmuscheln, die sich an Felsen, Buhnen und Schiffsrümpfen festgesetzt haben. Wenn diese ihre Schalen öffnen, sehen sie aus wie ein Gänsepopo. Und sie stecken Fühler heraus, die wie Flaumfederchen aussehen. Hieraus sollten die Gänseküken schlüpfen. Wie sich die Dinge tatsächlich abspielen, wurde erst 1907 auf Spitzbergen entdeckt.

Wenn Skua-Raubmöwen im hohen Norden angreifen, verteidigen die Nonnengänse ihre Kinder mit raffinierten Tricks.

Metern Höhe auf, sind in dieser Pose also noch gut einen Meter größer als ich. Dann robben sie aufeinander zu. Zwar muss jeder alle paar Meter keuchend verschnaufen, weil für sie die flossige Fortbewegung an Land überaus anstrengend ist. Doch das sollte einen nicht über die gigantischen Kräfte hinwegtäuschen, die in dieser Körpermasse stecken.

Ich schleiche mich an einen dieser Kolosse an. Meine Frau fotografiert mich, wie ich den Bullen ablichte. Als ich auf fünf Meter an ihn herangekommen bin, gehe ich noch in die Knie, um ein eindrucksvolleres Bild zu schießen. In diesem Augenblick reißt sich der Riese hoch, röhrt wie aus einer Blechtonne und wabbelt auf mich zu. „Der will mich plattmachen," zuckt es mir durch den Sinn. Doch zu Fuß bin ich schneller als er. Zugegebenermaßen hatte ich mir zuvor schon eine Rückzugsstrecke ausgesucht. Es wäre fatal gewesen, wenn ich auf der Flucht einem anderen Bullen zu nahe gekommen oder in einen Tümpel gestürzt wäre!

Der Bulle wendet sich wieder seinem alten Kontrahenten zu. Der Kampf der Mega-Gewichtler geht weiter. Jeder der beiden Gegner bläht seinen sonst schlaff herunterhängenden Nasensack auf, so dass dieser aussieht wie ein zu kurz geratener Elefantenrüssel. Er ist übrigens kein Schallverstärker beim Brüllkonzert, wie früher gemutmaßt wurde, sondern einzig eine Art Rangabzeichen, ein Imponierorgan. An ihm kann der Kenner jederzeit den Stand im Kampfgeschehen ablesen. Auf der Siegerstraße bläht sich der Nasensack mehr und mehr zum Ballon auf. Beim Verlierer schlafft er ab.

Das Gefecht selbst wird mit äußerstem Kraftaufwand ohne jede Rücksichtnahme geführt. Die Duellanten holen mit ihrem Oberkörper weit nach hinten aus und schlagen ihre wenigen Zähne in den Gegner hinein, wo sie ihn gerade treffen. Das dicke, zähe Fell wird aufgerissen, Blut fließt. Dennoch wird der Kampf nicht bis zum Tod eines der Kontrahenten ausgetragen. Derjenige, der sich unterlegen fühlt, räumt meist noch rechtzeitig das Feld. Aber die Folgen dieses Kampfes führen oftmals doch noch den Tod des Verlierers herbei.

## Der Südliche See-Elefant

# Fahrten in die Tiefsee

Als ich mich der Küste der argentinischen Halbinsel Valdes nähere, mischt sich in das Donnern der Brandung das Gebrüll zweier See-Elefanten-Bullen. Beide wollen einen von den Weibchen bevorzugten, aber zur Zeit noch von diesen unbesetzten Strandabschnitt erobern. Die Rivalen richten sich unter urweltlichem Brüllen, Schnauben und Prusten mit dem Vorderleib bis zu drei

Denn was soll er tun? Wo kann er hin? Im Meer warten Schwertwale und Weißhaie, die durch den Geruch des Blutes angelockt würden. Auf der Suche nach solchen Duellverlierern patrouillieren diese Haie im Gegensatz zu Angehörigen anderer Raubfischarten auch küstennahe und flache Meeressäume ab, wobei sie gelegentlich auch an die Badestrände der Menschen geraten.

Was erwartet nun einen 3600-Kilo-Riesen von See-Elefanten auf hoher See? Während das Treiben der Pottwale, Delphine oder Seelöwen im Ozean gut bekannt ist, vermochte lange Zeit niemand hierüber etwas in Erfahrung zu bringen. Bis zum Jahre 1987. Da gelang Burney Le Boeuf, Meeresbiologe der Universität Kalifornien, etwas Außergewöhnliches. Er schnallte zahlreichen der etwas kleineren Nördlichen See-Elefanten Tiefenmesser, Peilsender und Atem-Meßgeräte an den Leib, um etwas über ihre Aufenthaltsorte und ihr Verhalten auf hoher See zu erfahren. Er entdeckte buchstäblich Atemberaubendes.

Anders als die Seehunde der Nordsee und alle anderen Robben verhalten sich die See-Elefanten wie Flachwasserbewohner, die zu Tiefsee-U-Booten umfunktioniert wurden. Der Forscher beobachtete die nördliche Art an der Küste der Insel Ano Nuevo in der Monterey-Bucht, 100 Kilometer südlich von San Francisco.

Gleich nach dem Eintauchen ins kühle Nass gingen die Meeressäuger auf Tiefe und folgten dem Profil des Meeresgrundes nahezu auf Tuchfühlung bis zu einer Tiefe von maximal 1.600 Metern. Weibliche Tiere erreichten auch noch 850 Meter. Jedes Weltkrieg-II-U-Boot wäre hier schon längst von dem ungeheuren Wasserdruck zerquetscht worden.

In diesen finsteren Tiefen des Ozeans halten sich die Kolosse fast ständig auf. Nur dreimal in jeder Stunde tauchen sie nach jeweils 17 Unterwasser-Minuten einmal mit hoher Geschwindigkeit für nur drei Minuten auf, um Luft zu schnappen und gleich wieder sturzflugähnlich zum Meeresgrund hinabzusto-

ßen. 85 Prozent ihrer gesamten Zeit verbringen sie in diesen Tiefen. Ja, dort schlafen sie sogar.

Auch während der Zeit der Paarungen und des Fellwechsels an Land schlafen diese seltsamen Wesen, ohne zu atmen. Hier nehmen sie einen tiefen Atemzug, schlummern etwa zehn Minuten und holen derweil keine Luft, bis sie wieder aufwachen und so fort. Schlaf in Zehn-Minuten-Portionen! In der Tiefsee wird der Tiefschlaf jeweils bis zu zwanzig Minuten lang ausgedehnt. Dann müssen die Riesen für drei Minuten zum Atmen an die Oberfläche, stoßen wieder abwärts und fallen gleich wieder in Morpheus' Arme. Ein phantastisches Energie-Sparsystem versetzt den Organismus dazu in die Lage.

Doch was treiben die Kerle so lange dort unten? Von gelegentlichen Schlummerstündchen abgesehen, sind sie pausenlos auf der Jagd nach Beutetieren, die auf oder im Meeresboden leben, also hauptsächlich nach Fischen, Kraken und Tintenfischen. Der Kampf um die Harems hat die Bullen viel Substanz gekostet, und die Weibchen verloren in der 23-tägigen Fastenzeit während des Säugens der Jungen etwa die Hälfte ihres Körpergewichts von 900 Kilogramm. Das muss nun alles ohne großen Zeitverlust wieder angefuttert werden.

Überdies sind See-Elefanten-Männer Weltmeister im Zusammenhamstern kopfstarker Haremsverbände. Der Pascha muss seine Weibchenschar allerdings rund um die Uhr hüten wie einen Sack Flöhe und ständig auf dem Schuss sein, um Neben-

See-Elefanten-Weibchen müssen während des Haarwechsels eine der antarktischen Inseln aufsuchen. Dabei schlafen sie, ohne zu atmen.

buhler, so genannte Schleicher, zu vertreiben. Zu ernsthaften Kämpfen kommt es, sobald die Weibchen eingetroffen sind, jedoch kaum noch. Die Schleicher wissen, dass sie ihr Leben riskieren, wenn sie sich erwischen lassen. Ihre Chance besteht tatsächlich nur noch im Schleichen.

Das gesamte Liebesleben der See-Elefanten läuft nach einem exakten Zeitplan ab. Claudio Campagna, Zoologe an der Universität Buenos Aires, hat ihn erforscht:

Ab 6. August: Ankunft der stärksten Bullen an den Stränden von Valdes. Anschließend heftige Kämpfe um die besten Paarungsterritorien, auf dem Lande wie auch im Wasser. Aufenthalt ohne Nahrungsaufnahme: 57 bis 80 Tage.

27. September: Ankunft der Weibchen und Damen-Wahl der von den Bullen besetzten Plätze. Aufenthalt ohne Nahrungsaufnahme: 28 Tage.

2. Oktober: Achtzig Prozent aller Babys kommen an diesem einen Tag zur Welt, der Rest etwas später. Fast jedes Weibchen gebiert ein Junges und säugt es 22 Tage lang bis zum 24. Oktober.

Die Kindheit wird im Höchsttempo durchlebt. Das Baby kommt bereits als 1,20 Meter langer Lulatsch mit einem Gewicht von 40 Kilogramm zur Welt, ist also so groß wie ein ausgewachsener Seehund.

Dann beginnt etwas Kurioses: Die Mutter füllt das Baby, selbst solange fastend und die Hälfte ihres Gewichts verlierend, in den ersten drei Wochen mit 350 Litern Milch ab. Diese besitzt einen Fettgehalt von 51 Prozent. Zum Vergleich: Unsere Kondensmilch enthält nur sieben bis zehn Prozent Fett. Mit diesem Super-Kraftstoff betankt, nimmt das Kind innerhalb von drei Wochen ums Vierfache seines Geburtsgewichts auf 160 Kilogramm zu.

Seltsamerweise wächst es dabei der Länge nach so gut wie nicht. Es schichtet sich nur dicke Fettpolster an, schwillt zum Tönnchen heran und liegt meist brav neben seiner Milchtankstelle.

22. Oktober: Genau zwanzig Tage nach dem Gebären wird das Weibchen zwei- oder dreimal begattet.

24. Oktober: Zwei Tage nach der Paarung beenden die Mütter die Nuckelei abrupt, verlassen ihre Kinder auf Nimmerwiedersehen und schwimmen hinaus in die Weiten und Tiefen des südlichen Atlantik.

Mutterseelenallein bleiben die Kinder noch ganze drei Wochen auf dem Strand zurück - ohne jegliche Nahrung. Und plötzlich fangen die Hungernden, nur vom Fettvorrat zehrend, an zu wachsen. Drei Wochen lang! Eine verblüffende Natur-Erfindung im Reich der Robben.

Währenddessen wechseln die Kinder vom anthrazit-schwarzen Babykleid ins silberbäuchige Jugendkostüm und spielen miteinander. Die Knaben üben sich im Sumo-Ringkampf. Die Mädchen schnappen nach nicht vorhandener Beute in die Luft und schütteln das Nichts tot.

Dann wird es Zeit für den „Stapellauf". Die Jungtiere veranstalten erste Schwimmübungen im seichten Wasser. Dann endlich gehen auch sie ihren Eltern hinterher auf Weltreise, einem für uns Menschen nicht fassbaren Kompasskurs folgend.

Damit zur Frage, wie groß ein Harem sein kann, den sich ein Bulle zulegt? Dazu folgendes Erlebnis:

In bester Lage tummelten sich zwei Haremsgruppen mit 32 und 28 Weibchen im Abstand von nur zehn Metern Niemandsland dazwischen. Die Flut ging zurück. Der Andrang der Schleicher von See her ließ nach.

Der Stärkere der beiden Paschas fühlte sich nicht mehr ausgelastet, wuchtete seine Masse wallenden Fleisches in Richtung „Nachbars Garten" und vertrieb mit infernalischem Röhren seinen Kollegen. Kampflos räumte dieser das Feld. Nun war der Eroberer mit einem Schlag Herr über sechzig Weibchen.

Dem Usurpator gelang indessen nur eine Paarung. Dann glitt die Flut wieder heran. Mit ihr nahm der Druck seiner fünf Stammrivalen von See her wieder zu. Er konnte sein Großreich nicht mehr halten und begnügte sich in dieser Gezeitenphase mit einem Harem.

Folglich ist die Größe des See-Elefanten-Harems genau proportional der Körperkraft des Bullen und umgekehrt proportional dem Druck, den die Rivalen auszuüben vermögen.

Den gewaltigsten Harem finden wir an der Küste der Vulkaninsel Macquarie, zwischen Antarktika und Neuseeland. Dort liegt eine Bucht, ein vulkanischer Krater, mit nur einer winzigen Einfahrt. Hier lagern, dicht an dicht gedrängt, zusammen mit Königspinguinen, bis zu tausend Weibchen auf einem Haufen. An der kleinen Passage sitzt der dortige Chefbulle und lässt keinen einzigen Bräutigam hindurch. Sie alle abzuwehren, schlaucht ihn total. So findet sich keine Zeit, nicht einmal für eine einzige Paarung.

Hier ist der Oberpascha das frauenreichste männliche Wesen der Welt, aber sein Erfolg im Zeugen von Nachwuchs ist gleich Null.

## Der Schwarze Orca-Wal

# Sechs-Meter-Monster als Meisterkoch

So geschehen in der „Warmwasser-Badewanne" zwischen den Hawaii-Inseln Maui, Lanai und Molokai. Der Pazifik ist hier, angefüllt mit Lava der umliegenden Vulkane, nicht wie außen herum 6.000, sondern nur 300 Meter tief. Im Schlauchboot mit Außenbordmotor zuckele ich auf „Whalewatch"-Abenteuer. Einige Buckelwale ziehen prustend ihre Bahn, als plötzlich das Meer zu kochen beginnt. Hunderte von Bonito-Thunfischen durchfurchen im Zickzack die Oberfläche, beschleunigen auf rasante 33 km/h, schnellen panikartig hoch, klatschen wieder zurück ins Meer und flitzen weiter durch das Meer.

Da ertönt im vibrierenden Ozean ein seltsames unterseeisches Surren, das ich nie zuvor vernommen hatte. Und mit einem Mal jumpen an

die zehn pechschwarze Monster neun Meter hoch in die Luft. Jedes trägt einen meterlangen Thunfisch quer im Maul und schäumt zurück in die Tiefe, um seine Beute zu zerfetzen und zu verschlingen. Eine Flottille „Falscher Killerwale", auch „Schwarze Schwert- oder Arcawale" genannt, hat zugeschlagen. Sie hatten die Bonitos mit ihrem Ultraschall-Sonar geortet, waren in hundert Metern Tiefe unter sie geschwommen und kamen dann senkrecht nach oben geschossen, um sie sich zu schnappen.

Diese Meeresmonster sind mit sechs Metern Länge und 2,2 Tonnen Gewicht (die Weibchen wiegen bei 5,40 Meter Länge „nur" 1,1 Tonnen) erheblich kleiner als ihre Verwandten, die „richtigen" Schwert- oder Killerwale. Aber von allem Seegetier werden sie nicht minder gefürchtet. Ihre Speisespezialität sind schnell schwimmende Meeresbewohner wie Thune, torpedoschlanke Kalmar-Tintenfische und die silbern blitzenden Goldmakrelen, die ihrerseits wieder mit Tempo sechzig hinter Fliegenden Fischen her jagen.

Um gegen diese Flitzer überhaupt eine Chance zu haben, sind die schwarzen Piraten die schnellsten Großwale der Welt. Und kein anderer springt so hoch wie sie: bis zu neun Meter!

Sie sind, in Familiengruppen mit bis zu sechs Tieren organisiert zusammenarbeitend, so erfolgreiche Jäger, dass sie sich sogar den Luxus leisten können, ihre Mahlzeit kunstgerecht zuzubereiten. Eine etwa sechzig Zentimeter lange Goldmakrele, in Hawaiis Feinschmecker-Restaurants als „Mahimahi" geschätzt, fasst der Wal am Vorderleib, schüttelt sie, bis der Kopf abbricht und schleudert ihn samt allen Eingeweiden fort. Dann erfasst der Schwarze Schwertwal mit den Vorderzähnen pinzettenartig ein Stück Fischhaut, schält sie ab und bereitet sich mit vollendeten Tischmanieren ein delikates, grätenfreies Fischfilet zu. Eine Seltenheit unter allen Meeresbewohnern!

Solange ein Walkind, das nach 15 Monaten Tragzeit schon als 1,5 Meter langer Brocken geboren wird, noch nicht selber jagen kann, hält seine Mutter den Beutefisch quer im Maul und lässt ihr Kind davon kleine Portionen abbeißen.

Bei Fischern machen sich die „schwarzen Piraten" unbeliebt, weil sie gelegentlich deren Fang aus den Netzen herausbeißen und das Fanggerät zerstören. Werden sie selbst eingefangen, befreien sie sich, anders als die Delphine, indem sie aus eigener Kraft die Netze zerfetzen.

Für ihre Intelligenz spricht, dass sie auch als Einzelgänger und im trüben Wasser nicht zu hungern brauchen: In Schleichfahrt nähern sie sich einem Korallenriff und verstecken sich in einer Höhle, so dass nur ihr Kopf herausschaut. Dann reißen sie das Riesenmaul weit auf und stecken ihre hellrosa blinkende Zunge weit aus ihrer schwarz-unsichtbaren Rachenhöhle heraus. Raubfische glauben dann, eine Art kleinen Rotbarsch vor sich zu haben, wollen zuschnappen und werden - ätsch! - im gleichen Moment selber verschluckt. Die herausgestreckte Zunge als Köder beim Beutefang!

Mit Delphinen und Robben schließen die Schwarzen Schwertwale mitunter Freundschaft. Auch Menschen haben seltsamerweise nichts von ihnen zu befürchten. Doch ganz so pro-

blemlos wie die großen Schwertwale verhalten sie sich nicht. Kürzlich wollte ein Delphin-Trainer die schwarze Seele mit einem Fisch aus der Hand füttern, wie er es bei Delphinen und Schwertwalen immer tat. Doch plötzlich war das Futter samt seinem Unterarm im Walmagen verschwunden.

Auf hoher See führen die „Schwarzen" ein vorbildliches Familienleben. Mutter, Vater und bis zu vier Kinder unterschiedlicher Jahrgänge bilden einen Familienverband. Dieser kann sich auch mit anderen Artgenossen zu Flottillen und Geschwadern mit bis zu 200 Mitgliedern zusammentun. Dann geht die Armada auf große Fahrt, mitunter über mehrere tausend Kilometer weit.

Dabei folgen sie den nach Hunderttausenden zählenden „schwimmenden Wolken" der Kalmar-Tintenfische quer über den Pazifik oder Atlantik, weil sie auch gern „Calamari" futtern. Oder sie suchen, aus den Subtropen kommend, wärmere Gewässer auf, um an ganz bestimmten, von alters her angestammten Treffpunkten Massenhochzeit zu halten.

In Europa hielten Fischer den falschen Schwertwal in der Mitte des 19. Jahrhunderts für ausgestorben. Doch anno 1862 erschienen plötzlich an die hundert dieser „Ausgestorbenen" in der Kieler Förde vor Laboe. Alle Fischer machten mobil, umzingelten das Walgeschwader und trieben es gegen das Ufer. Dreißig Tiere schlachteten sie ab. Doch der Rest konnte entkommen.

**Der Schwarze Orca (Seite 153) führt gewaltige Luftsprünge aus, während der Delphin (unten) Freundschaft mit einem Menschen schließen möchte.**

## Der Klaffschnabel-Storch

# Die Tischsitten der Schneckenfresser

Weinbergschnecken sind eine Delikatesse. Wenn sie würzig gekocht sind, lose im Gehäuse stecken und wenn der Gourmet über das nötige Gerät dazu verfügt, sind sie auch gar nicht so kompliziert zu verspeisen.

Doch wie steht es damit, wenn der Leckerbissen roh verzehrt werden muss, wenn man ein Vogel ist, keine Arme besitzt, dafür aber einen 27 Zentimeter langen Schnabel hat, der mehr an chinesische Essstäbchen erinnert, und wenn Schnecken sowie Muscheln die einzige Nahrung sind, mit der man sich am Leben erhalten kann? Kurz: Wenn man ein Afrikanischer Klaffschnabel-Storch ist?

Dazu gehören schon ganz ausgepichte Tischmanieren. Im Chobe-River im Norden Botswanas

sah ich einmal an die 2000 dieser anthrazitschwarz, metallisch schillernden Stelzvögel im Ufergewässer waten und pausenlos im Wasser lebende Schnecken fressen.

Der auf diese Praktik hoch spezialisierte Vogel pinzettiert mit den Schnabelspitzen eine apfelgroße Sumpf-Deckelschnecke, die Ähnlichkeit mit einer Weinbergschnecke hat. Er legt sie ins seichte Wasser oder aufs Trockene und drückt das Schalentier mit der stumpfen Spitze des Oberschnabels nieder. Die Schnecke erschrickt, zieht sich in ihr Gehäuse zurück und verschließt den Eingang mit einer „Haustür", dem so genannten Deckel.

Dann zwängt der Einbrecher die rasiermesserscharfe Spitze des Unterschnabels zwischen Gehäuse und Deckel ins Innere, erfasst die schmackhaften Weichteile, schleudert mit einer Schlenkerbewegung des Kopfes das fast unbeschädigte Schneckenhaus fort und lässt den Leckerbissen in den Schlund gleiten. Und das alles in weniger als einer Minute.

Bekommt der 80 Zentimeter große und 1250 Gramm wiegende Feinschmecker eine Muschel zu fassen, sticht er seinen Unterschnabel dicht beim Scharnier zwischen beide Schalen und durchtrennt den Schließmuskel. Der „Tresor" klappt auf, der Schatz kann entnommen werden.

Besonders raffinierte Störche machen es sich noch leichter. Sie legen die Muschel am Ufer in die Sonne. Dann öffnen sich unter der Hitze die Schalen nach einer Weile von selbst. Doch diese Speisemethode ist nur angeraten, wenn keine Futterneider in der Nähe umherstaksen.

Bei diesen Fresstechniken ist kein allseitig geschlossener Schnabel vonnöten. Deshalb klafft er in der Mitte bis zu sechs Millimeter weit auseinander. Wenn allerdings der Weichteil einer Schneck verschluckt wird, klappt an den Schnabelrändern ein „Zaun" aus hornigen Borsten hoch, damit der Bissen nicht zur Seite hinausrutscht.

Mit solch einem „komischen" Schnabel kann dieser Storch natürlich nicht klappern. Dennoch will er nicht auf diese in seiner zoologischen Familie üblichen Schlagzeug-Wirbel verzichten. Zumindest nicht während der Hochzeit. Wenn „er" auf „ihr" reitet, schlagen beide ihre Schnäbel gegeneinander. Dann klappert das auch sehr schön.

Im Übrigen versucht Herr Klapper-Klaffschnabel seiner Braut mit eleganten Flugspielen zu imponieren. Er legt beide Flügel an den Leib, lässt sich zu Boden stürzen und fängt sich nur meterbreit über der Erde wieder auf.

Doch bis zu diesem Ereignis ist es für beide Ehe-Aspiranten ein weiter Weg. Erst fliegen die Klaffschnäbel in riesigen Geschwadern vom Senegal über den halben Kontinent bis zum südlichen Afrika. Dort tun sich die Storchenmassen dann zu Hunderten in Brutkolonien zusammen. Diese bewohnen sie oft auch in Gesellschaft mit Reihern, Ibissen und anderen Störchen, und bauen auch schon fleißig auf Bäumen, vorzugsweise auf solchen, die im Wasser oder im dichten Röhricht stehen, an ihrem Nest.

Dennoch denken sie zu dieser Zeit noch nicht an echte Liebesspiele. Sie warten damit auf die Ankunft der Schnecken, die nicht immer ganz pünktlich mit der Strömung des Chobe-Flusses in großen Massen angetrieben kommen.

Erst wenn diese Babynahrung (Die Jungen vertragen nur Schnecken und keine Muscheln!) erscheint, geht der Reigen los: Der Herr sucht den Nistplatz aus und zeigt ihn, auf dem Nistast wippend und mit vielen tiefen Verbeugungen, den umherfliegenden Damen.

Wenn „sie" einverstanden ist, landet sie, setzt sich ihm gegenüber auf einen Ast und macht das Verbeuge-Ritual mit. Stundenlang. Beide reißen die Schnäbel weit auf. Die sonst so stummen Wesen rufen ein röhrendes, gespenstisch klingendes „Horrrh - horrrh", das an die hundert Meter weit zu hören ist. Die Paarung kann beginnen.

Im Nest, das sie mit Schilf und anderen Wasserpflanzen auspolstern, liegen bald drei oder vier mit Eier mit einem Gewicht von 50 Gramm. Dreißig Tage lang werden sie von beiden Eltern abwechselnd bebrütet. Übrigens meist im Stehen und in glühender Mittagshitze mit 1,10 Meter spannenden, weit ausgebreiteten Flügeln als Sonnenschirm Schatten spendend.

Die Küken entwickeln sogleich einen Riesenappetit, natürlich auf Schnecken. Im Zoo hat man es nachgewogen: Eben geschlüpft, schluckt ein 45-Gramm-Leichtgewicht bereits eine Fünf-Gramm-Schnecke mit einem Happs. Mit 15 Tagen wog es 148 Gramm und verschlang 143 Gramm Weichtiere pro Tag. Sein Bauch ist das reinste Schneckengrab. Im Alter von fünfzig Tagen haben die schnell wachsenden Störchlein die „Tischmanieren" von ihren Eltern bereits perfekt erlernt und können schon selber Schnecken aus dem Gehäuse lösen und verspeisen.

**Auf den Nistbäumen haben die Klaffschnäbel oft Seidenreiher als Nachbarn, die im duftigen Hochzeitkleid die Brutkolonie verschönen.**

## Der Große Ameisenbär

# Panzerknacker schont Kasseninhalt

Der Ameisenbär wirkt wie ein Wesen vom fernen Planeten. Oder auch wie eine Haushalts-Reinigungsmaschine: Vorn gleicht der schmalhirnige, vierzig Zentimeter lange Kopf einem Staubsauger-Rohr, hinten ähnelt die meterlange Schwanzfahne mit ihrem einen halben Meter herabhängenden Borstenvorhang einem übergroßen Handfeger.

Dass dieses inklusive Schwanz 2,50 Meter lange und vierzig Kilogramm schwere Geschöpf damit Ameisen zusammenkehrt, um sie haufenweise zu verspeisen, ist jedoch Jägerlatein. Wohl aber dient der Wedel beim Schlafen als Daunendecke sowie als Sonnen- und Regenschirm.

Als „Treibstoff" tankt das zahnlose Zotteltier täglich 35.000 Ameisen oder Termiten. An deren Bau geht es jedoch nicht mit der Brechstange sei-

ner zehn Zentimeter langen, messerscharfen Krallen zu Werke. Zwar könnte er einen Termiten-Betonbau mit einem einzigen Schlag seiner bärenstarken Vorderpranken aufreißen, wozu ein Mensch mit Spitzhacke nachgewiesenermaßen 43 Sekunden braucht. Doch diese Tischmanieren betrachtet er als unfein. So ritzt er feinmechanisch nur einen schmalen Schlitz hinein. Obgleich er die Insektennester zerstören könnte, nimmt er davon Abstand.

Durch die erbsenkleine Kuss-Düse des zahnlosen Mäulchens flutscht nun eine sechzig Zentimeter lange Spaghetti-Zunge heraus und windet sich in die langen Gänge der Ameisen- oder Termitenburg hinein. Scharenweise bleiben die piekenden Krabbeltierchen daran haften. Zwar ist das Schleckorgan keine Leimrute, doch sie trägt winzige Zotten, die die Ameisen und Termiten festhalten.

Im zahnlosen Maul schabt eine Kratzbürste die Beute beim Zurückziehen von der Zunge ab, und die „chinesische Delikatesse" wandert in den Schlund. Ein Zahnersatz befindet sich kurioserweise erst im Magen: Es sind Hornwarzen zum Zerreiben der Insektenpanzer.

Auch schleckt der vierbeinige „Umweltschützer" aus jedem Millionen-Staat nur höchstens 35.000 Opfer heraus und lässt die Nahrungsquelle dann einen Monat lang in Frieden. Das Insektenvolk soll sich schnell wieder erholen können. So sorgsam geht der Ameisenbär mit seiner Existenzgrundlage um.

Folgender Mechanismus sorgt für das Funktionieren dieses animalischen Umweltschutzes: Freund „Yurumi", wie ihn die Indios nennen, hält sich höchstens eine halbe Minute an jedem Ameisen- oder Termitennest auf, weil ihn die Tierchen längerenfalls in hellen Massen überfallen und böse zwicken und beißen würden. Darum macht er sich gleich wieder auf den Weg, und zwar, nach einem inneren Kompass steuernd, immer schnurgeradeaus, damit er nicht im Kreise läuft und ein und dasselbe Nest in zu kurzen Zeitabständen wieder besucht.

Zudem führt das Zotteltier ein Leben auf Sparflamme. Sein Stoffwechsel ist so gering, dass er nur ein Drittel der Energie anderer gleichgroßer Säugetiere benötigt. Damit er nicht klamm wird, wenn es nachts kühler wird, trägt er, obgleich er ein Tropenbewohner ist, einen extrem dichten und warmen Pelz.

Wenn dies Prachtstück aus dem Raritätenkabinett der Mutter Natur allerdings von einem Jaguar oder Puma angegriffen wird, wandelt es sich vom Friedensengel zur Horrorfigur. Der Ameisenbär, der in Sachen Fluchttempo seiner Faultier-Verwandtschaft alle Ehre macht, stellt sich aufrecht auf die Hinterbeine, macht Front zum Feind und breitet die gewaltigen Vorderpranken „einladend" aus wie ein Catcher, der den Gegner packen will. Die sichelförmigen Krallen blinken wie Dolche und sind auch tatsächlich ebenso scharf.

Ein Forscher entdeckte in den Llanos Venezuelas den Kadaver eines Ameisenbären, der das Skelett eines Jaguars in inniger Umarmung gefangen hielt. Die Raubkatze hatte die vermeintliche Beute mit Bissen in Kopf und Hals getötet. Doch gleichzeitig zerschlitzte der Ameisenvertilger die gesamte Rückenpartie seines Feindes und hielt ihn noch im Tode fest umklammert. Erfahrene Jaguare und Pumas schlagen wohlweislich einen Bogen um den abwehrstarken Ameisen-"Drachen".

Der einzige Feind, mit dem er nicht fertig wird, ist die Harpye, der größte Adler der Welt. Lautlos

Der Puma, auch Berg- oder Silberlöwe genannt, scheut meist vor den „Schnitzmessern" der Großen Ameisenbären zurück.

schwebt der Greif von hinten an sein Opfer heran und tötet es mit einem Zugriff der acht dolchscharfen Krallen.

Gelegentlich geraten zwei „Bären" wegen eines Ameisenhaufens in Streit. Um jedoch zu vermeiden, dass Blut fließt, lassen es die Gegner bei einem Schaukampf bewenden. Beide legen die Krallen nach innen, so dass sie nicht kratzen können, umarmen sich wie Preisringer und drücke sich zu Boden. Wer ihn zuerst mit dem Rücken berührt, hat verloren.

Somit ist Baby Ameisenbär auch am sichersten nicht etwa in einem Nest, einem Bau oder einer Höhle aufgehoben, sondern direkt am Leib seiner Mutter. Wenn der kleine „Pinsel" nach sechs Monaten Tragzeit zur Welt kommt, kraxelt er sogleich aus eigener Kraft auf Muttis Rücken und klammert sich in ihrem strohigen Fell wie ein Äffchen eisern fest. Mutter und Kind sind im ureigenen Sinne des Wortes unzertrennlich.

Das Baby ist also ein so genannter Tragling oder Mutterhocker wie das Känguru, nur dass es keinen Beutel als Heim hat. Mindestens sechs Monate lang schleppt die Mutter ihr Klammerbaby mit sich herum durch dick und dünn, auch wenn das Kind schließlich fast so groß wie sie selber ist.

So stattlich das Muttersöhnchen auch wirkt, so ist es doch noch unfähig, sich selbst zu ernähren. Die Kunst, mit Bärenkräften den Termitenbau nur vorsichtig anzuritzen, muss das Kind erst langwierig erlernen. Bis dahin ist es auf seine Mutter angewiesen.

## Der Schuhschnabel

# Speisen wie eine Dampframme

Der Schuhschnabel sieht aus, als trüge er einen holländischen Holzpantoffel als Fresswerkzeug. Den „Botten" eng an die Brust gedrückt, so steht der 1,20 Meter große und sieben Kilogramm schwere Vogel wie ein Denkmal der Gelehrsamkeit im schulterhohen Schilf des Kyoga-Sees im ostafrikanischen Uganda - stundenlang unbeweglich, als wäre er ausgestopft.

Will er seine Riesenklappe als Schöpfkelle benutzen, um sich Nahrhaftes aus der Brühe zu seinen Füßen zu keschern? Doch man sollte dem Stillleben lieber ein Schild um den Hals hängen: „Vorsicht: hochexplosiv!"

Der halbe Tag ist schon vergangen, als sich unter Wasser ein sechzig Zentimeter langes, etwa zwei Jahre altes Jungkrokodil arglos bis dicht vor die Beine des seltsamen Vogels annähert. Im gleichen Augenblick haut dieser seinen Schnabel mit der Gewalt einer Dampframme ins Wasser, als wolle er einen Kopfsprung machen. Dabei kommt er vor eigener Wucht ins Taumeln, fällt mitunter der Länge nach hin, fängt sich wieder, richtet sich auf und zieht, eingewickelt in ein Büschel Wasserpflanzen, die Panzerechse in die Höhe. Ein Krokodil zum Frühstück!

Die Spitze des Hakenschnabels hat den Panzer des glitschigen Opfers durchstoßen und lässt es nicht wieder los. Auch die Schnabelränder sind scharfschneidig und haben die Beute wie eine Schlageisenfalle in die Zange genommen. Zu dumm nur, dass ihm auch die Wasserpflanzen wie Spaghetti aus dem Mundwerk hängen. Und vor diesen ekelt sich der reine Fleischfresser fürchterlich. Er schüttelt seinen Fang, um das Kraut loszuwerden, und hat es nach 15 Minuten endlich geschafft, meist sogar ohne die Beute zu verlieren.

Nach der Mahlzeit ist der mit den Störchen verwandte seltsame Vogel meist von oben bis unten mit dem Schleim des verzehrten Fisches und mit lehmigem Dreck verschmutzt. Also ist Körperpflege besonders intensiver Art angesagt. Die meisten anderen Vögel besitzen nur entweder Puderdunen zum Entfetten des Gefieders, wobei diese Federn bei Berührung mit dem Schnabel zu Pulver zerfallen, oder eine Bürzeldrüse für das Gegenteil, also zum Einfetten. Dieses Fabeltier verfügt hingegen über beide „Kosmetik-Fabriken". Penible Sauberkeit im Pfuhl von Dreck, Morast und widerlichem Schleim!

Als perfektes Produkt seiner körpereigenen Schönheitsfarm ist dieses wie ein Relikt aus grau-

Eben in großer Zahl aus den Eiern geschlüpfte Krokodile sind erst 15 Zentimeter lang und eine Lieblingsspeise für den Schuhschnabel.

er Vorzeit wirkende Wesen wieder flugtauglich. Mit einem Riesenanlauf schwingt es sich in die Lüfte und fliegt oder segelt dann viel eleganter davon, als man es diesem Plumpsack zugetraut hätte.

In Zoos wissen Tierpfleger den großen Vogel mit dem Aussehen eines senilen Philosophen zu respektieren. Einige Wärter kann er gut leiden und lässt sich von ihnen streicheln. Auf andere hat er jedoch einen Rochus. Einmal hat so ein Urviech im Zoo von San Diego den ungeliebten Wärter ins Wadenbein gezwackt und zehn Minuten lang festgehalten. Seither nimmt der Tierpfleger immer einen Besenstiel mit ins Gehege. Erst wenn sich das gefiederte Ungetüm daran festgebissen hat, kann der Stall ausgemistet werden.

Neben kleinen Krokodilen stehen noch halbmeterlange Lungenfische, Welse, Wasserschlangen, Frösche, Schnecken und kiloschwere Schildkröten auf der Speisekarte. Letztere verschlingt er samt Panzer mit einem Happs, obgleich sie ihm hernach schwer im Magen liegt. Gute Verdauung!

Ihr Nest bauen die Schuhschnäbel in aller Heimlichkeit im bis zu vier Meter hohen Schilf. Es ist mehr eine Matte aus langen Halmen. Der Nestrand wird dann von den umstehenden hohen Halmen gebildet. Beide Eltern bebrüten die zwei oder drei Eier etwa 45 Tage lang, wobei sie sich alle sechs Stunden ablösen.

Die jungen Nesthocker sind silbrigseidige Wonneflausche. Zum Verfüttern zerfetzen die Eltern einen großen Fisch in mehrere Teile und halten den Kleinen jeweils eine Miniportion im Schnabel vor die Nase. Die Küken explodieren dann nach oben und reißen sich kleinere Stücke davon ab. Im Alter von vier Wochen kann das Kind mit seinem schon sehr großen und scharfen Schnabel bis zu sechzig Zentimeter lange Wasserschlangen in einem Stück hinunterschlingen.

Wichtiger als Fressen ist im tropischen Afrika das Trinken und das Spenden von Kühlung. Zum Glück ist der Schuhschnabel-Schnabel wasserdicht und kann zwei Liter fassen. Mutter oder Vater kommen dann in der Mittagshitze mit einer Tankladung zum Nest, stellen sich über die Kinder und lassen das Wasser wie eine Dusche auf die Küken rieseln.

Die Kleinen lernen dann schnell: Wenn sie im Augenblick der Wasserspende ihr Schnäbelchen nach oben recken und aufreißen, können sie einen erfrischenden Trunk zu sich nehmen. Auch legen die Eltern das Nest mit plitschnassen Wasserpflanzen aus, so dass es ihre Kinder etwas dauerhafter schön kühl haben.

Leider ist es noch in keinem Zoo der Welt gelungen, Schuhschnäbel zur Paarung und Fortpflanzung zu bringen. Der Grund: In freier Wildbahn Afrikas entnehmen Tierfänger nur die Küken aus dem Nest, weil ihnen der Fang ausgewachsener Vögel zu riskant erscheint. Die Jungtiere schließen dann sehr schnell mit den Menschen Freundschaft und werden auf sie geprägt. Doch dann glauben sie, selber auch Menschen zu sein und werden gegen alle ihre Artgenossen unleidlich. Sie sind dann sogar zur Liebe unter ihresgleichen unfähig.

Diese urweltlichen Fabelvögel werden also vom Menschen durch Bluff zu einer falschen Freundschaft verleitet.

## Das Geier-Perlhuhn

# Liebe findet nur im Regen statt

Die Liebe erwacht in den Geier-Perlhühnern sinnigerweise nur, wenn es regnet. Sobald man im Zoogehege eine Dusche anstellt, beginnen die Hähne wie auf Kommando alle zu balzen, hören damit aber augenblicklich auf, wenn man das Wasser wieder abstellt.

Im Freileben Afrikas hat das einen lebenserhaltenden Sinn. Dann sondert sich das in Blau, Lila und Weiß irisierende Pärchen von der zwanzig- bis dreißigköpfigen Schar ab und beginnt in der Einsamkeit mit den Liebesspielen. „Sie" reißt vor „ihm" aus. Er muss sie im Wettrennen überholen und ihr, sofern er es schafft, den Weg versperren.

Von da an ist der Hahn rührend um das Wohl seiner Henne bemüht. Solange sie Samen, Gras, Beeren oder Insekten pickt, hält er Wache, ohne selbst etwas zu fressen. Ja, obendrein füttert er sie noch. Mit einem fetten Käfer im Schnabel läuft er drei Meter vor ihr her, lässt ihn fallen, zeigt mit tief gebeugtem Schnabel auf den Leckerbissen und breitet seine Flügel aus: „Bitte sehr, der Tisch ist für dich gedeckt!"

Als Nest scharrt er eine simple Kuhle unter einem Dornbusch oder im hohen Steppengras und polstert es mit Heu und Federn aus. Sie legt jeden Tag ein dickes Ei, bis maximal 15 Stück im Nest beisammen sind. Hohe Verluste unter den Lebenden müssen durch eine Vielzahl von Eiern wettgemacht werden. Sobald das Gelege vollzählig ist, beginnt die Mutter mit dem Brüten, 25 bis 28 Tage lang.

So schlüpfen auch alle Küken zur gleichen Zeit. Den ersten Lebenstag verbringen sie unter den Fittichen der Eltern. Doch bald beginnen die Nestflüchter mit ihren Futtersuch-Märschen: zu Fuß, in langer Prozession und bis zu dreißig Kilometer weit pro Tag. Und abends trippelt der Trupp wieder zum angestammten Schlafbaum zurück.

In einer Serie harmloser Kämpfe fechten die Küken eine Rangordnung untereinander aus und laufen von da an stets in dieser Reihenfolge im „Gänse"-Marsch. Fängt einer eine Prügelei an, um sich vorzudrängeln, greifen ihn sofort alle Umstehenden streitschlichtend an. So wird der Frieden in der Kinderstube gewahrt.

Bequemlichkeitshalber benutzen die Geier-Perlhühner auf ihren langen Märschen die Stra-

Nach einer ausgiebigen Mahlzeit, legen Tüpfelhyänen eine Verdauungspause ein und frönen ungehemmt dem Badevergnügen in einer Tränke.

ßen und Feldwege der Menschen. Hier kommen sie zwar schneller vorwärts, doch lauern hier auch viele Feinde im hohen Gras des Straßenrandes: Schakale, Hyänen, Löffelhunde, Ginster- und Wildkatzen sowie Mungos. Gelegentlich holen sich auch Paviane einen „Geflügelbraten". Selbst Löwen wissen das überaus zarte Fleisch dieser Schönheiten zu schätzen.

Wie unsere Hühner, so sind diese Verwandten auch Allesfresser. Sie picken Samen, Gräser, Laub, Beeren, Knospen und junge Triebe, aber auch Termiten, Raupen, Spinnen, Heuschrecken, Schnekken und sogar Skorpione wie auch giftige Hundertfüßer. Wenn in der Trockenzeit nur noch schwer verdauliche, verholzte Pflanzenstengel zu haben sind, aktivieren diese Vögel Mikroben im Darm, die ihre verhärtete Nahrung aufschließen und verträglich machen.

Seltsamerweise gehören die Geier-Perlhühner zu den wenigen Tieren Afrikas, die niemals trinken müssen und das auch dann nicht tun, wenn Wasser reichlich vorhanden ist. Sie besitzen ein körpereigenes Wasserwerk im extrem langen Darm. Es erzeugt aus trockenen Gräsern auf chemischem Wege die labende Flüssigkeit.

Auch befinden sich hier Darm-Mikroben zum Verdauen stark verholzter Trockenpflanzen. Damit befähigt Mutter Natur ihre Geschöpfe zum Überleben in extrem karger Umwelt.

Einmal konnte ich beobachten, wie sich diese Vögel gegen Greifvögel verteidigen: Wie von der Sonne verbrannt liegt die dürre Steppe im Tsavo-Ost-Nationalpark Kenias in der Mittagshitze. Der Hunger treibt acht Geier-Perlhühner aus dem Schatten eines Dornbuschs. Ständig pickend, behalten sie dennoch einen im Wipfel einer Akazie sitzenden Raubadler im Auge. Plötzlich startet der gewaltige Greif und wuchtet mit großen Flügelschlägen im Tiefflug auf seine Opfer zu.

Doch stiebt das Hühnervolk nun keineswegs hysterisch gackernd nach allen Seiten auseinander, wie es das stets tut, wenn etwa eine Ginsterkatze angreift. Ohne Panik läuft jedes Federvieh in einen dürren Busch oder in ein Grasbüschel hinein. Da traue ich meinen Augen nicht: Der Aar dreht ab und schwebt wieder zu seiner Jagdwarte zurück! Die eleganten Vögel mit den weißen Nadelstreifen sind gerettet. Wieso?

Der Räuber sieht seine Beute deutlich vor sich und könnte sie leicht aus dem Strauchwerk herausgreifen. Doch so gut seine Adleraugen auch sind, so kann er im rasanten Anflug doch nicht erkennen, ob der Busch Dornen besitzt, die ihm das Federkleid zerfetzen könnten, wenn er hineinsaust, oder nicht. So verzichtet er lieber auf das Mahl. Unerwartete Rettung vor dem Tode! Doch ebenso unerwartet kann der Geier-Perlhahn auch in sein Verderben rennen:

Bald darauf beobachte ich, wie sich ein rotbrauner Fuchsmungo hinter Büschen an ein Hühnerpärchen anschleicht. Die letzten zehn Meter müsste er über freies Gelände sprinten. Die Vögel würden ihn sehen und hätten Zeit zum Fluchtstart. Doch da wendet der Mungo einen gerissenen Trick an. Im Versteck hebt er seinen Kopf und kräht genauso wie ein liebestoller Perlhahn. Der so täuschend echt Imitierte glaubt daraufhin, ein Sexrivale wolle ihm die Braut stehlen. Zornentbrannt rast er zum Schreihals und stürzt sich geradezu wie eine gebratene Taube in den Rachen des Feindes. Einmal gefoppt, bedeutet für den Gakelkrächzer den Tod!

Anders als unsere Eierlieferanten leben die 66 Zentimeter langen und 1,6 Kilogramm wiegenden Geier-Perlhühner nicht in weibchenreichen Harems, sondern in Einehe. Es gibt unter ihnen also „unproduktiv" viele Männchen. Daher wären diese „glücklichen Hühner" als Haustiere für den Menschen nicht rentabel.

## Der Regen- oder Abdimsstorch

# Nichts Schlimmeres als schönes Wetter

Für ihn gibt es nichts Schlimmeres als Sonnenschein, blauen Himmel und mollige Wärme. Statt- dessen liebt er wochenlangen nasskalten Dauerregen über alles: der Regenstorch, auch Abdimsstorch genannt. Wo der 75 Zentimeter große und zwei Kilogramm schwere Vogel auf seinen über viele tausend Kilometer weiten Flugreisen quer durch Afrika überall herumkommt, wissen die Einheimischen sofort: „In aller Kürze wird es wie aus Kübeln gießen." Da die Menschen im dürregeplagten Afrika das himmlische Nass als Labsal begrüßen, ist ihnen dieser Verwandte des europäischen Klapperstorchs stets willkommen.

Während andere Vögel wie die Mauersegler ihre „innere Wetterwarte" dazu benutzen, um in Europa wie in Afrika immer nur Regionen mit strahlend schönem Klima aufzusuchen, um dort Fluginsekten zu fangen, ist es bei „Freund Regenmacher" genau umgekehrt. Für ihn gibt es nichts Schlimmeres als schönes Wetter und azur blauen Himmel.

Er besitzt zwei Eigenschaften, mit denen er Sturm- und Gewitterregionen ansteuern kann, um ausgerechnet dort zu brüten und seine Kinder aufzuziehen, eben mit vielen fetten Fröschen, die nicht in afrikanischer Hitze, sondern nur im Feuchten gedeihen:

Einmal besitzt er einen „inneren Jahresfahrplan" wie alle Zugvögel. Abdimsstörche, die zum Beispiel im Senegal, also im Nordwesten Afrikas während der dortigen Regenzeit brüten, haben ihre Kinder gegen Ende der nassen Saison großgezogen und gehen dann auf die weite Reise: zunächst mit Kurs Ost quer durch den schwarzen Kontinent bis Äthiopien. Dort treffen sie auf ihre

Artgenossen aus dem Sudan, vollziehen eine Wendung nach Süden und reisen in Schwärmen von 10.000 und mehr Vögeln bis nach Ost- und Südafrika. Kaum eingetroffen, bricht dort die Regenzeit mit Sturm und Donnergrollen an. Sie fliegen also buchstäblich vom Regen in die Traufe.

Zum anderen hat Mutter Natur für alle Fälle vorgesorgt, in denen das Wetter unberechenbare Kapriolen schlägt und die Regenzeiten erst mit mehrwöchigen Verspätungen eintreten. Dafür hat sie den Weitreisenden eine „innere Fernwetterwarte" verliehen, wie sie unter anderem auch die Mauersegler besitzen. Zeigt sie jenen ferne Regionen mit schönem Wetter an, so sagt sie den exotischen Störchen, ob am fernen Reiseziel die Regenzeit tatsächlich schon begonnen hat oder ob sie noch auf sich warten lässt. In diesem Fall streben die Vögel nur im Bummeltempo mit vielen Rastpausen zum Endpunkt ihres Reiseweges.

Die unter Tieren so überaus seltene Vorliebe für Wolkenbrüche hat einen tieferen Grund: die Speisekarte. Die Niederschlagsfanatiker verzehren gern „saftige Braten", aber nicht nur Frösche, sondern auch Schnecken, Regenwürmer, in langen Prozessionen zu Hunderten marschierende Raupen, Echsen, Mäuse und Käfer. Und die sind in feuchten Böden und frisch sprießenden Steppengräsern massenhaft zu finden.

Hiervon gibt es nur zwei Ausnahmen. Haben die Regenstörche auf ihren weiten Flügen eine Region entdeckt, die gerade von Milliardenschwärmen von Wanderheuschrecken heimgesucht wird, ziehen sie auch dürre, von der Sonne ausgebrannte Gegenden vor und fallen mit unersättlichem Heißhunger über dieses Schlaraffenland her.

Ferner lädt sie ein Steppenbrand zum Schlemmermahl in regenfreien Gegenden ein. Zahlreiche Insekten fliehen vor der Feuerwalze und können leicht erhascht werden. Oder hinter der Front der Vernichtung wartet als besondere Delikatesse gegrilltes Fleisch auf sie.

Eine Hungerstrecke für Abdims-Adebare bedeutet auch der riesige Regenwald im Kongo. Deshalb überfliegen sie ihn non-stop. Nur wenn sie eine Kahlschlagstelle entdecken, wo Menschen die Urwaldriesen gefällt haben, legen sie die Flügel halb an, gehen in den Sturzflug über und landen auf dem Punkt.

Um all dies über große Entfernungen rechtzeitig auszukundschaften, unternehmen die Abdims Entdeckungsflüge in großen Höhen. Sie fliegen dann so hoch, dass sie der Mensch nicht mehr mit bloßem Auge sehen kann. Andererseits aber verfolgen die am Boden pickenden Störche ihre Fernaufklärer mit wahren Falkenaugen. Streben diese alle zu einem bestimmten Ziel, wissen die Zurückgebliebenen, dass sie fündig geworden sind und folgen ihnen nach. So kommt es, dass binnen kurzem an die 10.000 Störche beim Schlemmermahl versammelt sind.

Können denn die kleinen Küken im Nest auf einem Baum oder Felsen den ewig nasskalten Regen überstehen? In Europa gibt es viele Vögel, deren Kinder unter einer längeren Regenperiode schwer leiden müssen und auch dem Tod geweiht sind. Nicht so jedoch die kleinen Storchen-Nesthocker. Einmal tragen ihre Eltern ein wasserabstoßendes, gut eingefettetes Federkleid. Zum anderen setzt sich stets Vater oder Mutter mit ausgebreiteten Flügeln wie ein Regenschirm schützend über die zwei oder drei Küken im Nest. Dann können fürchterliche Güsse herniederrauschen, Blitze zucken und tropische Gewitterstürme darüber hinwegfegen, die Eltern lassen sich von alledem nicht im mindesten beeindrucken. Als lebende Schutzdächer lassen sie ihre Kinder nicht im Stich. Lässt das Unwetter dann etwas nach, fliegt der Vater sogar aus, um Futter für die Kleinen heranzuschaffen.

Eine Heuschreckenplage, von Menschen wegen der Hungersnot gefürchtet, bedeutet für die Abdimsstörche ein willkommenes Schlaraffenland.

## Der Hammerkopf

# Im Regenwald ein Dach über dem Haupt

Das winzigste Nest aller Vögel baut der zwei Gramm leichte Bienenkolibri. Aus Spinnweben geflochten, ist es klein wie ein Fingerhut. Die riesigste Höhlen-Baby-Wiege konstruiert hingegen nicht etwa ein Adler, sondern der Hammerkopf. Sein Bau wiegt einen Zentner bei einem Durchmesser von 1,5 Metern und besitzt ein „Hubschrauber"-Landedeck, eine Klimaanlage, Irrgänge gegen eindringende Feinde wie Speikobras und eine Geheimtür. Ein Mensch könnte auf dem Flachdach stehen. Dabei ist der halbmetergroße „Burgherr" mit 50 Zentimetern Länge und 430 Gramm Gewicht alles andere als ein Riese.

Der Bewohner afrikanischer Sumpf- und Flachgewässer flechtet zunächst ein Fundament aus 1,5 Meter langen, dicken Knüppeln in die Astgabel ei-

nes bis zu zwanzig Meter hohen Baumes. Dieser Fußboden wird dann noch mit einem „Estrich" aus Schilf, Krautstrünken, Blättern und Gras geglättet. Danach zieht der gefiederte Baumeister eine Ringwand hoch, wobei er 60 Zentimeter lange Zweige korbartig über Kreuz verwebt, bis die Nesthülle 30 Zentimeter dick geworden ist.

Darüber wölbt der braune Baumeister eine meterdicke Domkuppel als Gitterkonstruktion. In sie arbeitet er großblättrige Wasserpflanzen und Lehm zu einer absolut regendichten „Dachpappen"-Schicht ein. Während es bei fast allen nicht in Höhlen brütenden Vögeln von der Drossel bis zum Adler hineinregnet, sitzt Familie Hammerkopf samt Babys immer im Trockenen.

Die Dachdecker-Arbeit ist so schwierig, dass Männchen und Weibchen Schnabel in Schnabel zusammenwirken müssen: Er sitzt oben, schiebt den elastischen Zweig von außen hinein. Sie hockt im Inneren und ergreift das Baumaterial. So verflechten ihn beide wie die Korbmacher in perfekter Zusammenarbeit.

Dann wird die Brutkammer tapeziert: Der Herr zupft Wasserpflanzen aus, streicht sie mit dem „Bügeleisen" seiner Fußzehen glatt, bringt sie im Schnabel zum Bau und kleidet mit diesen

Für den Orang-Utan ist im Regenwald Borneos Regen ganz normales Wetter. So erfand der geniale Menschenaffe das Regendach, indem er unter seinem selbstgeflochtenen Schlafnest Schutz sucht.

plitschnassen Tapeten die Innenwände aus. Die Nisthöhle weist mit 0,8 Metern Durchmesser und 0,3 Metern Höhe eine für einen Vogel recht komfortable Geräumigkeit auf.

Ist alles fertig, darf auch die „Kunst am Bau" nicht fehlen: Die Innenräume werden mit Schlangenhäuten, Knochen und Blättern dekoriert. Ist eine Lodge in der Nähe, nimmt der Vogel auch Papier, Plastik-Klammern oder Schmuck wie die diebische Elster. Über den Sinn dieses Schönheitsempfindens haben Vogelforscher viel diskutiert, ohne jedoch bisher zu einem Resultat gelangt zu sein.

Glanzstück der Villa ist das Entree: eine 60 Zentimeter lange Rutsche von der Nistkammer schräg nach unten: mit glatten Stöckchen getäfelt, mit Lehm verputzt, blank gescheuert und von einem kleinen Dach überbaut. Will der Insasse starten, glitscht er mit angelegten Flügeln abwärts, lässt sich draußen fallen, fängt sich auf und fliegt davon.

Genau umgekehrt funktioniert die Landung: Der Schattenvogel, wie er auch heißt, saust im rasanten Tiefflug heran, schießt dicht am Baumstamm senkrecht hoch, legt die Flügel an und flutscht ohne Zwischenstopp flugartistisch durch das Portal ins Nest. Eine Fluchtburg, in die so schnell kein Feind folgen kann.

Dies erklärt das hammerähnliche Aussehen des Kopfes. Der fliegende Baulöwe schlägt damit natürlich keine Nägel ein. Er trägt eine Haube wie viele Vögel - nur nicht nach oben gespreizt, sondern nach hinten. Sonst wäre sie im Rutschbahn-Tunnel hinderlich. Auch der Schnabel dient nicht als Hammer. Er ist seitlich sehr schmal und ähnelt mehr einem Hackebeil.

Zudem besitzt das Nest eine Klimaanlage, Lüftungsleitungen durchziehen es. So bleibt die Innentemperatur ziemlich konstant - drinnen ist es kühler als draußen.

Die Bauzeit für die aus 8.000 Einzelteilen gefertigte Burg beträgt sechs Wochen. Sie ist so stabil, dass ein Mensch auf der oberen Plattform stehen kann. Wer am Bau pfuscht, dem bläst jedoch der nächste Gewittersturm alles davon. Das Heim wird mehrere Jahre nacheinander benutzt.

Aber eines allein genügt nicht. Der Baulöwe errichtet gleich zwei oder drei Baumhäuser: eines als Wohn- und Brutstätte, die anderen als Lagerräume für „Stockfisch", getrocknete Frösche, Kaulquappen, Würmer und Insekten. Schlammige Beute wäscht er vor dem Verzehr.

Die Brautwerbung klappt nur, wenn acht bis zehn Vögel beisammen sind. Alle tanzen einen Reigen. Der Bräutigam rennt plötzlich auf seine Erwählte zu, macht ihr den Hof und spreizt seine Haube immerzu vor und zurück. Ist sie einverstanden, flitzen beide zehn bis vierzig Minuten lang flügelflatternd und im Duett laut singend Seite an Seite im Kreis. Dann sondern sie sich ab und landen auf der Plattform des Nestdaches, die auch als Hochzeitsplatz dient.

Bald liegen drei bis sechs Eier in der Brutkammer. Beide Eltern bebrüten sie dreißig Tage lang. Der „Hammerkopf" wächst den Küken schon im Alter von sechs Tagen. Sieben Wochen lang bleiben die Kinder brav im Nest. Dann rutschen sie ins Freie. Beachtlicherweise können sie augenbliclic fliegen. Und die schwierige Landung beherrschen sie auch auf Anhieb perfekt, wenn sie noch einen Monat lang allabendlich im Nest schlafen gehen.

So schließt sich der Reigen: Virtuosen in allen nur erdenklichen Friedensstrategien, Vorbilder in Sachen harmonischer Einehe und väterlicher Fürsorge, Organisatoren schwieriger Zusammenarbeit zum Nutzen aller Beteiligten, Lebenskünstler nach dem Erfolgsrezept Schönheit, Anregung für weibliche Führungskräfte, Erfinder absolut zuverlässiger Wettervorhersagen und viele andere Wunschträume der Menschheit mehr - dies alles können wir in der Tierwelt in idealer Weise verwirklicht finden.

## Die Oryx-Antilope

# Einen Kühlschrank im Kopf

Wir befinden uns in der Etoscha-Pfanne im südwestafrikanischen Namibia Anfang Oktober 1999 kurz vor Beginn der Regenzeit. Das Land ist ausgedörrt. Die Tiere drängen zu den wenigen Wasserlöchern. Wenn dort nur nicht die Löwen lauern würden! Zwanzig Meter neben der Tränke kaut ein Rudel an den Resten einer Giraffe.

Da erscheint im Gänsemarsch eine Herde von vierzig Oryx-Antilopen. Diese zählen aus gutem Grund zu den Spießböcken. Männchen wie Weibchen tragen bis zu 1,27 Meter lange, dolchspitze, kerzengerade Spieße als Stirnwaffen.

Da stürzt sich ein unerfahrener Junglöwe, der beim Fraß bisher zu kurz gekommen ist, auf die Spießböcke. Die bis zu 200 Kilogramm schweren, pferdegroßen Spießgesellen recken ihre Köpfe hoch. Dann stürmen Männchen wie Weibchen konzentrisch auf den Löwen ein und durchbohren ihn mit ihren Hörnern von allen Seiten wie ein Sieb.

Umso interessanter ist es, dass solch ein „Ritter von Horn und Huf" seine tödliche Waffe gegen Artgenossen in einer Weise gebraucht, dass dem Gegner meist kein Schaden zugefügt wird. Das Rezept: Mit den Spießen wird nicht gespießt, sondern wie mit Theatersäbeln gefochten. Knallend schlagen sie die Hörner gegeneinander. Dann halten sie diese im Kontakt, und jeder versucht, die Stangen des Gegners mit ungeheurem Druck über dessen Rücken nach hinten zu hebeln.

Also Tod dem Fressfeind, aber schonende Kriegführung gegenüber Artgenossen!

Einmal hatte in einem deutschen Zoo ein Oryxbulle, der durch einen Unfall beide Hörner verloren hatte, Streit mit einem gut behörnten Rivalen bekommen. Beide stellten sich Kopf an Kopf voreinander auf, holten weit nach hinten aus und schlugen zu. Doch dann stoppten beide die Schlagbewegung genau in dem Abstand, in dem die Hörner Kontakt bekommen hätten, wären sie bei dem Hornlosen noch vorhanden gewesen. Imaginäre Hiebe als pures Ritual!

Aber die Gangart kann auch härter werden. Kürzlich beobachtete ich auf der Etoscha-Pfanne Namibias einen Kampf, in dem es auch nach einer halben Stunde Rangelei zu keiner Entscheidung kam. Da wurde das Gefecht immer ruppiger. Jeder versuchte, seine Spieße an denen des Gegners vorbei in dessen Hals oder Schulter zu stechen. Ringartige Wulste am Unterteil der Stirnwaffen erschweren jedoch ein widerstandsloses Durchstoßen.

Plötzlich taumelte einer der Böcke wie benommen. In diesem Augenblick richtete der andere seine Hornspitzen direkt auf den Feind und stieß zu. Blut spritzte einen halben Meter weit.

Die in der Namibwüste lebenden Oryx-Antilopen besitzen einen „Kühlschrank" im Kopf. Wenn Raubtiere angreifen, tanzen sie. Das soll heißen: „Löwe, schau her! Ich bin topfit! Du hast keine Chance, mich einzuholen!"

Der Verletzte wirbelte herum und ergriff die Flucht, vom Sieger noch mehrere hundert Meter weit verfolgt.

Eine interessante Spielart des Phänomens tierischer Turnierkämpfe: Die Tiere können ihre Waffen entweder als harmlose Theatersäbel zum Kräftemessen einsetzen oder zum Verletzen des Gegners oder, bei weiterer Eskalation, auch als Mordinstrument. Und die Entscheidung über sportliche Fairness oder tödliche Attacke liegt ganz im Ermessen der Tiere.

Umso höher ist es zu bewerten, wenn sich diese Antilopen im Kampf verschonen, anstatt sich blutig abzustechen. Tiere, die tödliche Waffen besitzen, sie aber meistens nicht gegen Artgenossen einsetzen, handeln folglich nicht rein instinktiv wie Automaten.

Tod oder Leben des Gegners sind in ihre persönliche Entscheidung gestellt. Und diese fällt meistens zugunsten des Unterlegenen aus. Feinden wie einzelnen Löwen gegenüber kennen die Oryx-Antilopen aber kein Pardon.

Doch wenn ein großes Löwenrudel das Wasserloch belagert, haben die friedlichen Tiere keine Chancen, ans erfrischende Nass zu gelangen. Müssen sie dann elend verdursten? Zum Glück nein, denn hier hat es die Natur auf wunderbare Weise so eingerichtet, dass die Oryx-Antilopen sogar in der Namib, der trockensten Wüste der Welt, ungewöhnlich lange Hitzeperioden überleben können ohne zu trinken:

Eigentlich brauchen sie in der Sonnenglut Kühlung. Zunächst verschaffen sie sich diese, wie auch der Mensch, durch Schwitzen und die so entstehende Verdunstungskühle auf der Haut. Dabei geht jedoch viel Wasser verloren. Sobald der Wassernotstand ausbricht, hören die Antilopen deshalb auf zu schwitzen. Sie bekommen „Fieber" bis zu 44 Grad. Ein Mensch wäre dann schon längst tot, weil das Hirn versagt.

Nicht so jedoch die Oryx. Sie besitzt einen Kühlschrank im Kopf, der allzeit für ein kühles Haupt sorgt. Die Antilope hechelt Luft in die Nasenhöhle hinein. Dort entsteht Verdunstungskühle. In einem so genannten Wundernetz feiner Adern überträgt sich die Kälte nach dem Gegenstromprinzip auf das zum Gehirn fließende Heißblut und kühlt es auf 39 Grad ab. Das entstehende Kondenswasser fängt das Tier im Rachen wieder auf und recycelt es zu Trinkwasser!

Ein geradezu phantastisches Wunder der Schöpfung!